Über dieses Buch Im Märchen sind Schwestern untereinander meist neidisch, eifersüchtig und zänkisch. In Wirklichkeit sind Schwesternbeziehungen oft geprägt von einem tiefen Gefühl der Zusammengehörigkeit. Frauen, die als Älteste, Mittlere oder Jüngste aufwuchsen, schildern die Beziehungen zu ihren Schwestern. Viele von ihnen kommen aus Familien ohne Brüder, das heißt, der Vater ist der einzige ›Vermittler von Männlichkeit‹. Welche Konsequenzen hat das für ihr Bild vom Mann? Wie gehen Schwestern aus solchen ›Mädchen-Familien‹ miteinander um? Sind sie wirklich nur neidisch und konkurrenzbesessen, oder entsteht in solchen Familien nicht auch ein Grundgefühl weiblicher Solidarität aufgrund positiver Schwesternerfahrungen? Und welche Rolle spielen die Eltern dabei?

Was diese Frauen berichten, wird in Beziehung gesetzt zu Ergebnissen der Geschwisterforschung und vermittelt dadurch Einsichten in die Zusammenhänge zwischen Schwesternposition, weiblicher Sozialisation und der Persönlichkeitsentwicklung von Frauen.

Die Autorin Imme de Haen, Jahrgang 1940, ist die dritte von vier Schwestern. Sie studierte Erziehungswissenschaften und befaßt sich seit Jahren mit Fragen der Geschwisterbeziehungen. Sie arbeitet als freie Journalistin und Medienpädagogin und ist Mutter von vier Kindern, zwei Mädchen und zwei Jungen.

Imme de Haen

»Aber die Jüngste war die Allerschönste«

Schwesternerfahrungen
und weibliche Rolle

Fischer Taschenbuch Verlag

Die Frau in der Gesellschaft
Lektorat: Ingeborg Mues

41.–43. Tausend: Oktober 1991

Originalausgabe
Veröffentlicht im Fischer Taschenbuch Verlag GmbH,
Frankfurt am Main, Oktober 1983

© 1983 Fischer Taschenbuch Verlag GmbH, Frankfurt am Main
Umschlagentwurf: Susanne Berner
Druck und Bindung: Clausen & Bosse, Leck
Printed in Germany
ISBN 3-596-23744-0

*Meinen Schwestern
und
meinen Töchtern*

Jeder Mensch hat wohl in sich eine mehr oder weniger vor sich selbst verborgene Kammer, in der sich die Requisiten seines Kindheitsdramas befinden.
Die einzigen Menschen, die mit Sicherheit Zutritt zu dieser Kammer finden, sind seine Kinder. Mit den eigenen Kindern kommt neues Leben in die Kammer. Das Drama erfährt seine Fortsetzung.

Alice Miller

Inhalt

Einleitung 9

Teil I
Zuerst sind alle Schwestern Töchter 15

Kapitel 1   Der Wunsch nach dem Sohn 19
Kapitel 2   Familienmuster: Das Patriarchat 31
Kapitel 3   Familienmuster: Das Matriarchat 41
Kapitel 4   Familienmuster: Die Koalition 57
Kapitel 5   Familienmuster: Die Notgemeinschaft . . . 69

Teil II
Viele Töchter sind auch Schwestern 81

Kapitel 1   Die Älteste: Die Herrscherin 89
Kapitel 2   Die zweite: Die Usurpatorin 110
Kapitel 3   Die dritte: Die heimliche Rebellin 128
Kapitel 4   Die Jüngste: Die unglückliche Siegerin . . . 148

Teil III
Ob Töchter oder Schwestern – Frauen sind sie alle . . 169

Kapitel 1   »Sie war schlank, und ich war dick«:
            Schönheit und Rivalität 174
Kapitel 2   »Du weißt nicht wer Adorno ist?«:
            Klugheit und Konkurrenz 196
Kapitel 3   »Aufklärung – ih, das gab's nicht!«:
            Körpererfahrung, Sexualität und das ›Bild
            vom Mann‹ 216

Kapitel 4   »Auf ihrer Hochzeit haben wir alle geheult«:
            Der Einbruch des Mannes 241
Kapitel 5   »Dies herrliche ›Hach-Wir-Gefühl‹«:
            Schwesternbeziehungen und solidarische
            Frauenbeziehungen 260

Anhang   Kurzbiographien 279
         Anmerkungen 284

Einleitung

Schwestern – mit diesem Wort verbinden die einen Vertrauen, Kraft, Stärke und Solidarität und die anderen eine fast traumatische Angst vor massiver Weiblichkeit. Irgendwo dazwischen liegen die Erfahrungen derjenigen, die mit Schwestern aufgewachsen sind. So wie ich. Meine drei Schwestern waren für mich selbstverständlicher und natürlicher Bestandteil unserer Familie. Lange Zeit konnte ich mir nicht vorstellen, daß es Kinder gibt, die ohne Schwestern groß werden.

Erst als ich so hier und da Bemerkungen hörte wie »Oh – ein Vier-Mäderl-Haus!« oder »Na, *der* Mann hat's gut, mit fünf Frauen!« oder auch »Der *arme* Mann!«, merkte ich, daß es wohl etwas Ungewöhnliches war, nur Schwestern zu haben. Später begann ich mich zu fragen, welchen Einfluß meine Schwestern auf meine Entwicklung gehabt haben und welche Erfahrungen andere Frauen gemacht haben, die, so wie ich, »nur« Schwestern hatten. So entstand die Idee zu diesem Buch.

Ich wollte wissen, ob eigentlich alle Eltern enttäuscht sind, nur Mädchen zu haben, und ob die Mädchen das spüren. Ob das landläufige Bild von den neidischen, zänkischen Schwestern eigentlich stimmt – schließlich hatte ich auch Aschenputtel gelesen! Was für den ›aufrechten Gang‹ von Mädchen, Schwestern, Frauen wichtiger ist: die starke, selbstbewußte Mutter oder der anerkennende, zärtliche Vater. Was für ein ›Bild vom Mann‹ bekommen Mädchen vermittelt, die ohne Brüder aufwachsen. Und wie Mütter aufklären, wenn nur Mädchen zur Familie gehören. Strenger, weil sie die Unschuld der Töchter bewahren zu müssen glauben, oder liebevoller, weil sie ja selber Frauen sind? Und was lernen Schwestern voneinander? Die andere zu übertrumpfen und als Konkurrentin aus dem Feld zu schlagen? Oder wie man sich mit ihr zusammentut, die eigene Kraft mit der ihren potenziert? Könnte es nicht – und ich gebe zu, daß mir das im Grunde die wichtigste Frage war – ein Grundgefühl weiblicher Solidarität vermitteln, Schwestern um sich zu haben und quasi zwischen Suppe und Kartoffeln, zwischen Töpfchen, Kinderbrei und Zähneputzen zu lernen, daß dies Mädchen neben mir eine *Freundin*, eine Kumpanin, eine verläßliche Bundesgenossin ist? Trotz Streitereien, zeitweiliger Haßgefühle, Neid und Verletzungen?

Fragen – Fragen – Fragen. Am Ende meiner vielen Gespräche mit Frauen, die Schwestern sind und Schwestern haben, hatten sich aus jeder Antwort neue Fragen ergeben. Zu viele Bedingungen wirken auf Eltern und Kinder und ihr Verhältnis zueinander ein, als daß man sie in einfache Antworten pressen könnte. Meine älteste Gesprächspartnerin war 81 Jahre alt, die jüngste zwölf. Dazwischen liegen fast 70 Jahre Zeitgeschichte. In diesen 70 Jahren, zwischen 1910 und 1980, ist viel passiert. Zwei Weltkriege zum Beispiel. Die meisten Frauen, mit denen ich sprach, waren Vorkriegskinder, Kriegskinder, Nachkriegskinder – sie oder ihre Schwestern. Das prägt und verwischt. So geht es in vielen Erinnerungen an die Schwestern eben auch um Bombennächte und Flucht und Hunger. Um Todesangst und Kampf ums Überleben. Und darum, daß die Schwester einmal ein ganzes Brot zum Geburtstag bekommen hat, das sie allein aufessen durfte! Viele Frauen haben ihren Vater erst mit fünf, sechs Jahren kennengelernt, als er aus der Gefangenschaft zurückkam. Die schwierigsten Zeiten hatte die Mutter allein mit ihren kleinen Mädchen überstehen müssen, der Vater kam vielleicht mal auf Heimaturlaub. »Ja, ja, die Männer kommen von der Front auf Urlaub, und hinterher sitzen die Frauen mit *noch* einem Kind da und wissen nicht, was kommt!« Dieses Zitat stammt aus dem Ersten Weltkrieg. Eine heute 75jährige Frau, die zweite von fünf Schwestern, hörte es als kleines Mädchen von ihrer Mutter. Sie hat es bis heute nicht vergessen.

20 Jahre später saßen die Frauen wieder zu Hause, empfingen die Männer zum Heimaturlaub und blieben mit einem weiteren Kind zurück. Und als der Krieg dann endlich aus war, waren die Männer mit Wiederaufbau beschäftigt und hatten keine Zeit für ihre Kinder. Die Frauen versuchten, wieder in ihre alte Rolle als abhängige, ›hilflose‹ Frau zu schlüpfen, und

das, nachdem sie über Jahre sich und ihre kleinen Kinder allein durchgebracht hatten. Was lernt eine heranwachsende Tochter daraus? Welche Konsequenzen haben Fliegeralarm und Flucht, Nächte im Keller und ein Vater in Kriegsgefangenschaft für die Schwesternbeziehung?

Ist es ein Wunder, daß die Kindheitserinnerungen der Frauen, die heute um die 70 oder um die 50 sind, selten schön waren? Aber es sind nicht nur die äußeren Umstände, die die Erinnerungen an die Eltern, die Schwestern und die Familie verdunkeln. Immer wieder tut sich ein Stück ›schwarzer Pädagogik‹ auf: Es sind kleine, oft gedankenlose Sätze, ›Sprüche‹, die in Mittelschichtsfamilien manchmal wie Schläge wirken und sich mit Widerhaken festsetzen. »Gabi ist ja gelb vor Neid!« – »Du bist ebenso breit wie hoch!« – »Was den Menschen schön macht, ist allein der Charakter!« Sprüche statt Beleidigungen, Sprüche statt eiserner Regeln, Gebote. Sprüche, die verletzen, gegen die man sich nicht wehren kann, weil sie ja immer auch ›ein bißchen lustig‹ gemeint sein können. Aber sie sitzen fest und schmerzen, hinterlassen Spuren. Und das Drama der Kindheit wird wieder lebendig.

Ich höre jetzt die Mütter fragen (es sind ja auch immer die Mütter, die sich für die Erziehung und das Glück der Kinder verantwortlich fühlen): Muß sie denn immer ein *Drama* sein, die Kindheit? Ich glaube, ja. Wir können vielleicht dazu beitragen, das Drama nicht ganz so dramatisch werden zu lassen, aber die ›goldene Kindheit‹ gehört in den Bereich der Märchen, das wissen wir nicht nur aus der Psychoanalyse, sondern eben auch aus der eigenen Erinnerung.

So erklärt die Autorin Jean Liedloff zum Beispiel in ihrem Buch ›Auf der Suche nach dem verlorenen Glück‹, warum in unserem Kulturkreis Kindheit immer mit Trauer, Frustration und Unglück zu tun hat. Warum es so schwer, wenn nicht gar unmöglich ist, ein glückliches Kind und damit ein glücklicher Erwachsener zu werden. Sie sagt: »›Erziehen‹ im ursprünglichen Sinn bedeutet ›herausführen‹, doch obwohl dieser Weg dem weit verbreiteten Verständnis ›eintrichtern‹ überlegen sein mag, ist keiner von beiden mit den entwickelten kindlichen Erwartungen vereinbar. Von einer älteren Person herausgeführt oder geleitet zu werden, bedeutet Einmischung in die Entwicklung des Kindes, da dieses hierdurch von seinem natürlichen, wirksamsten Weg fortgeführt wird zu einem, der dies in geringerem Maße ist. Die Annahme eines angeborenen Sozialtriebes steht in direktem Gegensatz zur allgemeinen zivilisierten Überzeugung, daß die Triebe eines Kindes zwecks Erziehung zu sozialem Verhalten gebändigt werden müßten. Einige meinen, daß Erklärungen und ›Kooperation‹ mit dem Kind diese Bändigung besser bewerkstelligten als Drohung, Beschimpfung oder der Rohrstock. Die Annahme, das Kind sei von Natur aus gesellschafts*feindlich* und benötige Manipulation, um für die Gesellschaft akzeptabel zu werden, ist jedoch beiden Ansichten nicht minder zu eigen als den verbreiteteren Auffassungen zwischen diesen beiden Extremen... Der Preis, den ein Kind dafür zahlt, daß es zu dem geführt wird, was seine Eltern für es (oder für sich), als das Beste erachten, ist die Beeinträchtigung seiner Ganzheit.«[1] Und diese Beeinträchtigung unserer Ganzheit, so Liedloff, ist die Trauer, die wir unser Leben lang spüren, wie die um das verlorene Paradies. Die Annahme eines angeborenen Sozialtriebes, der sich Bahn bricht, wenn man Kinder nur gewähren läßt und nicht beeinflußt im Hinblick auf das, was sie tun und werden sollen, erscheint uns zunächst völlig fremd und ›unnatürlich‹, zu sehr widerspricht er der Auffassung, daß der Mensch ›dem Menschen ein Wolf‹ sei. Aber wenn man die Berichte der Schwestern, der Frauen hört und erfährt, wieviel Gewalt, wieviel Angst, wieviel Drohung und Zwangsmaßnahmen nötig sind, damit Kinder – und ganz besonders Mädchen – endlich zu dem werden, was die Eltern, die Gesellschaft für wünschenswert halten, dann muß man sich fragen, ob so viel Qual wirklich notwendig ist. Ob das Ergebnis wirklich so negativ wäre, wenn man Kinder sich schlicht in Ruhe entwickeln ließe?

Die Frauen, mit denen ich sprach, kamen aus ganz durchschnittlichen Familien, und die meisten von ihnen haben selber wieder durchschnittliche Familien. Sie erzählen Alltagsgeschichten, banale Kleinigkeiten, die sie beeindruckt und geprägt haben; es sind Menschengeschichten, Einzelschicksale als Paradigmen für Frauenerfahrungen. Die meisten würden sich zur sogenannten Mittelschicht zählen: der Vater Lehrer oder Arzt, sie selber haben studiert oder die

Handelsschule besucht. Sie hatten Zeit, über sich, ihre Person, ihre Beziehungen und Kindheitserfahrungen nachzudenken, schon bevor ich sie danach gefragt habe. Sie haben mit anderen Frauen, mit ihren Schwestern über sich gesprochen. Sie haben ihre verbalen Fähigkeiten von Kindheit an trainiert, das heißt, sie sind gewohnt, ihren Gefühlen, Empfindungen und Vorstellungen sprachlichen Ausdruck zu geben. Sie haben die einschlägigen Bücher über Kindererziehung und Psychologie gelesen, um ungefähr zu wissen, was mit ihnen vorgegangen ist. Und trotzdem tauchte mehr als einmal in den Gesprächen der Satz auf: »Ach, *so* habe ich das noch nie gesehen!« oder: »Ja, das wird mir eigentlich *jetzt* erst klar!«

Die Frauen, mit denen ich sprach – es waren insgesamt über 50 –, stellen keine repräsentative Auswahl dar, ich fand sie durch Zufall und nach dem Schneeballsystem. Sie hatten nur eines gemeinsam: Sie waren ›nur‹ mit Schwestern aufgewachsen. Sie hatten, mit ganz wenigen Ausnahmen, keine Brüder. Es sollte ja um das Frauenspezifische gehen, das sich – möglicherweise – in solchen Familien entwickelt. Und sie hatten noch etwas gemeinsam: ihre Gesprächsbereitschaft, für die ich ihnen an dieser Stelle noch einmal besonders danken möchte. Keine – nicht eine einzige Frau – hat das Gespräch abgelehnt. Oft stand ich in der Tür, eine wildfremde Frau, die nur eine Telefonnummer bekommen hatte, und nach zehn Minuten redeten wir wie – Schwestern. Dies allein ist für mich ein so positives Zeichen einer wachsenden, verwandtschafts*un*abhängigen Schwesternschaft, daß es die Arbeit gelohnt hat. Und es ist, glaube ich, etwas Neues, etwas, das in den letzten Jahren der Frauenbewegung gewachsen ist und das sich zu verbreiten beginnt auch unter Frauen, die mit der Frauenbewegung noch wenig oder gar nichts zu tun hatten. Es scheint sich das Gefühl auszubreiten, daß es etwas Verbindendes ist, *Frau* zu sein, etwas Gemeinsames, auf dem frau trotz aller Unterschiedlichkeiten aufbauen kann. Das macht Hoffnung.

Imme de Haen

Teil I
Zuerst sind alle Schwestern Töchter

Bevor das Kind wahrnimmt, daß außer seinen Eltern auch noch andere Personen zur Familie gehören, hat es schon eine Beziehung zu ihnen aufgebaut. Die Eltern-Kind-Beziehung ist zwar für jedes Kind die lebensgeschichtlich frühere und damit wichtigere Beziehung als die Geschwisterbeziehung, aber vom Tag seiner Geburt an entsteht eine wechselseitige Beziehung zwischen *allen* Personen, die in der Familie leben. So wie man nicht *nicht* kommunizieren kann, so kann man auch nicht in einer Familie leben und sich nicht gegenseitig beeinflussen. Jede Person innerhalb der Familie hat für jede andere Person innerhalb der Familie eine besondere Bedeutung. Jede Handlung eines Familienmitglieds beeinflußt die Handlung der anderen. Jede Reaktion des einen bewirkt eine Reaktion des anderen. Insofern ist der Begriff ›Familien*dynamik*‹ sehr zutreffend, da er die ständige Bewegung, die starken Kräfte, die da wirksam werden, umschreibt. Wie stark diese Kräfte sind, belegt eine breite Literatur über die Auswirkungen neurosefördernder Familienbeziehungen.[2]

Aus den Gesprächen mit den Frauen, die in einer Schwesternfamilie aufgewachsen sind, kristallisierten sich vier Familientypen heraus, die das Klima und die Schwesternbeziehung wesentlich beeinflußt haben. Diese Familienmuster haben vermutlich ihre Gültigkeit unabhängig davon, ob nur Schwestern oder nur Brüder oder Brüder und Schwestern zur Familie gehören. Für unseren Zusammenhang war aber der Gesichtspunkt wichtig, inwieweit solche innerfamiliären Strukturen eine gute *Schwestern*beziehung fördern oder verhindern. Unter einer *guten* Schwesternbeziehung soll hier eine Beziehung verstanden werden, die das einzelne Mädchen nicht beeinträchtigt oder deformiert, sondern ihm zur Entfaltung seiner persönlichen Möglichkeiten verhilft und ihm darüber hinaus noch einen persönlichen Schutz im Sinne einer positiven Vergewisserung verleiht.

Die Familienmuster, die sich aus der Struktur der Beziehungen der Familienmitglieder ergaben, lassen sich grafisch folgendermaßen darstellen:

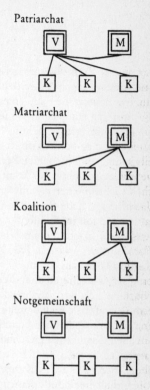

1. »Das Patriarchat«
Im Patriarchat hat der Vater das absolute Sagen, ihm sind sowohl die Ehefrau als auch die Töchter ›untertan‹.

2. »Das Matriarchat«
Im Matriarchat ›herrscht‹ die Mutter, die es versteht, die Töchter dem Einfluß des Vaters möglichst zu entziehen.

3. »Die Koalition«
In der Koalition hat ein Elternteil (hier: der Vater) zu einer der Töchter eine besondere Beziehung aufgebaut. Die Mutter bildet mit den anderen Töchtern ein ›Subsystem‹.

4. »Die Notgemeinschaft«
In der Notgemeinschaft fallen die Eltern aus irgendwelchen Gründen aus: (hier: weil sie eine fast symbiotische Beziehung zueinander haben), die Töchter sind auf sich selbst angewiesen.

Natürlich soll eine solche ›Typologisierung‹ nur eine *Richtung*, eine Tendenz beschreiben. In den meisten Familien werden sich entweder Mischformen finden oder auch nur temporäre Zuordnungen möglich sein. Die Dynamik innerhalb der Familie widerspricht ja auch in gewisser Weise einer solchen Festlegung. Lebensgeschichtliche Veränderungen oder äußere Einflüsse können solche Familienmuster zudem ständig abwandeln. Hier soll deshalb nur eine *Struktur* dargestellt und in ihren Auswirkungen auf die Schwesternbeziehung beschrieben werden.

Kapitel 1

Der Wunsch nach dem Sohn

Lange, bevor das Neugeborene seinen ersten Schrei tut, ist es Zielpunkt elterlicher Vorstellungen, Wünsche und Erwartungen. Zentral ist dabei sicher die Frage, ob es gesund ist, aber fast genauso wichtig ist die Frage, ob es ein Junge oder ein Mädchen wird! Früher – bevor man durch Ultraschalluntersuchungen das Geschlecht des Kindes noch im Mutterleib feststellen konnte – gab es eine Menge ›Verfahren‹, um diese wichtige Frage zu beantworten. Ich gebe zu, daß auch ich, als ich mein erstes Kind erwartete, meinen Ehering an ein Haar von mir gebunden und ihn über meinen Bauch gehalten habe: Begann er zu kreisen, sollte es ein Mädchen sein, pendelte er hin und her ein Junge!

Warum ist es so wichtig für Eltern zu wissen, ob es ein Junge oder ein Mädchen wird? Candida und James Peterson befragten werdende Eltern, welches Geschlecht sie sich für ihr Kind wünschten, falls es das einzige bliebe: 90 Prozent der Väter und 92 Prozent der Mütter wünschten sich für diesen Fall einen Jungen.[3] Der Sohn bringt in fast allen Kulturkreisen einen höheren Prestigegewinn, auch wenn es keine Familiennamen oder Besitztümer zu vererben gibt. Dabei haben Eltern, wenn sie ihre Töchter rollenkonform erziehen, von ihnen viel mehr: Sie sind sensibler, zärtlicher und anhänglicher, sie stellen ihre Arbeitskraft früher und länger der Familie zur Verfügung und bleiben der elterlichen Familie ihr Leben lang viel verbundener als Söhne. Söhne sind teurer in der Ausbildung, sie streben nach Unabhängigkeit und hinaus aus der Familie, sie gründen selber eine Familie und sind dann nur noch aus Pflichtgefühl für die Eltern da. Und doch zählt es zu den zentralen Lebensaufgaben eines Mannes: einen Baum zu pflanzen, ein Haus zu bauen und einen Sohn zu zeugen – keine Tochter!

Als meine älteste Schwester geboren wurde, hat sich meine Großmutter sehr gefreut: »Wie praktisch«, soll sie gesagt haben, »das Kindermädchen wird zuerst geboren!« Das Kindermädchen – darin liegt schon die gesamte Rollenerwartung: Dieses Mädchen wird sich um das nachfolgende Baby kümmern – und das wird dann ja hoffentlich der Junge sein. Das erste Kind zum Üben – und dafür sind Mädchen ganz praktisch. Mädchen kommen erwiesenermaßen mit weniger Komplikationen über die ersten Lebensmonate, sie sind zumindest gesundheitlich robuster. Probleme bei der ›Erziehung‹ der Mädchen im ersten Lebensjahr treten meist nur dadurch auf, daß sie strenger und unmittelbarer auf ihre zukünftige Rolle als Mädchen getrimmt werden, und dieser Prozeß beginnt am ersten Lebenstag. 1974 wurden 30 Ehepaare gebeten, ihr neugeborenes, einen Tag altes Kind zu beschreiben, wie sie es Freunden gegenüber tun würden. Dabei hatten die Väter ihr Kind, wie es damals üblich war, nur durch eine Scheibe gesehen, die Mütter es dagegen im Arm gehalten. Trotzdem beschrieben beide unabhängig voneinander ihr Kind, wenn es ein Mädchen war, als hübsch, niedlich, zart und seiner Mutter ähnlich, wenn es ein Junge war dagegen als robust, munter, kräftig und widerstandsfähig. In Wirklichkeit unterschieden sich die Babys aber weder im Hinblick auf Größe, Gewicht oder sonstige körperliche Gegebenheiten.[4] Und diese unterschiedliche Wahrnehmung schlägt sich im unterschiedlichen Verhalten der Eltern nieder: Mädchen werden vom ersten Tag an anders behandelt als Jungen: Sie werden weniger hoch genommen und gestreichelt als Jungen, sie werden schneller und liebloser gefüttert und früher abgestillt als Jungen, sie werden früher zur Sauberkeit dressiert, und ihre Neugier, ihr Bewegungsdrang und ihr Autonomiebestreben werden weniger unterstützt.[5] Da Jungen in der gesellschaftlichen Bewertung höher stehen, läßt man ihnen mehr Freiheit und Spielraum bei ihrer Persönlichkeitsentfaltung. Mädchen müssen, schon um das Defizit der Tatsache, daß sie nun mal Mädchen sind, etwas auszugleichen, wenigstens der herrschenden Rollenvorschrift möglichst exakt entsprechen: Sie sollen hübsch, zärtlich, geschickt, sauber, freundlich und anpassungsfähig sein. Vom ersten Tag an wird alles getan, um diese ›weiblichen‹ Eigenschaften zu trainieren. Wenn schon ein Mädchen, dann wenigstens ein ›richtiges‹.

So stehen die erstgeborenen Mädchen unter einem besonderen Druck: Zum einen hätten sie eigentlich ein Junge werden sollen, zum anderen müssen sie sogleich lernen, ihre vitalen Lebensäußerungen zu kanalisieren und zu unterdrücken. Natürlich wünschen sich nicht *alle* Eltern als erstes einen Sohn, aber wenn das erste Kind ein Mädchen ist, fällt die Entscheidung, ein zweites Kind zu bekommen, viel selbstverständlicher. Wenn das zweite Kind nun auch ein Mädchen wird, stehen die Eltern vor der schwierigen Entscheidung: sollen sie es noch einmal versuchen? »An diesem Punkt«, schreibt Elena Belotti, »gleitet die Programmierung außer Kontrolle, die Planzahl ›zwei‹ [Kinder] wird durch ›drei‹ ersetzt, und die Hoffnung auf einen Jungen wird dringlicher, gespannter. Wenn einer kommt, ist das Spiel zu Ende, wenn nicht, eskaliert sich die problematische Situation und man bricht in Panik aus. Der Kampf zwischen der Entscheidung, keine Kinder mehr zu haben oder doch noch den ersehnten Jungen zu machen, ist hart. Wie viele Mädchen verdanken wohl ihre Existenz dem verzweifelten Versuch, einen Jungen zu zeugen!«[6]

Zur Ankündigung der Geburt einer zweiten oder dritten Tochter muß man sich schon etwas einfallen lassen, um einer gewissen Lächerlichkeit zu entgehen. Der Vater fühlt sich auf eine unbestimmte Weise in seiner Manneswürde gekränkt, und die Mutter macht gute Miene zum bösen Spiel. »›Was kommt, wird gewickelt‹, war der Spruch meiner Mutter«, erinnert sich eine von vier Mädchen. »Immer noch hocherfreut«, setzte ein anderer Vater auf die Geburtsanzeige, als seine dritte Tochter geboren wurde. »Der eine hat die Flöh', der andere die Töchter«, pflegte ein anderer zu antworten, wenn man den schönen Spruch anbrachte: »Lieber einen Sack voll Flöhe hüten als eine Reihe hübscher Töchter.« Braucht man solche Sätze auch, wenn der dritte Sohn geboren wird? Muß man sich da auch etwas Gescheites einfallen lassen? Dabei sind die Väter, die die Geburt ihrer ersten, zweiten, dritten Tochter mit Humor nehmen, noch die erfreulichen Ausnahmen. Viele Frauen, die aus Familien mit ›nur‹ Mädchen stammen, können von schlimmeren Reaktionen berichten.

Marion, heute 44 Jahre alt und die mittlere von drei Mädchen erzählt:

»Mein Vater hat sich natürlich Söhne gewünscht und das auch immer deutlich gesagt. Meine jüngste Schwester hat er gezeugt, als er auf Heimaturlaub war, und dann kam er in Gefangenschaft und wußte also nicht, ob es nun ein Junge oder ein Mädchen geworden war. Dann ist er auf einem Transport abgehauen und hat seine Familie nur durch einen Zufall wiedergefunden. Und stand plötzlich in der Tür, als meine jüngste Schwester auf dem Wickeltisch lag. Das erste, was er sagte: ›Es ist ja *wieder* ein Mädchen!‹ Und sehr viel später, da war meine Mutter schon 49, als er sein Haus gebaut hatte, da wollte er, daß sie noch mal ein Kind kriegt, weil er endlich einen Sohn haben wollte. Aber da hat sie gesagt: ›Gut, ich krieg' das Kind, aber dann geh' ich!‹ Da hat er den Gedanken dann aufgegeben.«

Cornelia, älteste von vier Mädchen, weiß auch noch genau, wie unerwünscht sie als Mädchen insgesamt waren:

»Mein Vater wollte gerne jemanden, der den Namen weiterträgt, er stammt aus einer alten Kaufmannsfamilie in Hamburg. Er hatte das Gefühl, durch diese Mädchen erstirbt das Geschlecht, das war so was Mystisches. Er hat sich einfach Söhne gewünscht. Und meine Mutter auch. Die hat es oft sehr deutlich gesagt, wenn wir ihr zuviel wurden. Eigentlich haßt sie Mädchen, sagte sie. Denn Mädchen sind quengelig, nörgelig, kompliziert, heulen viel – Jungens sind sehr viel einfacher, die sind erwachsener, hilfsbereiter, nicht so kompliziert, mehr geradeaus.«

Häufig sind es die Mütter, die sich auch noch Vorwürfe machen, weil sie ›nur‹ eine Tochter geboren haben. Daß das Geschlecht des Kindes vom Vater bestimmt wird, weiß man zwar inzwischen mit dem Verstand, aber noch nicht mit dem Gefühl. Viele Frauen fühlen sich unterschwellig ›schuldig‹ – schließlich wurden die Frauen auch jahrhundertelang dafür bestraft, wenn sie Töchter geboren hatten. Und bis heute hat sich dieses unbewußte Schuldgefühl gehalten und wird durch die Umwelt immer wieder bestärkt. »Nun streng dich aber mal an, daß du Jochen das nächste Mal einen Sohn schenkst«, bekam eine 40jährige Frau von ihrer Schwiegermutter zu hören. Und eine andere Frau, die ihren Arzt fragte, ob es eine

Methode gäbe, einen Sohn zu zeugen, bekam zur Antwort: »Wenn sie ihren Mann nur tüchtig genug lieben ...« Hätte es Anfang der 40er Jahre ein Frauenarzt nicht besser wissen müssen? Und warum enthält er seiner Patientin die Sachinformation vor und bestätigt sie in einem diffusen Schuldgefühl – wenn nicht um der Erhaltung der männlichen Überlegenheit willen?

Ein unerwünschtes, ungewolltes Kind zu sein, ein Kind mit dem falschen Geschlecht zumindest, das ist die Hypothek, die viele Mädchen von Anfang an mit sich herumschleppen. Und Eltern mögen sich bewußt noch soviel Mühe geben, ihre Enttäuschung nicht allzu deutlich zu machen, das Kind, der Säugling reagiert äußerst sensibel auf die unbewußten Regungen und Einstellungen der Eltern. Und Enttäuschung und Abwehr teilen sich ja mit: in der Zärtlichkeit der Laute, mit denen die Eltern es ansprechen, in der Freude, mit der es hochgenommen wird, in der Haltung beim Stillen. Daß Körperkontakt und liebevolle Zuwendung für das Kleinkind besonders lebenswichtig sind, hat René Spitz eindrucksvoll nachgewiesen und muß wohl nicht weiter belegt werden. Daß sie aber auch entscheidend sind für das Gefühl, geliebt und als Person akzeptiert zu werden, macht Elena Belotti noch einmal deutlich:

»Die Zärtlichkeiten, die sich durch das Stillen ergeben, überzeugen das Kind innerlich davon, daß sein Körper geliebt wird, daß es schön ist. Die ständige Bereitschaft und Reaktion der Mutter als Kommunikation über den körperlichen Kontakt überzeugen das Kind davon, daß es gut, warm, schön ist. Und gerade durch dieses totale Akzeptieren des kindlichen Körpers durch die Mutter entsteht die Selbstachtung, das Selbstbewußtsein, das man bei Frauen so wenig findet und von dem Männer oft im Übermaß haben.«[7]

Mädchen, die Töchter sind, Schwestern bekommen, Schwestern werden und Mütter von Töchtern werden können, müssen mit dieser Enttäuschung, ein Mädchen zu sein, oft ein Leben lang umgehen. Vielleicht sind Mädchen auch deshalb so anpassungsbereit, so domestizierbar, weil sie diese heimliche Enttäuschung, die sie ihren Eltern bereitet haben, wieder ausgleichen wollen. Aber dieser Anpassungsbereitschaft der Töchter, die ja im Grunde nichts anderes meint als:

»Bitte, liebt mich doch!«, sind oft durch die Einstellung der Eltern schon Grenzen gesetzt. Mädchen *können* die Liebe der Eltern oft nicht in dem Maße erringen, wie sie sie brauchen, eben weil sie ja dieses angeborene Defizit haben. »Mein Sohn wird deshalb für mich immer etwas Besonderes bleiben«, sagt eine 40jährige Mutter, die dritte von vier Schwestern, »eben weil er ein Junge ist. Auf ihn nehme ich viel mehr Rücksicht. Meine Töchter merken das natürlich, aber ich kann mich nicht freimachen davon. Mädchen zu sein ist das Selbstverständliche, Junge zu sein etwas Besonderes.«

Wenn Eltern ihren Töchtern unbewußt vermitteln, daß es etwas Besonderes ist, ein Junge zu sein, und wenn die gesamte Gesellschaft dem Mann eine eindeutige Vorrangstellung einräumt, dann ist es nicht erstaunlich, daß Mädchen lieber Jungen sein wollen und manchmal ihr Leben lang darunter leiden, keiner geworden zu sein.

Marion erzählt:

> »Ich war vier, als mein Vater aus dem Krieg kam – das war zunächst sehr schön. Da war er arbeitslos und hat sehr viel mit uns unternommen. Er hat während seiner Militärzeit eine Sportlehrerausbildung gemacht, und da haben wir dann das ganze Wohnzimmer ausgeräumt, die Nachbarskinder dazugeholt, und dann haben wir zusammen geturnt. Als ich dann älter wurde, habe ich aber immer deutlicher gemerkt: Ich konnte mich anstrengen, wie ich wollte, ich war eben doch nur ein Mädchen. Er hat es mir auch wörtlich gesagt. Mein Vater ist da wohl in seinen Erwartungen von meiner ältesten Schwester sehr enttäuscht worden. Die war nämlich sehr sportlich, bis sie so mit Jungen anfing – dann war's aus. Und das bekam ich zu spüren. Na ja, da wollte ich natürlich lieber ein Junge sein und zog mich auch so an. Das war sehr wichtig für mich. Und deshalb gab es in der Pubertät für mich große Probleme. Ich habe so mit meinem Schicksal gehadert! Ich war so neidisch auf Jungen! Mein Vater wollte eben Jungen haben, ein Junge war wichtig – und er hatte nur drei Töchter!«

Es scheint so, als ob tatsächlich so etwas wie ein kollektives Minderwertigkeitsgefühl entsteht, wenn mehrere Mädchen als Schwestern in einer Familie groß werden. Nach dem

Motto: Es ist ja schon schlimm, ein Mädchen zu sein – aber es ist noch viel schlimmer, eines von zwei, drei oder vier Mädchen zu sein.

Alexandra, dritte von vier Mädchen, zitierte als erstes einen Spruch ihrer Mutter, als ich sie nach ihrer Schwesternerfahrung fragte: »*Zwei* Jungen habe ich mir gewünscht, und *vier* Mädchen habe ich bekommen!« Wie fühlt man sich da als eines der vier Mädchen? Muß man nicht ständig um Entschuldigung bitten, daß man da ist, so wie man ist?

Alfred Adler vertritt in seiner Individualpsychologie die These von der prinzipiellen Organminderwertigkeit des Menschen, die jeder vom Zeitpunkt seiner Geburt an auszugleichen bestrebt ist und die dadurch Antrieb und Motor all seiner Handlungen ist. Er schreibt: »Bedenkt man, daß eigentlich jedes Kind dem Leben gegenüber minderwertig ist und ohne ein erhebliches Maß an Gemeinschaftsgefühl der ihm nahestehenden Menschen gar nicht bestehen könnte, faßt man die Kleinheit und Unbeholfenheit eines Kindes ins Auge, die solange anhält und ihm den Eindruck vermittelt, dem Leben nur schwer gewachsen zu sein, dann muß man annehmen, daß am Beginn jedes seelischen Lebens ein mehr oder weniger tiefes Minderwertigkeitsgefühl steht. Dies ist die treibende Kraft, der Punkt, von dem aus alle Bestrebungen des Kindes ausgehen und sich entwickeln... jedes Kind ist dadurch, daß es in die Umgebung von Erwachsenen gesetzt ist, verleitet, sich als klein und schwach zu betrachten, sich als unzulänglich, minderwertig einzuschätzen.«[8]

Dieses Minderwertigkeitsgefühl wird durch die Gemeinschaft mit Erwachsenen, die das Kind ermutigen und anleiten, ausgeglichen bzw. abgebaut. Aber in diesem Zusammenhang sieht Adler auch die besondere Belastung von Mädchen, die das allgemeine Unterlegenheitsgefühl von Kindern zu einem speziellen Minderwertigkeitsgefühl von Mädchen werden läßt: »Ein Mädchen bekommt auf Schritt und Tritt, sozusagen täglich und in allen Variationen zu hören, daß Mädchen unfähig seien und nur zu leichteren, untergeordneten Arbeiten geeignet. Es ist nur naheliegend, daß ein Mädchen, bei seinem kindlichen Unvermögen, solche Urteile auf ihre Richtigkeit zu prüfen, die weibliche Unfähigkeit als ein unabänderliches Schicksal der Frau betrachtet und schließlich selbst an die eigene Unfähigkeit glauben wird.«[9] Dieses spezielle Minderwertigkeitsgefühl kann ja durch praktisch keine Maßnahme ausgeglichen werden: Auch wenn man älter, klüger, reifer wird – man *bleibt* ein Mädchen. Dieses Minderwertigkeitsgefühl ist deswegen so schwer abzubauen, weil es sich nicht auf irgendwelche Leistungen bezieht, sondern auf die Person. Woher soll ein Mädchen die Kraft nehmen, gegen dieses vom ersten Tag an eingepflanzte und dann alltäglich wieder verstärkte Minderwertigkeitsgefühl anzugehen?

Aus dem Gefühl eines Kindes, nicht das richtige Geschlecht zu haben, und dem Wunsch, dem fast lebensnotwendigen Wunsch, so zu werden, daß es von den Eltern akzeptiert und möglichst geliebt wird, kann ein lebenslanger Zwiespalt entstehen: ein Mädchen zu sein und ein Junge sein zu *wollen*. Verstärkt wird dieser Konflikt, wenn ein Mädchen, von Temperament und Anlage her, eher ›männliche‹ Aspekte zeigt: einen ausgeprägten Willen, Freiheitsdrang, Initiative, Stärke.

Saskia, jüngste von vier Mädchen, heute 41 Jahre alt, verheiratet und Mutter von zwei Kindern, hat jahrelang in solch einem Konflikt gelebt. Sie hatte nicht nur das ›Pech‹ Jüngste von vier Mädchen zu sein und ein unerwünschtes Kind, sondern auch noch drei sehr weibliche, wohlerzogene und angepaßte Schwestern zu haben. Von kleinauf hatte sie das Gefühl, in diese Familie nicht zu passen. Und von kleinauf wollte sie lieber ein Junge sein, nicht nur, weil es in dieser Familie erwünscht war, sondern auch, weil es zu ihrem Temperament gepaßt hätte und das übliche ›Auf-Weiblichkeit-Trimmen‹ bei ihr besonders schwer wurde.

»Ich wurde 1941 geboren, wog acht Pfund, hatte einen riesigen Kopf und ein ungestümes, ungelenkes, ungraziöses Wesen im Gegensatz zu meinen Schwestern. Ich wußte eigentlich immer, daß ich nicht erwünscht war, aber ich müßte lügen, wenn ich sage, daß mich das jemals gestört hätte. Aber ich weiß auch, daß ich eigentlich ein Junge bin und auch einer werden sollte. Wenn schon ›Unfall‹, dann wenigstens ein Junge. Und ich war auch wie ein Junge: laut, wild und frech. Ich habe mich wie ein Junge gefühlt und wollte auch einer sein. Meine Mutter hat nie ein Hehl daraus gemacht, daß ich ein ›Unfall‹ war, und ich finde das

26

auch richtig, ich hätte es sowieso gespürt. Aber mein lautes, ungestümes Verhalten war ihr auch nicht recht – wenn ich wirklich ein Junge gewesen wäre, dann vielleicht – aber so... Noch mit 17, 18 Jahren habe ich geflucht, daß ich ein Mädchen war. Erstens war ich ja sowieso schon ein halber Junge, und dann fehlte mir ja alles, was ein Mädchen liebenswert macht: dieses Nette, Graziöse, Hübsche – dann doch lieber gleich ein Junge. Ich glaube auch, daß es damit zusammenhängt, daß ich an die Zeit zwischen acht und 13 Jahren *keinerlei* Erinnerungen habe – absolutes Blackout. Ich vermute, daß ich in dieser Zeit die meisten Demütigungen hinnehmen mußte, daß ich erkannte, ein unerwünschtes Kind zu sein und *kein* Junge. Später habe ich Männer gerne gereizt bis zum ›Es-geht-nicht-mehr‹. Ich glaube, daß ich ganz attraktiv bin, und ich hatte auch viel ›Ankratz‹ bei Männern. Und am liebsten hatte ich sie vor mir auf Knien, winselnd um ein bißchen mehr, um mich dann kalt abzuwenden und zu sagen: ›Ich denk nicht dran!‹ Ich glaube, damit räche ich mich bis heute dafür, daß ich kein Junge geworden bin, ich will es ihnen heimzahlen!«

Elena Belotti beschreibt das Produkt dieser »psychologischen Kastration«, wie sie es nennt, bei der von Anfang an alle Impulse zur Selbstverwirklichung rigoros unterdrückt werden, so: Es werden »unzufriedene, launische, weinerliche, selbstverstümmlerische, faule, leblose, passive, interesselose kleine Mädchen, die sich auflehnen, ohne zu wissen gegen wen oder was, die selber nicht wissen, was sie eigentlich möchten... Machtlose Wesen, die verzweifelt ständig durch ihr Verhalten ihre Konditionierung anklagen, voller Ängste, Unsicherheit und Hysterie in einem ständigen Zwiespalt mit sich selbst und ihrer Umwelt leben.«[10]

Nun stellt sich die Frage, ob diese Konditionierung der Mädchen in Familien mit ›nur‹ Töchtern sich potenziert oder ob sie relativiert wird. Es könnte ja auch eine Chance in der Tatsache liegen, ausschließlich Schwestern zu haben und die fast automatisch eintretende Bevorzugung eines Bruders nicht miterleben zu müssen. Denn dann bekommen die Mädchen zwar prinzipiell, aber nicht tagtäglich mit, daß ein Junge eben doch etwas Besseres, Größeres, Herrlicheres ist. Wie viele Mütter, die sich so dringend Söhne wünschen, tun dies in erster Linie, weil sie sie zur Aufwertung der eigenen Person brauchen, und kümmern sich dann besonders innig um die ›kleinen Männer‹, für die sie zunächst – und das ist sicher ein tolles Gefühl – ein und alles sind. Viele Mädchen mit Brüdern haben die Erfahrung ständig gemacht. Sie müssen nicht nur in der Umwelt wahrnehmen, daß das männliche Geschlecht das höherwertige ist, sondern auch in dem ›Schutzraum‹ der Familie. Die Bevorzugung eines Jungen in der Familie kann sich auf die gesamte Schwesternbeziehung verheerend auswirken.

Beate, 24 Jahre alt hat einen älteren Bruder und zwei jüngere Schwestern – sie ist sozusagen die älteste Schwester. Sie sagt:

»Der Erstgeborene war ein Junge – und das war gut so. Aber dann kam ich, unerwünscht und auch noch ein Mädchen – das hat vor allem meiner Mutter nicht gepaßt. Und der Ehe zuliebe oder der starken Mutter zuliebe wurde ich denn auch als Neutrum behandelt, nicht als Mädchen. Meine Mutter hat mich gehaßt – weil ich ihr den Erstgeborenen weggenommen habe, denn sie mußte sich ja um mich kümmern, als ich geboren war, und das hat sie mir zeit ihres Lebens übelgenommen. Ich war für sie immer das Kind, das sie nicht verdient hat: ungezogen, häßlich bis heute: freche grüne Katzenaugen, vorstehende Zähne – ich wurde dann halt so mit durchgezogen. Mein Bruder wurde immer vorgezogen: Er durfte sich schmutzig machen – ich nicht, und wenn wir in die Spielzeugkiste geschissen hatten, weil wir uns nicht aus dem Zimmer trauten, bekam ich die Schläge – er nicht. Und das ist bis heute so geblieben. Mein Bruder heute: BMW-Fahrer, klotzt ordentlich rein, sehr leistungsorientiert. Er kommt alle 14 Tage, haut meiner Mutter einen Sack Schmutzwäsche hin und sagt: ›Sonntag fahr’ ich wieder, dann ist die gebügelt!‹ Und sie hetzt hin und her für den armen Jungen, er packt sich das Auto voll, räumt den Kühlschrank leer, packt die Weinflaschen ein, Schallplatten und so und haut wieder ab. Allerdings – wenn sich meine Mutter *dann* beklagt, sagt mein Vater: ›Was erwartest du eigentlich, wenn du diesen Sohn so vergötterst!‹ Bei meinen beiden kleinen Schwestern war alles anders: Die waren erwünscht. Und meine eine Schwester schielte und brauchte deswegen besondere Zuwendung, und die andere hatte rote Haare, war also auch ein gestraftes Kind, und ich war sowieso abgeschrieben – und meine Mutter hat mich gequält. Ich wollte zum Beispiel so gerne lange Haare haben und mußte jede Woche zum Friseur: zum *Herren*friseur. Ich sehe meine Mutter noch auf dem Sofa: rechts eine kleine Schwester, links eine kleine Schwester – ich bin rausgegangen. Ich hatte ja nie das Gefühl, eine gute Mutter zu haben, aber durch meine Schwestern sah ich dann unvermeidlich, wie sie *auch* sein konnte.«

Daß unter solchen Bedingungen keine Schwesternbeziehung entstehen kann, ist fast natürlich. Erst heute, wo auch Beates Schwestern größer sind, entdecken sie ihre ältere Schwester, und es beginnt sich ganz langsam eine Beziehung zu entwikkeln.

Der vergötterte Bruder, die süßen Schwestern – da bleibt dann nicht mehr viel übrig. Im Grunde ist es für Schwestern dann schon besser, keinen Bruder dazwischen zu haben, denn wenn die Eltern sich einigermaßen damit abgefunden haben, können sich die Mädchen zunächst in Ruhe oder zumindest ruhiger entfalten, ehe sie durch Kindergarten, Schule und Umwelt mit der herrschenden Norm konfrontiert werden.

Vera, zweite von vier Mädchen, sieht in der Tatsache, nur mit Schwestern aufzuwachsen, sogar einen besonderen Glücksfall. Sie sagt:

»Ich bin überzeugt, daß es überhaupt keinen besseren Start für Emanzipation gibt als eine reine Mädchen-Familie. (Allerdings unter der Voraussetzung, daß der Vater kein dominierender Tyrann ist.) Denn man lernt dann, von kleinauf, daß Männer nichts Besseres sind. Ich glaube, selbst unsere Mutter, die immer versucht hat, ihre Töchter zu selbstbewußten, selbständigen Frauen zu erziehen, wäre der Versuchung erlegen, einen Sohn besonders herauszustreichen, wenn sie einen gehabt hätte. So haben wir uns nur untereinander verglichen, und jede hat ihre Fähigkeiten aufs Beste entwickeln und einsetzen können. Dadurch habe ich auch nie ›gelernt‹, daß Jungen was Tolles sind. Und das ärgert mich auch heute noch immer: Sowie Männer ihre Stimmen erheben, werden Frauen zu stillen Zuhörerinnen – eine Haltung, die mich ungeheuer stört.«

Aber diese Haltung hat eben ihren Ursprung in den langdauernden, vielfältigen Minderwertigkeits*erfahrungen,* die Mädchen im Laufe ihres Lebens machen müssen. Natürlich gibt es Mütter, die sich gerade über eine Tochter besonders freuen – und oft sind es Mütter mit Schwesternerfahrungen. Und es gibt auch Väter, die ihre Töchter nicht ablehnen, sondern sich über sie freuen. Aber von den Frauen, mit denen ich über ihre Kindheitserfahrungen gesprochen habe, hatten nur zwei das Gefühl, daß ihr Vater über die Tatsache, daß er ausschließlich Töchter hatte, froh war. »Ich bin kurz nach dem Krieg geboren«, sagt die eine, »und mein Vater hat uns immer wieder gesagt, er wolle auf keinen Fall neue Soldaten großziehen!«

Andere Väter, die ihren Töchtern vermittelten, daß sie mit ihnen zufrieden seien, begründeten das so: »Ich möchte mich mit meinen Töchtern schmücken!« (Wobei es wahrscheinlich selbstverständlich ist, daß die Mädchen dem gängigen Schönheitsideal entsprechen. Was hätten die Väter gesagt, wenn die Töchter nun *nicht* hübsch gewesen wären?) Oder: »Söhne wären für mich vielleicht zu Rivalen geworden.« Söhne *können* also auch gefährlich werden für Väter – da scheinen für manchen die Töchter sogar das kleinere Übel zu sein. Aber nur, wenn sie so werden, wie *er* sich das vorstellt – und dafür sorgt er dann, oft unterstützt durch die Mutter, die sich nicht zu wehren wagt, mit allen ihm zu Gebote stehenden Mitteln.

Kapitel 2

Familienmuster: Das Patriarchat

»*Der Herr im Haus bin ich.*« Dieser imaginäre Satz scheint das Leben in vielen Familien zu bestimmen, vor allem aber in Familien mit mehreren Töchtern. Vielleicht fühlt sich der Vater ›bedroht‹ von so viel Weiblichkeit, vielleicht will er durch besonders autoritäres, sprich: männliches Verhalten die ›Schmach‹ ausgleichen, keinen Sohn gezeugt zu haben. Er hat sie ja ständig um sich, diese fleischgewordenen Beweise seiner Unfähigkeit, und seine Frau mitten unter ihnen, womöglich heimlich mit ihnen im Bunde, da sie ja auch eine Frau ist! Und womöglich gegen ihn! Da muß man wohl mal deutlich machen, wo's langgeht!

Vor nunmehr 150 Jahren war die (männliche) Welt noch in Ordnung. Da hatten die Frauen noch keine ›Flausen im Kopf‹, sie kannten ihren Platz: im Haus, bei den Kindern, als treueste Dienerin des Mannes. In ihrem Buch ›Die Frauen der Coornvelts‹ beschreibt Jo van Ammers-Küller die Ausgangssituation in Holland zu Beginn der Frauenbewegung. Jeden Abend sitzen die Mutter und die fünf Töchter um den großen Tisch versammelt und erwarten in ängstlicher Spannung das Erscheinen des ›Gewaltigen‹:

»›Endlich‹ dröhnten vom benachbarten Kirchturm sieben Schläge; genau im gleichen Augenblick wurde oben im Haus eine Tür geöffnet und wieder geschlossen, während sich zugleich der Frauen, die um den Tisch saßen, eine erregte Erwartung und Bewegung bemächtigte... Langsame und schwere Tritte stampften die Treppe herab. Als die Tür sich auftat, standen alle Töchter gleichzeitig auf und sagten mit kurzer Verbeugung: ›Guten Abend, Vater.‹... Aus der dunklen Ecke an der Zimmertür antwortete eine tiefe, klangvolle Stimme: ›Guten Abend, Frau und Kinder.‹

Erstaunlich groß schien er, breitschultrig und mit einem Unterleib von so erschrecklichem Umfang, daß sein Besitzer, leicht hintenüber geneigt, ihn wie eine schwere Last vor sich hertrug ... Dann ertönte ein unharmonisches Massenkonzert krachender und springender Federn: Onkel Coornvelt hatte sich in den Armstuhl niedergelassen.

Zuerst nahm er seine Mütze ab und kraulte sich langsam und mit Genuß den kahlen Schädel, dann griff seine große, weiße Hand nach dem Blasebalg, der neben dem zum Hochglanz geputzten Kamin stand ... Ohne sich umzusehen, fragte er mit schwerer, strenger Stimme: ›Nun, Naatje, mein Töchterchen, habt ihr heute eure Pflicht getan?‹ – ›Ich ... glaube wohl, Vater.‹ Die Hände des Kindes zitterten, so daß es die Nadeln fallen ließ. Ängstlich wanderten die Augen der Kleinen an all den Gesichtern um den Tisch herum. ›Habt ihr also den Groschen in eure Sparbüchse verdient?‹ – ›Nein ... nein, Vater ...‹ Das Haupt vor dem feurigen Ofen wandte sich langsam zu dem Kinde um. ›Naatje hat sich bei ihrem Psalm versprochen.‹ Mit ihrer zartesten Stimme versuchte die Mutter das Vergehen zu beschönigen ...«[11]

Die Szenerie hat sich verändert, statt Kerzen brennt die elektrische Lampe, der Vater trägt keinen Hausrock mehr und fragt wohl keine Psalmen mehr ab, aber das Muster ist in vielen Familien immer noch gleich. Der Vater bestimmt den Familienablauf; das Wohlergehen von Frau und Töchtern liegt weitgehend in seiner Hand. Und Frau und Töchter fügen sich – oft haben sie auch heute noch keine andere Wahl:

»Hildegard D. ist eine von fünf Töchtern, die in der elterlichen Gaststätte helfen muß, und zwar von morgens sieben bis in die Nacht. Wenn ihr nicht pariert, hieß es oft, kommt ihr ins Erziehungsheim. Ich bin euer Vater, ich kann mit euch machen, was ich will. Lohn gab es nicht und auch kein Taschengeld. (›Dafür bekommt ihr später die Aussteuer!‹) Ebenso keine Ausbildung (›Ihr heiratet ja doch!‹) und keine eigenständige Altersversicherung. Der Vater prügelte die Töchter und auch die Frau. Hildegard schämte sich deswegen sehr, glaubte, er sei eine ganz schlimme Ausnahme und bei den anderen passiere nie so etwas. Sie erzählte niemandem von den häuslichen Prügeleien ... Mit ihren Schwestern versteht Hildegard sich gut, vor allem auch im heimlichen Protest gegen den Vater. Einmal streiken die Mädchen und verbarrikadieren sich den ganzen Tag lang im Dachstübchen. Der Mutter, die ihre Verzweiflung manchmal durchbrechen läßt, bieten sie an, sich scheiden zu lassen: ›Leben können wir allemal. Wenn wir für den Vater arbeiten, können wir das auch für dich tun.‹ Aber die Mutter hat Angst.« So protokolliert von Alice Schwarzer, 1979.[12]

Immer wieder ist aus den Berichten der Frauen, die von ihren Familien erzählen, herauszuhören, daß sich die Mutter dem Vater unterordnet:

»Sie hat sich immer mehr oder weniger der Meinung meines Vaters angepaßt, sie ist eben ein sehr anpassungsfähiger Mensch«, sagt eine 37jährige Frau, die älteste von drei Schwestern, über ihre Mutter. »Sie ist ihr Leben lang immer rückwärts gegangen. Sie sagte immer, sie hat meinen Vater im Krieg kennengelernt und alle hätten gesagt, das sind die komischen Zeiten und wenn der Krieg aus ist, läuft alles anders ... aber dann war der Krieg aus und nichts lief anders! Nach dem Krieg hat mein Vater sich nicht entnazifizieren lassen und war deshalb praktisch immer arbeitslos. Meine Mutter hat uns irgendwie durchgebracht. Sie war das Arbeiten gewohnt. Mein Vater war weder psychisch noch physisch in der Lage, was zu tun. Er war den ganzen Tag zu Haus, er hat uns sehr ... sehr ... abhängig erzogen. Jeden Morgen lag ein Zettel auf dem Tisch, darauf stand, was jede einzelne von uns den Tag über zu tun hatte. Er war in seinem Zimmer und ›arbeitete geistig‹, wie er das nannte, aber bei geöffneter Tür, so daß er uns immer überwachen konnte!«

Durch solche Formen des Psychoterrors wird bestimmt, wie die Mädchen gehen und stehen, was sie sagen, was sie tun und wie sie's tun, was sie lernen und was nicht, ob sie weggehen und zu wem, wen sie heiraten und wen nicht.

»Und dann war ihr Verlobter Arzt, was meinem Vater nicht gefiel. Und außerdem war er in einer Verbindung, in der sonst nur Theologen waren, und er trank auch nur Milch. Gott sei Dank ist mein Bruder dann acht Tage vor der Hochzeit zu ihr gefahren und hat erreicht, daß sie die Verlobung löste. Das hat er für meinen Vater getan. Mein Vater war ein hoher Beamter, und er konnte das ja auch besser überblicken als so ein junges Mädchen. Sie hat dann Krankenpflege gelernt. Geheiratet hat sie nie – ich glaube, darüber ist sie heute noch unglücklich. Ich habe dann, als ich heiratete, ihre Aussteuer übernommen.«

So beschreibt eine heute 76jährige Frau die Lebensgeschichte ihrer ältesten Schwester. Ihr ist dabei nicht klar, was ihrer Schwester angetan wurde, sie findet auch heute noch richtig, wie ihr Vater und ihr Bruder in das Leben ihrer Schwester eingegriffen haben.

Gerda, 29, älteste von drei Schwestern, sagt von ihrer Mutter: »Sie ist unsicher geworden durch die Autorität meines Vaters. Sie ist eine von den Frauen, die ihr Leben lang die Dreckarbeit für ihre Männer gemacht haben und nie zur Geltung gekommen sind. Ich hab' meine Mutter nie erlebt, weil sie ja immer für meinen Vater gearbeitet hat, und am Wochenende hat *er* alles bestimmt.« Gerda nimmt ihrer Mutter und ihren Schwestern übel, daß sie sich dem Vater und seinen Vorstellungen so unterordnen. Sie hat sich daraus gelöst. »Es gab einen Punkt in meinem Leben, wo ich die Werte, die mein Vater mir total und sehr massiv vermittelt hat, über Bord geschmissen hab'. Sonst wär' ich heute nicht da, wo ich bin. Von da ab hatten mein Vater und ich eine sehr schlechte Beziehung. Er hat mich gehaßt und ich ihn. Und wir haben uns das auch total spüren lassen. Als ich dann unbewußt keine Angst mehr vor ihm hatte, hat sich unsere Beziehung neutralisiert. Dann hat's bei ihm noch ein Jahr gedauert, dann hatte er's auch gecheckt.«

Aber es gibt Väter, die ihre Meinungen, ihr Wertesystem auch mit härteren Mitteln durchsetzen. Es ist erschreckend, in wie vielen Familien zur Durchsetzung einfachster Dinge noch geschlagen wird. Eltern ersinnen oft finstere Methoden, um ihren Kindern ihre Normvorstellungen einzuhämmern. Und einem strengen Vater getraut sich selbst die Mutter nicht, sich zu widersetzen. Zum einen scheut sie den Konflikt – schließlich ist sie ja auch zum weiblichen Rollenverhalten erzogen worden –, zum anderen könnte er ja vielleicht doch recht haben mit seinen Methoden.

Anja, jüngste von vier Schwestern, 36 Jahre alt, erinnert sich mit Schaudern an Vaters unvermutete und grausame Art zu strafen. Keine Schläge, selbstverständlich – sie stammt aus einer gut situierten Mittelschichtfamilie:

»Ich erinnere mich an eine Sache: es fehlten mal sechs Scheiben Salami. Und ich weiß, daß meine nächstältere Schwester und ich eine Nacht an der Wand stehen mußten, damit wir uns besinnen sollten, wer's gewesen war. Meine Schwester sagte: ›Ich war's, aber ich sag's nicht.‹ Da standen wir nun im Dunkeln, frierend, todmüde – ich war einfach fertig. Ich wollte ins Bett, wollte schlafen. Ich bin dann zu meiner Mutter, die lag in ihrem Bett, neben dem Vater, warm und mollig. Ich seh' noch heute dieses Licht an ihrem Bett. Und ich ging zu ihr und sagte: ›Mutter (wir mußten immer Mutter sagen), ich war's!‹ Und ich schmiegte mich an sie und sagte dann: ›Aber ich muß dir sagen, ich war's nicht wirklich!‹ Ich hab's einfach nicht geschafft. Diese Erziehung zur Ehrlichkeit war so stark drin. Und da hat mein Vater mich sofort wieder an die Wand geschickt. Das hat sich zweimal wiederholt, und immer stand meine Schwester neben mir und sagte: ›Ich war's, aber ich sag's nicht!‹ Und das Gefühl, alles ist gut, jeder darf in sein Bett, Mutter ist lieb zu mir, Vater mag mich wieder, wenn ich das nur zugebe. Und gleichzeitig das Gebot: Lügen darf man nie! Und beim dritten Mal bin ich hin und habe gesagt: ›Ich war's!‹ und nichts weiter. Und das war dann o. k. Da ist irgendwas passiert in mir.«

Nele, 24 Jahre alt und die jüngere von zwei Schwestern, erzählt, wie sie sich dazwischen geworfen hat, als ihr Vater ihre Schwester verprügelte.

»Wir sind ja mit 17 noch verprügelt worden. Einmal hat er meine Schwester so verprügelt, daß ich raus wollte, um die Polizei zu holen ... aber da hat er mich dann auch noch erwischt! Ich glaube, da wußte er nicht mehr, was er tat. Mein Verhältnis zu meinem Vater ist schrecklich – also, von dem halte ich überhaupt nichts. Der hat meiner Mutter so viel angetan, was ich ihm nicht verzeihen kann. Der ist so ein Patriarch, wie er im Buche steht, so nach dem Motto: ›Solange du die Füße unter meinen Tisch steckst‹, und meine Mutter, die ist 13 Jahre jünger als er und die hat heute noch Angst vor jedem, der kommt ... und das ist ganz stark durch meinen Vater gekommen.«

Die Machtkämpfe zwischen Vater und Mutter oder zwischen Vater und Mutter und Töchtern, werden sie offen und brutal oder subtil und mehr psychologisch ausgetragen, prägen Kinder für ihr Leben. »Ich kann heute noch nicht ertragen, wenn ein Mann laut wird – dann habe ich immer die brüllende Stimme meines Vaters im Ohr – der hat immer nur geschrien, wenn er nach Hause kam ...«, sagt Hannah, die zweite von vier Mädchen. Wie viele Mädchen erleben so ein abschreckendes Beispiel von ›Männlichkeit‹ und können dadurch nur schwer ein partnerschaftliches Verhältnis zu Männern aufbauen. Auch wenn sie oft gleichfalls erleben, wie ihre Mutter heimliche Methoden entwickelt, sich an ihrem autoritären Mann zu rächen – nicht offen natürlich, sondern sehr subtil und ›hintenherum‹ in dieser angeblich so typisch weiblichen Art, sich zu wehren.

Paula, 44, jüngste von vier Schwestern, über ihren Vater:

»Wir haben ihn nicht geliebt. Ich bin ihm ähnlich, und ich hab' immer versucht, das zu unterdrücken, denn wir haben ihn eher gehaßt. Alle. Wir haben ihn gefürchtet. Wahnsinnig gefürchtet, obwohl er uns so direkt nichts getan hat. Allein, das, was er gesagt hat und wie er's gesagt hat und wann, das war so – so mächtig, so übermächtig. Er war – kein guter Mensch. Trotzdem hat er wohl auch darunter gelitten, daß wir ihn so abgelehnt haben. Wir haben ihn verachtet und begaunert. Wir haben ihn nicht leiden können, weil die Ehe unserer Eltern so problematisch war und er in unseren Augen daran schuld war. Die zankten sich ständig. Das gab Krach, mit Türenknallen und Geschirrwerfen. Und wochenlang Nicht-miteinander-Reden. Das war herrlich, denn dann hatten wir unsere Mutter ganz für uns! Wenn sie uns morgens Frühstück machte und der Vater kam dazu, sprach keiner mit ihm. Wenn er was fragte, antworteten wir nicht. Er war total isoliert. Kam er an den Tisch, wurde nicht mehr geredet. Und dann kam meine Mutter eines Tages und sagte: ›Also, Kinder, ich habe mich mit eurem Vater wieder versöhnt.‹ Ich war dann sauer, ich fand die Versöhnung nicht gut, denn ich hatte mehr von meiner Mutter, wenn sie Krach hatte mit dem Alten. Und ich empfand es als Zumutung, daß wir von einer Minute zur anderen wieder gut sein sollten. Wir waren immer auf der Seite unserer Mutter, immer. Wir haben nie an ihrer Persönlichkeit gezweifelt. Sie hätte einen Mord begehen können – wir hätten ihr blindlings recht gegeben.«

Vor dem Bild des strengen, autoritären Vaters erscheint die Mutter wie ein Engel.

»Wir fangen heute noch an zu heulen, wenn wir von unserer Mutter reden, heute noch. Alle. Wenn wir uns eine schöne Situation mit unserer Mutter vorstellen, wenn wir in der Küche gebacken haben oder mehrstimmig gesungen haben. Wir können heute die Lieder nicht mehr hören, die sie an unserem Bett gesungen hat, ohne daß wir heulen. Das ist zuviel. Diese unsinnige Gefühlsbindung an unsere Mutter müßte doch einmal ein Ende haben, denn sie ist jetzt seit 24 Jahren tot!«

Letztlich ist die Mutter Siegerin geblieben bei dem ehelichen Machtkampf. Auf der Strecke geblieben ist das Bild vom Mann, das den Töchtern vermittelt wurde.

»Weil ich die Jüngste bin«, sagt Paula, »habe ich wohl noch das beste Verhältnis zu ihm gehabt, bei mir war er nicht mehr so hart. Ich war die einzige, die je auf seinem Schoß gesessen hat – er hat mich kommen lassen! Als junges Mädchen habe ich immer gedacht, warum ist mein Vater nur so? Wir haben ihn gehaßt und gesagt: ›So wird unsere Ehe mal nicht!‹ Aber später habe ich dann festgestellt: Viele Männer sind so. Nicht nur mein Vater ist so blödsinnig gewesen, sondern die Kerle sind so, rechts und links, wohin man guckt!«

Ruth, Paulas nächstältere Schwester, sagt dazu:

»Mein Vater war ein sehr kluger Mann. Man konnte ihn zwar nicht gut fragen, aber wenn er eine Frage interessant fand, bekam man Antwort. Und trotz seiner schrecklichen Arroganz und seines unerträglichen autoritären Verhaltens ist das für mich bis heute bei Männern entscheidend: daß sie Verstand haben. Ich habe immer gedacht: Männer sind klug. Männer sind mir geistig überlegen – das war sehr verhängnisvoll für mich!«

Sie erzählt von Magda, der zweiten der Schwestern, die am meisten unter diesem Vater gelitten hat, die am brutalsten behandelt wurde und die sich nichts wünschte, als endlich mal von ihm anerkannt zu werden.

»Einmal hat er ihr die Haare abgeschnitten. Das war eine üble Geschichte. Wir trugen alle Zöpfe. Erst zur Konfirmation durften die Haare abgeschnitten werden. Bei der Ältesten ging das glatt durch. Magda hatte nun herrliche, lange, blonde Zöpfe, meist zu Schnecken aufgesteckt. Und eines Tages hat er ihr am Kopf die Haare abgeschnitten. Ratzekahl. Sie hat einen seelischen Schock erlitten, ist tagelang nicht aus dem Haus gegangen, dann wurde eine Perücke angeschafft. Meine Mutter hat wochenlang nicht mit ihm gesprochen. Als erwachsene Frau hat Magda ihn mal gefragt, warum er das eigentlich getan hätte. Da hat er gesagt: ›Das gehört zu den dunkelsten Geschichten in meinem Leben, darüber möchte ich nicht sprechen.‹ Und damit war sie zufrieden.«

Die ganz alltägliche Hölle.
Was bedeutet ein solcher Vater für die Beziehungen der Schwestern untereinander? In ihrer Kindheit und Jugend sind die Schwestern vermutlich damit beschäftigt, vor dem Vater zu flüchten, ihm aus dem Weg zu gehen, nicht aufzufallen. Wenn sie versuchen, vielleicht doch noch ein Stückchen seiner Zuneigung zu erlangen, kann das zu einem erbitterten Kampf der Schwestern untereinander führen. Aber wenn das aussichtslos erscheint, dann kann eine gute Schwesternbeziehung entstehen, zumindest in dem Maß, wie sie älter werden, unabhängig werden, das Haus verlassen. Spätestens dann können sie ihre Schwestern wahrnehmen, falls sie sie nicht vorher schon als Bundesgenossinnen im Kampf gegen den Vater erlebt haben. So negativ diese Kindheitserfahrungen sind, der gemeinsame Kampf gegen den Unterdrücker kann das Zusammengehörigkeitsgefühl stärken. Allerdings müssen die Mädchen dann eine wenigstens in Teilbereichen ›erfolgreiche‹ Mutter erleben, denn wo sollten sie sonst die Erfahrung hernehmen, daß Frauen etwas erreichen können, wenn sie zusammenhalten? Der strenge Vater, der mit Gewalt, Schlägen und anderen Strafen seine Familie in Schach hält – er gehört nicht dem vorigen Jahrhundert an, er ist immer noch gegenwärtig und Realität für viele Kinder. Söhne können sich ihm aber leichter entziehen. Sie rebellieren, Töchter passen sich an, ducken und sind still. Er wolle ja nur das beste für die Mädchen, würde er sagen, wenn man ihn fragte. Ob er auch ahnt, was er ihnen nimmt? Er nimmt ihnen die Chance, ein angstfreies, realistisches, angemessenes Männerbild auszubilden, ein Bild vom Vater, das übertragbar ist auf eine Partnerbeziehung.

Väter sind sicher nicht ›per se‹ autoritär, auch wenn ihnen dieses Verhalten leichter von der Umwelt verziehen wird, weil es eben immer noch auch ›Männlichkeit‹ bedeutet. Ihr autoritäres und oftmals aggressives Verhalten ist sicher auch ein Zeichen ihrer Hilflosigkeit, ein Ausdruck ihrer inneren Bedrängnis, der Angst vor der Übermacht des Weiblichen in der Familie. Eine Frau, die nur Söhne hat, mag sich manchmal allein und unverstanden fühlen, aber sie würde sie nicht als Bedrohung empfinden. Väter dagegen scheinen sich durchaus auch ›bedroht‹ zu fühlen von den vielen Frauen in ihrer Umgebung, sonst würden sie nicht so aggressiv reagieren. Vielleicht erscheint es übertrieben, aber diese Bedrohung könnte noch aus den Zeiten des alten Mutterrechts herrühren, wo Frauen tatsächlich Macht über die Männer hatten. Die Geschichte ist voll von Beispielen, wie sich der Mann gegen die Frau zur Wehr setzt und zu welchen Mitteln er greifen muß, um sich behaupten zu können, von den Hexenverbrennungen bis hin zu der These vom ›physiologischen Schwachsinn‹ des Weibes. Immer wieder versuchen Männer, sich ihre Männerwelt aufzubauen und zu erhalten, und nun bricht die Weiblichkeit unmittelbar bei ihnen zu Hause ein! Kein Vater hat dafür ein passendes Verhaltensmuster gelernt, deshalb flüchtet er sich in Strenge und abweisendes Verhalten, auf daß ihm keine zu nahe komme. Gründe gibt es also für sein Verhalten und manchmal Verständnis, aber geholfen ist damit keiner der Töchter, die solch einen Vater erleiden müssen. Sie erleben männliche Stärke als bedrohlich, körperliche Überlegenheit muß ihnen Angst machen, sie empfinden sich hilflos ausgeliefert einer männlichen, mächtigen Autorität, die sie schrecken, ängstigen und verletzen muß. Dabei hat jedes Kind das Bedürfnis, Vater und Mutter zu *lieben*. Wie soll man so einen Vater lieben, selbst wenn man ihn doch lieben möchte? ›Lernt‹ eine Tochter daraus, daß Liebe mit Schmerzen zu tun hat? Ist hier ein Grund für den oft zitierten weiblichen Masochismus zu finden?

Autoritäre Väter geben ihren Töchtern eine schwere Hypothek mit: ein Zerrbild vom Mann. Aber sie stärken unter Umständen unbewußt die Beziehung zwischen den Schwestern und vermitteln ihnen damit positive Frauenerfahrungen, allerdings nur unter der Voraussetzung, daß sie ihre Mutter nicht nur im grauen Sklavenkleid erleben.

Viele Väter, besonders die jüngeren, werden einem solchen väterlichen Erziehungsverhalten verständnislos und entrüstet gegenüberstehen. Besonders in jungen Familien ist der Vater von seinem Sockel heruntergestiegen und menschlich geworden. Frauen, die heute Anfang, Mitte 20 sind, wissen viel Positives über ihre Väter zu berichten. Ein anderes Männerbild beginnt sich auch auf diesem Felde auszuwirken.

Karen, 22, und Corinna, 26 Jahre alt und beide jeweils die älteste Schwester in der Familie, erzählen, daß ihr Vater ihnen viel näher und enger verbunden war als ihre Mutter, die sich mit ihrer Rolle nicht identifizieren konnte. In beiden Familien hat der Vater versucht, seinen Töchtern eine liebevolle Vater-Mutter zu sein. Mit Erfolg.

Kapitel 3

Familienmuster: Das Matriarchat

Die Identifikation mit einer Tochter ist bei vielen Müttern besonders groß: Das ist Fleisch vom eigenen Fleisch, vertraut, bekannt und – wenn sie sich selbst liebt – auch geliebt. Wenn die Mutter eine starke, durchsetzungsfähige ›mama‹ ist (wie zum Beispiel in Italien) oder wenn der Vater sich aus dem Familienbeziehungsgeflecht heraushält oder wenn die Beziehung zwischen den Eltern unbefriedigend ist – in all diesen Fällen wird eine enge Beziehung zwischen Töchtern und Mutter entstehen. Aus dem Blickwinkel der Mutter gehören die Töchter zunächst einmal ihr. Jungen muß man abgeben, irgendwann einmal, an eine andere Frau. Mädchen bleiben. Mädchen machen ähnliche Körpererfahrungen wie die Mutter: Menstruation, Geburten, Klimakterium, das verbindet, wenn auch unbewußt. Mädchen sind das ›Innig-Verbundene‹, sind fast so wie man selbst. Die umfangreiche Mütter-Töchter-Literatur der letzten Jahre belegt viele Probleme, die aus diesem engen Verhältnis entstehen. Nähe schaffte eben auch Probleme, Nähe zwischen so gleichen und gleichzeitig so ungleichen Partnern besonders. Die heranwachsende Tochter lernt von Jahr zu Jahr etwas Neues über ihre Mutter. Sie fügt dem Bild der Mutter immer wieder neue Puzzlesteine zu, tauscht alte aus, verändert das gesamte Bild, bis sie, etwa bis zur Pubertät, ein Bild hat, mit dem sie ›erwachsen‹ wird. Die Mutter lernt ebenso ständig etwas Neues über ihre Tochter. Sie hat ebenfalls ein Bild von ihr – oft hat sie es sogar schon vor ihrer Geburt gehabt! –, und auch sie muß dieses Bild ändern, allerdings fällt es ihr als Erwachsener, mit vielen festgefahrenen Einstellungen, sehr viel schwerer. Da waren die Mädchen strahlende, süße Geschöpfe, die alles, was die Mutter anbot, dankbar und zutraulich annahmen. Sie waren so formbar, so erfreuliche Ergebnisse aller Erziehungsversuche. Aber irgendwann hörten sie auf, so bequem, so gefügig, so dankbar und dadurch Anlaß zum Stolz zu sein. Manche

Töchter – allerdings wenige – widersetzen sich schon mit drei Jahren, manche erst mit 30.

Familien mit drei und mehr Kindern – und von solchen ist hier zumeist die Rede – brauchen ein Mindestmaß an interner Organisation. Häufig ist es die Mutter, die für den reibungslosen Ablauf des familiären Alltags verantwortlich ist.

Sie bringt die Kinder zur Welt und sie organisiert zumeist den Alltag, und damit hat sie einen gewissen familiären Machtbereich. Solange die Kinder klein sind, hat sie meist alles in der Hand. Da sie in den ersten Jahren für jedes Kind die wichtigste Person ist, ist sie auch die wichtigste Förderin oder Verhinderin von Geschwisterbeziehungen. Dies gilt, aufgrund der größeren Verbundenheit zwischen Töchtern und Mutter, in besonderem Maß für Schwesternbeziehungen. Die Mutter-Töchter-Beziehungen und die Schwesternbeziehungen stehen in einem engen, sich wechselseitig beeinflussenden Verhältnis zueinander. Die Mutter kann die Schwestern füreinander sensibel machen oder sie voneinander abschneiden. Sie kann die Liebe zu den Schwestern fördern oder zerstören. Was sie über die Schwester sagt, wie sie die Schwester behandelt, ist für die anderen, zumindest eine lange und wichtige Zeit hindurch, ausschlaggebend. Der Mutter stehen eine Menge versteckter und deutlicherer Mittel zur Verfügung, um die Schwesternbeziehung zu beeinflussen: Es können Gesten, Blicke, Worte oder auch ›faule Tricks‹ sein – sie wirken durch ihre ständige Wiederholung.

Meine Mutter hatte so einen Trick: Kam eine von uns Schwestern zu ihr, um sich über eine andere zu beklagen, sagte sie bestimmt immer: »Ach, das tut mir aber leid – weißt du, gerade vorhin war sie da und hat mir gesagt, *wie* lieb sie dich hat!« Da stand man da mit seinem bösen Wunsch, die andere bei der Mutter doch ein bißchen anzuschwärzen, und zog ziemlich zerknirscht vondannen. Irgendwann haben wir diesen Trick natürlich durchschaut, aber da hatte er schon längst seine Wirkung getan: Wir hatten ›gelernt‹, daß es sich nicht lohnte, sich über eine andere zu beklagen. Letztlich hatte dieser Trick Langmut, Frieden und gute Schwesternbeziehungen gestiftet.

Da Geschwisterbeziehungen meist im Verborgenen wachsen – sieht man einmal von den lauten Zankereien ab, die manchen zum Eingreifen nötigen (warum eigentlich?) –, kommen die unbewußten Absichten, Einstellungen und Erfahrungen der Beteiligten besonders zum Tragen. Oft wiederholt die Mutter unbewußt Geschwistererfahrungen, die sie selbst gemacht hat. Oder sie bemüht sich bewußt, ihre Geschwistererfahrungen zu vermeiden. Unbewußt sind ihre Vor- und Einstellungen in jedem Fall Maßstab ihrer Handlungen, und damit beeinflußt sie in hohem Maße die Qualität der schwesterlichen Erfahrungen.

›Wohlgeratene‹ Kinder sind der Stolz jeder Mutter. Wohlgeratene Töchter, das heißt hübsche, ansehnliche Töchter können für die Mutter auch eine Bedrohung sein. Sie führen der Mutter ständig vor Augen, daß *sie* nun älter geworden ist – und Jugend zählt in unserer Gesellschaft einfach mehr, vor allem bei Frauen. Glatte Haut, ein schlanker Körper, schöne Haare – diese Attribute fallen den Töchtern einfach so zu, während die Mutter sie stetig verliert. Damit entsteht eine Ambivalenz für die Mutter: Einerseits freut sie sich, daß ihre Töchter hübsch sind – andererseits merkt sie daran, daß *sie* es nicht mehr ist. So kann eine – natürlich unbewußte – Rivalität zwischen den heranwachsenden Töchtern und der Mutter entstehen. Begünstigt wird diese, wenn die Beziehung zum Ehemann nicht mehr sehr befriedigend ist – und welche ist das schon, nach zehn, zwanzig Ehejahren?

So werden die Kinder im allgemeinen und die Töchter im besonderen zum Ersatz für vieles: Sie sollen entschädigen für das, was die Mutter nicht bekam, was sie nicht durfte, was sie nicht erreichte. Aber sie sollen auch nicht allzu erfolgreich sein, denn sonst wird das eigene Defizit zu deutlich – und da Frauen immer geneigt sind, Defizite sich persönlich anzulasten und nicht etwa irgendwelchen gesellschaftlichen Umständen, fühlen sich Mütter persönlich angegriffen, wenn ihre Tochter es besser hat oder besser macht als sie. So wird die Mutter-Tochter-Beziehung Opfer der zwiespältigen Gefühle der Mutter: Einerseits *sollen* die Töchter es besser haben, sie sollen positivere Erfahrungen machen und nicht die alten Fehler wiederholen. Andererseits zeigt sie der Mutter dann um so deutlicher, was ihr alles entgangen ist, was in ihrem Leben alles hätte anders laufen können. Fallen Töchter wieder auf die gleichen Dinge herein wie die Mutter, dann ist das zwar sehr bedauerlich (weil man ja für die Töchter nur das Beste will), aber man ist dann als Mutter auch irgendwie rehabilitiert: Änderungen sind eben so schwer möglich, hier ist der Beweis, nicht einmal du, meine liebe Tochter, schaffst es!

Ersatz für all das Entgangene, für die vielen verpaßten Chancen im Leben kann dann für die Mutter wenigstens die Macht innerhalb der Familie sein. Ohne *sie* läuft der Haushalt nicht. Die Kinder hat *sie* geboren. *Sie* ist den ganzen Tag anwesend. Das ist zwar mühsam, kostet Kräfte und ist meist auch nicht sehr abwechslungsreich, aber sie kann sich entschädigen. Zuletzt läuft nichts mehr in der Familie, es sei denn über sie. Der Vater ist draußen, er hat seinen Beruf – *ihr* Beruf sind die Kinder. So haben es die heute über 40jährigen meist noch ›gelernt‹. Und wie der Vater nach Erfolg in seinem Beruf strebt, so strebt sie nach Erfolg in ihrem, und das heißt dann: ein Stückchen Macht über andere, so lange wie möglich.

Aber jede Eltern-Kind-Beziehung muß auf Trennung, auf Ablösung angelegt sein. Schließlich sollen die Kinder erwachsen werden, und das heißt: unabhängig, selbständig, nicht manipulierbar. Haben Kinder eine solchermaßen kompensatorische Funktion für die Mutter, fällt ihr das Loslassen besonders schwer. »Töchter – ein Beruf fürs Leben« hat es Sybil Gräfin Schönfeldt einmal genannt, weil den selbst schon grauhaarigen Töchtern, auch wenn sie berufstätig und sowieso überlastet sind, immer noch von den Müttern ein schlechtes Gewissen eingeflößt wird, wenn sie sich nicht ständig um sie ›kümmern‹. Sind es mehrere Töchter, können sie den Machthunger der enttäuschten Mutter unter sich teilen. Sie können eine Zeitlang der Mutter die Illusion erhalten, sie hätte sie noch alle an der Leine. Das kostet zwar Zeit und Kraft, scheint aber für die Schwestern immer noch die annehmbarere Lösung, als der Mutter hart und konsequent klarzumachen, daß sich die Zeiten geändert haben und sie nicht mehr Mutters kleines Schätzchen sind. Aber es gibt Mütter, die bis ins hohe Alter – der Töchter – diese Macht über sie haben und ausnutzen.

Alexandra ist die dritte von vier Mädchen. Sie ist heute fast 40 Jahre alt; sie lebt allein in einer hübschen Altbauwohnung in einer westdeutschen Großstadt. Ihr Beruf – sie ist Dozentin für Mathematik – macht ihr Spaß und füllt sie aus. Zur Zeit macht sie noch eine Zusatzausbildung.

»Ich habe immer meiner Mutter geglaubt, wenn sie gesagt hat: ›Euer Vater hat sich nicht um euch gekümmert.‹ Damit hat sie ihn natürlich mit Erfolg mies gemacht in meinen Augen. Ich habe einen solchen Haß auf meinen Vater gehabt! Eigentlich wollte sie uns wohl signalisieren: Seht mich! *Ich* habe mich um euch gekümmert – in Klammern: obwohl ich doch immer Söhne haben wollte! Und seht mal die Männer – auf die ist kein Verlaß, machen Karriere auf Kosten der Frau! Uns brachte sie immer bei: Euer Vater darf nicht gestört werden, der muß denken und forschen und arbeiten. Viel später hat sie mal erzählt, sie habe das so toll gefunden, daß sie ihn jederzeit hätte stören können, daß sie immer reingehen konnte in sein Studierzimmer. Ich hab' gedacht, ich spinne! Uns brachte sie bei: Wehe, ihr geht zum Vater – und ich tat das natürlich nur in höchster Not! Und meine Mutter ging immer rein, wann sie wollte. Dadurch hatte sie natürlich alles fest im Griff. Sie wußte immer, was los war, kümmerte sich um die Schule, war für den Alltag da, ganz klar.
Mein Vater war eigentlich immer absolut außen vor. Was immer in der Familie passierte, passierte unter uns – weil Vater nie mitmachte. Der saß an seinem Schreibtisch. Der frühstückte auch alleine. Das Mädchengequatsche störte ihn. Kinder waren in der Küche, bei Mutter, und er bekam sein Frühstück in seinem Zimmer. Meiner Mutter war das gerade recht. Ich glaube, mein Vater ist vor der Übermacht an Weiblichkeit einfach geflohen. Ich weiß noch, als wir uns einen Hund anschaffen wollten, hieß es, der Hund sollte männlich sein, damit ein Ausgleich entsteht!
Wenn wir uns anmalten oder Petticoats anhatten oder ständig bügelten, guckte mein Vater sich das belustigt an und fand das recht putzig. Er hat uns eigentlich nichts verboten. Verboten hat's die Mutter. Die hat immer gesagt: ›Kinder, ihr dürft das nicht ... der Vater ...‹ Aber es war eigentlich sie, die das störte. Wenn wir zu laut waren, sagte sie nie: ›Verdammt noch mal, jetzt seid mal fünf Minuten ruhig!‹ sondern sie sagte: ›Kinder, seid ruhig, der Vater hat zu arbeiten.‹ Das war natürlich viel günstiger für sie. Damit hat sie uns den Vater als Buhmann hingestellt, aber sie stand gut da. Der Vater, der an sich weich war und auch

Gefühl hatte, kam über diese Frau gar nicht an seine Töchter ran. Sie stand immer dazwischen.

Für sie war es sicher auch nicht leicht, mit diesem Mann, der sich allem entzog: Er stand morgens um fünf Uhr auf, ging allein spazieren, frühstückte allein, ging ins Büro und abends um neun schlafen. Jeden Tag. Ob Sonntag, ob Alltag. Ja, Weihnachten blieb er bis halb zehn auf! Das muß für sie auch schrecklich gewesen sein.

Ich konnte auch nie mit meinem Vater darüber reden, weil er für mich unerreichbar war. Man kam als Kind einfach schlecht an ihn ran. Manchmal habe ich es versucht, da hat er mich genervt mit seinen langen Vorträgen. Ich hatte das Gefühl, er *kann* gar nicht mehr mit seinen Töchtern reden. Wenn ich in sein Zimmer kam, um mit ihm zu reden, sagte er: ›Wo ist die Mutti, hol die Mutti dazu!‹ Das war so eingeschliffen. Er befürchtete wohl, sie könnte sonst hinterher eifersüchtig sein. Mutter war eben immer dabei!

Als Kind hatte ich immer Angst vor ihm, das Gefühl, du darfst ihn nicht stören, nur, wenn es wirklich wichtig ist. Und so hat ihn meine Mutter auch für uns aufgebaut. Dabei hat sie sich sicher auch gewünscht, er würde mal irgendwas mit uns machen, mal baden gehen oder einen Ausflug machen – nie.

Meine Mutter hat praktisch während des Krieges hintereinander vier Mädchen geboren. Eigentlich ungeheuerlich! Als sie mich erwartete, ist sie wohl mal beim Arzt gewesen und hat so vorsichtig vorgefühlt wegen einer Abtreibung. Aber der hat ihr in den Oberarm gekniffen und hat gesagt: ›Gnädige Frau, sie sind doch ganz gut im Fleisch, schenken sie dem Führer ruhig *noch* 'n Kind!‹ Mein Vater hat dazu mal gesagt: ›Weißt du, es war Krieg, und eigentlich haben wir nicht so darüber nachgedacht!‹ Ich denke mir, daß man in so einer existentiellen Bedrohung, wenn ringsherum alles stirbt und untergeht, einfach Kinder haben will. Und das war in Leipzig, während der schwersten Bombenangriffe! Wir waren nicht evakuiert, und diese schlimmen Kriegserfahrungen hat sie mit diesen kleinen Kindern allein durchgemacht.

Also, ich glaube, meine Mutter ist jemand, der in solchen Notsituationen ganz groß herauskommt. Die hätte nie gesagt, das wird mir zuviel, ich kann nicht mehr – sie wächst mit ihren Aufgaben. Ich glaube, sie hatte in diesen wahnsinnigen Kriegszeiten immer das Gefühl, daß es ihr nach dem Krieg bessergehen würde – und dann machte ihr

Mann noch einmal Karriere, und sie hatte den Eindruck: Jetzt läßt er mich mit den Kindern sitzen! Und als die Kinder dann heranwuchsen und anfingen, sich aus dem Haus zu orientieren, war das für sie sicher sehr, sehr schlimm. Sie hatte ja auch nie gelernt, was für *sich* zu tun. Und wir haben sie leider auch nie darin unterstützt.

Sie kam aus einem ostpreußischen Beamtenhaushalt, sie war die jüngste von vier Kindern. Sie ist 1904 geboren und hat praktisch zwei Kriege miterlebt. Ihr Vater hat immer gesagt: ›Mädchen und Schulbildung – das ist nichts.‹ Deshalb kam sie nach der Volksschule zu einem Lehrer in den Haushalt. Irgendwann hat sie tippen gelernt und sich allein durchgeschlagen.

Sie wollte immer malen und bildhauern, war künstlerisch sehr interessiert. Vor allem war sie sehr selbständig, ist als junges Mädchen allein nach Italien gereist, was damals enorm war.

Meine Mutter ist in dem ständigen Gefühl aufgewachsen: *nur* ein Mädchen. Sie strotzt von dem Gefühl: *nur* ein Mädchen. Ihr Vater hat mal zu ihr gesagt: ›Du bist dumm wie Bohnenstroh‹, und dann ist sie als kleines Mädchen die Treppe hinaufgestiegen und hat immer vor sich hin gesagt: ›Dumm wie Bohnenstroh, dumm wie Bohnenstroh.‹ Und ihr Vater hat das gehört und kam hinterher und hat sie verdroschen, weil er geglaubt hat, sie äfft ihn nach. Dabei wollte sie nur kapieren, was das bedeutete. Wenn man das hört, dann weiß man, daß sie sich noch in ganz anderer Weise als Frau beschädigt gefühlt hat.

Deswegen glaube ich ihr auch nicht, daß sie keine Kinder wollte, denn das hat sie doch wenigstens ein bißchen aufgewertet, natürlich, Söhne wären da noch besser gewesen. Ich glaube, sie wäre selber gerne ein Junge gewesen. Sie war sehr sportlich, sehr mutig, sehr unternehmungslustig. Die negative Bewertung ihres Vaters: du bist ja *nur* ein Mädchen, hat ihr wohl die Vorstellung eingegeben, daß es ihr als Junge bessergegangen wäre. Wäre es wohl auch.

Immer hieß es latent: Wenn ihr nur Jungen wäret! Jungen standen mehr zur Mutter, die waren aufrecht und klar, auf die hätte man nicht eifersüchtig zu sein brauchen, die waren brav, nicht so verzickt – einfach toll! Sie hätte so gerne Jungen gehabt! Sie hatte auch immer die Idee: Mädchen sind neidisch, eifersüchtig und zänkisch, da hatte sie alle Klischees drauf. Und wenn wir uns nur ein bißchen so verhalten haben, ging sie aus dem Feld. Dann holte sie den Vater aus dem Allerheiligsten und sagte: ›Vati, die Kinder streiten sich schon wieder!‹ Und der war dann natürlich auch völlig hilflos, weil er ja keine Ahnung hatte, und sagte nur: ›Kinder, könnt ihr nicht aufhören?‹ Und meine Mutter sagte nur immer: ›Diese Mädchen, diese Mädchen‹ – und merkte nicht, wie sie selber das herstellte!

Meine Mutter ist bis heute wahnsinnig eifersüchtig. Heute noch, wenn ich mich mit einer Schwester verabrede, ruft sie mich sofort hinterher an, weil sie wissen möchte, was wir geredet haben. Oder sie telefoniert mit meiner Schwester und sagt: ›Übrigens habe ich gehört...‹ so versucht sie immer, zwischen uns zu kommen. Ich denke, auf diese Art hat sie auch damals zu verhindern versucht, daß wir Schwestern eine gute Beziehung zueinander aufbauen, weil sie dann zu sehr draußen gewesen wäre. Und das hätte sie nicht ertragen. *Sie* war ja schließlich der Mittelpunkt der Familie. Gute Beziehungen hat sie nur mit Freundinnen zugelassen. Da war's ihr egal, mit denen durfte ich alles: mit ihnen auf meinem Zimmer essen, mit ihnen weggehen, bei ihnen schlafen. Aber nicht mit den Schwestern. Irgendwie durften wir uns nicht lieben. Wir sollten uns natürlich vertragen, aber *wenn* wir uns vertrugen, ist sie dazwischengekommen und hat es uns irgendwie kaputtgemacht.

Ich weiß auch noch, als ich mal eine Freundin zu Besuch hatte und wir irgendwie verrücktspielten und herumalberten und lachten, wie plötzlich meine Mutter mit überschnappender Stimme dazwischenfuhr: ›Oh, Alexandra, ich dachte, dir wäre etwas passiert!‹ Also, irgendwie durften wir nicht glücklich sein!

Sie hatte auch immer diesen Spruch drauf: Macht's euch nur nicht zu leicht im Leben! Ihre Grundstimmung war: Das Leben ist eine Qual, es wird einem aufgezwungen, und dann muß man halt irgendwie durchkommen. Und das hat eine fröhliche, unkomplizierte Schwesternbeziehung verhindert.

Ich wurde zu Hause gemocht, wenn ich entweder keine Probleme machte oder ein bißchen traurig war. Dann fühlte sie sich gefordert, und sie konnte gut trösten. Aber wenn es mir wirklich gutging, dann kam der zweite Spruch und der hieß: Du bist so oberflächlich! Da fehlte mir dann der Tiefgang, das Schicksalsträchtige, das durchs Haus waberte!

Gott sei Dank war sie inkonsequent, und so gab es auch

schöne Stunden – so zum Beispiel, wenn wir mit Freunden aus waren und die abends um zwölf noch mit nach Hause bringen konnten. Dann hockten wir alle in der Küche und machten Bratkartoffeln, und Mutter kam im Nachthemd dazu. Wenn's ihr gutging, war sie eine gute Mutter, dann hat sie mit uns gebacken oder vorgelesen. Sie benutzte uns Kinder auch, um ein bißchen Farbe in ihr Leben zu bringen, sie ließ sich von unseren Geschichten unterhalten – Fernsehen gab's noch nicht, da mußten die Töchter die Geschichten mitbringen.

Ein bißchen neidisch war sie auch. Wenn wir tanzen gingen oder uns amüsierten, das war wohl schlimm für sie. Wenn wir abends anriefen, um zu sagen, daß wir ein bißchen später kommen, hatte sie so eine Eisesstimme am Telefon: ›Könnt' machen, was ihr wollt!‹ Das hat sie uns mißgönnt, wahrscheinlich weil sie selber keine Möglichkeiten mehr hatte.

Mein Vater hatte sich ja innerhalb der Familie und auch von seiner Frau total zurückgezogen, so daß es für sie sicher sehr schwer war, wenn wir, als hübsche Töchter, Zustimmung und Bewunderung ernteten und sie irgendwie nichts bekam. Sie vernachlässigte sich auch, der Vater ging nie mit ihr aus und legte keinen Wert auf ihr Aussehen. So agierte sie als graue Hausmaus dazwischen und machte ihrem Neid dadurch Luft, daß sie ihren Töchtern im Grunde auch manches verwehrte.

Unsere Mutter schrieb zu: Cornelia ist hübsch, Alexandra noch ein bißchen hübscher und koketter, wobei das auch gleich wieder etwas Anrüchiges war, das mich unsicher machte. Sie vermittelte uns, daß sie früher auch sehr hübsch gewesen war. Da spürte man die Konkurrenz.

Ich habe als Kind auch gemerkt, daß sie nicht glücklich war. Sie war sehr launisch, unberechenbar und klagte viel. Ich hatte immer Mitleid mit ihr und dachte: ›Die Arme, sie ist ja auch geschlagen mit uns Töchtern. Und sie wollte doch eigentlich Künstlerin werden, und wir haben ihr das verdorben.‹

Zärtlich war sie nur selten. Sie legte sich aber jeden Mittag zum Mittagsschlaf – und das war die Zeit, wo sie im Prinzip ansprechbar war, wo sie nicht schlief, sondern im Bett Zeitung las. Wenn ich etwas von ihr wollte und keine dieser elenden Schwestern rumlungerte, schlich ich zu ihr ins Schlafzimmer – und das war sehr schön. Ich weiß, wie sich ihre Knie anfühlten, das weiß ich ganz genau! Das war wie eine geschenkte andere Seite. Aber ansonsten war sie nicht zärtlich. Sie war fürsorglich. Sie hat bis in die Nächte hinein für uns genäht und gestrickt, sich gekümmert. Aber zärtlich – daran kann ich mich nicht erinnern, das waren wir alle nicht. Auch mein Vater nicht. Das gab's bei uns nicht. Und wir Schwestern untereinander schon gar nicht! Ich habe zum Beispiel meine jüngere Schwester wahnsinnig geliebt, richtig geliebt – und ich hatte einen solchen Ekel vor ihrem Kinderlöffel! Wir haben immer darauf bestanden, daß jeder seinen eigenen Löffel hatte, und wehe man kriegte den Löffel des anderen! Das waren solche Tabus, damit sich ja nichts vermischte! Oder – meine nächstältere Schwester hatte immer so schöne Klamotten: Die hat es immer geschafft, daß sie so schöne Sachen hatte; die wurde dann hysterisch, schlug die Türen, machte Krach und heulte und holte sich dadurch mit viel Lärm das, was sie brauchte: zum Beispiel schöne Pullover. Ich weiß noch genau, wie ihre Pullover gerochen haben! Aber ich wäre nie auf die Idee gekommen, sie anzuziehen, oh nein, nie! Das ist meins, kommt nicht in Frage! Wir waren auch sehr genant voreinander! Das Bad wurde immer abgeschlossen! Aber wenn wir uns umgezogen haben, ich weiß, daß wir dann sehr gegeneinander gestichelt haben: ›He, wie siehst denn *du* aus!‹ Absolut leibfeindlich! Aber es gab auch andere Seiten: Wir haben viel zusammen gespielt und waren auch sehr nett miteinander, aber absolut ohne Körperlichkeit! Überhaupt nicht. Das war tabu! Da haben wir ganz sicher das übernommen, was unsere Eltern uns vorgelebt haben. Ich hab' meine Eltern auch nie nackt gesehen. Um Gottes willen, nie! Dabei haben wir Kinder jahrelang zu dritt in einem Zimmer geschlafen. (Die zweite hatte immer ihr Einzelzimmer, weil sie so schön schwierig war! Nein, die muß allein schlafen – und das hat sie auch wirklich geschafft!) Ich weiß noch genau, wie die Betten standen, und ich erinnere mich auch noch genau an den Hund im Bett – aber nicht an die Schwestern! Nichts. Ich kann mich auch nicht erinnern, jemals mit einer meiner Schwestern in einem Bett unter einer Decke gelegen zu haben, ich weiß es jedenfalls nicht mehr. Dabei – bei so kleinen Mädchen, das *muß* es gegeben haben! Und wenn ich von meiner jüngsten Schwester Kinderbilder sehe, könnte ich schmelzen – das gibt so einen richtigen Schwapp von Zärtlichkeit! Ich muß sie schrecklich geliebt haben – aber keinerlei Erinnerung an Zärtlichkeit!

Meine Mutter hatte wohl die engste Verbindung zu der zweiten, die war zwar schwierig, aber andererseits war sie so etwas wie Mutters kleine Helferin, die war früh selbständig, half immer mit im Haus und so, sehr flink, sehr praktisch, sehr lebendig. Vor der Pubertät war ich zu Hause ein bißchen der Junge und Familienclown, ganz witzig, ganz keck, ganz fröhlich. Die Älteste kriegte die Erziehungsaufgabe, die kümmerte sich um die kleinen, die zweite half im Haushalt.

Mit der Pubertät änderte sich das. Da zog nämlich Mutters Lieblingstochter Jeans an, mit einem Reißverschluß *vorne* – und das war zuviel für meine prüde Mutter! Das gab einen Erdrutsch! Das war so, als ob sie nun ein gefallenes Mädchen wäre! Das war 1955! Und dann malte sie sich mal die Lippen rot. Und dann war es aus, total aus. Sie wurde links liegengelassen, soll wohl auch mal geprügelt worden sein. Und mit mir fing das dann auch an. Das war schrecklich. Die Zeit, als die kleinen Mädchen Frauen wurden, das war absolut bedrohlich. Wir strebten dann natürlich alle von zu Hause weg, hatten Freundinnen, und meine Mutter kriegte nichts mehr mit. Da hatte sie dann eben keine Lieblingstochter mehr. Aus, Schluß.

Wir hatten so eine rüde Art miteinander. Ich hatte zum Beispiel einen Freund, der öfter anrief. Und wenn ich telefonierte, war bestimmt eine von den gräßlichen Schwestern da und ließ den Holzrolladen mit mörderischem Krachen rauf und runter. Oder du machtest dich schön, weil du ausgehen wolltest, hattest die Haare gewaschen und einen Rock mit Petticoat angezogen – bestimmt kamen zwei von den drei Schwestern: ›Ih – wie siehst *du* denn aus!‹ Also, im Grunde sind wir genauso neidisch und eifersüchtig geworden, wie Mutter es immer gesagt hat. So daß sie immer betonen konnte: ›Ich versteh' nicht, warum ihr immer so neidisch seid und euch nicht besser vertragt!‹

Das Beschissene ist, daß meine Mutter so darunter gelitten hat, *nur* eine Frau zu sein, *nur* Mädchen zu haben, daß wir auch nicht besser werden durften. Ein Junge kann so toll werden, wie er will, es strahlt nur auf sie zurück – tolle Töchter hingegen bedrohen die Mutter und werden zur Konkurrenz. Je nachdem, wo Mütter ihr Defizitgefühl haben, werden Töchter zur Bedrohung (oder nicht). Na ja, natürlich sollte keine der Töchter heiraten. Weil man den Männern doch nicht trauen kann. *Sie* hat ja auch unheimlich darunter gelitten, daß sie keine Ausbildung hatte, und deswegen sehr viel bei uns investiert. Und nun sind wir alle Akademikerinnen und im Beruf ungeheuer erfolgreich und auch halbe Männer geworden – was ihr sehr recht ist. Und den drei anderen, die dann doch geheiratet haben, hat sie allen zur Hochzeit ein Geldgeschenk gemacht, falls es schiefgeht. Dahinter steckte sicher das Gefühl: ›Ich hätte mich ja so gerne scheiden lassen!‹ Und das hat sie auch immer gesagt: ›Ich konnte ja nicht – mit vier Mädchen!‹ Wo ich heute sage: Quatsch, natürlich hätte sie gekonnt!

Für mich war emotional auch immer klar: Mann ja, aber Ehe nicht! Früher war da sicher auch viel Ideologie dabei, das war zu bürgerlich. Und diese Anweisung meiner Mutter: Werde selbständig und unabhängig, habe ich sicher übernommen!

Bei all meinen Beziehungen mit Männern zeigt sich immer wieder: Ich hab' völlig abstrakte, völlig klischeehafte Vorstellungen davon, was das für Wesen sind. Frauen können zur Tür reinkommen, und ich weiß instinktiv sehr viel über sie. Ich muß mit denen nicht reden, um was rauszukriegen, ich kann auch ganz viele verschiedene Frauen kennen und gerne mögen, bei Männern komme ich immer wieder in so Rollenvorstellungen hinein... Im Grunde ist es das, was Mutter mir gesagt hat: Die sollen aufrichtig sein, zu mir stehen, mutig sein, keine Angst haben – also ein Mann auf einer Marmorsäule – schrecklich – da bewegt sich nicht viel. Und immer wieder habe ich Situationen von solcher Fremdheit erlebt. Eben etwas ganz anderes.

Ich glaube, da sind Väter von Töchtern eben doch sehr gefordert. Wenn mein Vater in der Lage gewesen wäre, sein Mann-Sein darzustellen... Das Beschissene ist, daß der Mann in einem solchen Frauenhaushalt eben so an den Rand gedrängt wird, der hat ja keine Chance gehabt. Dabei war er sicher auch emotional – aber er hat es vielleicht irgendwann mal aufgegeben. Außerdem war er Intellektueller. Und über die Intelligenz durften wir auch an ihn ran – das war das einzige, was erlaubt war. Das war für Mutter nicht bedrohlich. Da konnte sie sich auch mit ihren intellektuellen Töchtern schmücken. Da war man halt so als Neutrum unterwegs. Und da ihre Ehe nicht sehr gutging und sie so schrecklich eifersüchtig war, muß sie es ja geradezu als Strafe angesehen haben, vier Töchter zu haben! Und deswegen konnte unser Vater auch gar nicht auf uns als weibliche Wesen reagieren. Aber das wäre für

ihn wahrscheinlich sowieso zu bedrohlich gewesen. Er ist
ja auch nur mit Frauen groß geworden, dadurch hat er auch
nie gelernt, wie ein Mann bzw. ein Vater sich in seiner
Familie verhält. Er kannte das nicht. Er hatte kein Vorbild
und nur eine ganz abstrakte Idee, was ein Vater eigentlich
zu machen hätte, wenn er da war. Und so abstrakt hat er
gelebt. Dabei war er ja auch der zuverlässige, der beständige, neben dieser chaotischen Mutter! Aber ohne Fleisch
und Blut!«

Heute sieht Alexandra das alles distanzierter und ihr ist
immer klarer geworden, warum sich ihre Mutter so verhalten
hat: Enttäuschung über das, was ihr entgangen ist in ihrem
Leben: Ausbildung, Beruf, künstlerische Arbeit – all das hat
sie nicht verwirklichen können. Auch die Beziehung zu ihrem
Mann war enttäuschend. Er hatte seinen Beruf, seinen Erfolg,
der für sie auch immer wieder Grund war, sich ihm unterlegen zu fühlen – und als Frau nahm er sie sowieso nicht oder
nicht mehr wahr. Einziger Ausgleich für die Summe der
Lebensfrustrationen: die Kinder. Wenn es auch nur Mädchen
sind – es sollten *ihre* Geschöpfe sein, *sie* sollten verwirklichen,
was sie nicht schaffte, sie sollten es besser haben als ihre
Mutter, sie sollten die Enttäuschung durch die Männer
möglichst vermeiden. Aber um den entscheidenden Einfluß
auch ausüben zu können, mußte sie die Mädchen in ihrem
Machtbereich halten. Schon eine gute und positive Schwesternbeziehung wäre da ›bedrohlich‹ gewesen, weil sie die
Töchter ihrem mütterlichen Einfluß hätte entziehen können.
Und wo sollte sie dann ihr Selbstwertgefühl herbeziehen? So
müssen alle Interaktionen über sie laufen: seien es die zwischen den Schwestern, seien es die zwischen Vater und
Töchtern. Es scheint so, als strukturiere die Mutter das
Familienleben nach dem Motto: Lieber keine Kontakte zwischen den Familienmitgliedern als solche, die ich nicht überschauen, kontrollieren, überwachen und beeinflussen kann!
Das Resultat: Die Schwestern verhalten sich untereinander in
der self-fulfilling prophecy der Mutter genauso, wie man es
typischerweise von Mädchen annimmt: zänkisch, neidisch
und immer in Konkurrenz.
So wird folgerichtig die Schwesternbeziehung erst dann
besser, als die Schwestern ihr eigenes Leben aufbauen, studie-

ren, heiraten, Kinder kriegen und sich dem Macht- und Einflußbereich der Mutter entziehen.

Alexandras älteste Schwester sagt dazu:

»Unser Verhältnis ist eigentlich immer besser geworden, je älter wir wurden. Susanne, meine jüngste Schwester, hat einmal eine große unglückliche Liebe bei mir auskuriert. Von dieser Zeit her sind wir uns sehr nahe und erzählen uns auch alle persönlichen Kümmernisse. Und meiner zweiten Schwester habe ich einmal genau zum richtigen Zeitpunkt zu einer Therapie geraten, die ihr sehr geholfen hat, und dafür ist sie mir, glaube ich, sehr dankbar gewesen, weil ich sonst sehr zurückhaltend bin mit so was. Sie hat jetzt auch einen Sohn, den ich sehr mag, und so ist das jetzt sehr schön.«

Die ganze Kindheit und Jugend hindurch hat die Mutter eine positive Schwesternbeziehung unbewußt, aber systematisch verhindert. Wenn doch manchmal eine gute Schwestern-beziehung zustande kam, dann gleichsam gegen die allgegen-wärtige Mutter, von ihr zumindest unbemerkt.

Noch einmal Alexandras älteste Schwester Cornelia:

»Wenn bei uns jemand krank war, wurde er ins Bett gesteckt, bekam zu essen und Schluß. Und ich fühlte mich dann immer ungeheuer allein, dann kam so meine ganze Einsamkeit über mich. Und das konnte ich Alexandra vermitteln, und sie setzte sich dann zu mir und strickte oder machte so etwas still für sich, und ich schlief, und wenn ich aufwachte, sah ich sie. Sie war nicht wie Mutter schon längst über alle Berge und wieder mit was anderem beschäftigt, sondern sie blieb da! Und diese Art von Verläßlichkeit, die hab' ich ungeheuer an ihr geschätzt. Sie hielt sich auch an Versprechungen und ich auch. Wir waren uns treu irgendwie.«

Diese gute Beziehung hält bis heute an, während auch die weniger guten – leider – bis heute noch wirksam sind.

Alexandra:

»Wir hatten bestimmte Koalitionen. Ich spielte hauptsäch-lich mit der Jüngsten, denn die folgte mir. Die anderen habe ich ausgesperrt. Und wir konnten wunderbar spielen. Wir haben tagelang nur mit Knöpfen gespielt. Und ich habe jahrelang auf dem Klavier zugebracht: Unten drunter war unsere Höhle, und obendrauf haben wir gespielt. Dazu haben wir Geschichten erfunden: Ich war die Herrscherin und die Kleinste meine Dienerin. Das war schön. Als ich dann in die Schule kam und sie nicht, haben wir uns auseinanderentwickelt. Ich habe dann zwar noch mit ihr gespielt, aber nicht mehr so intensiv. Sie ist auch sehr schüchtern. Ich weiß noch, da war ich 14 und Susanne ein Jahr jünger, aber einen Kopf größer, und ich habe ihr die Bücher weggenommen und gesagt: ›Das ist noch nichts für dich.‹ Und sie hat sich danach gerichtet! Aber irgendwann hat meine Schwester Mutters latenten Vorwurf übernommen und gemeint, ich würde sie unterdrücken. Hat vielleicht auch gestimmt. Jedenfalls leben wir beide jetzt hier in dieser Stadt, aber wir haben kaum Kontakt. Sie gibt mir von allen Schwestern am wenigsten das Gefühl, das sie gerne mal über früher reden würde – ich glaube, sie hat mir da auch einiges sehr übelgenommen. Und ich habe heute noch den Eindruck: Oh, Gott, paß bloß auf, daß du sie nicht wieder unterdrückst! Aber es tut mir weh, daß wir darüber nicht reden können, nein, es macht mich wütend!«

Bei allem Verständnis, das die Schwestern heute für ihre Mutter aufbringen – viele Wunden aus der Kindheit sind noch nicht vernarbt. Alexandra glaubt, daß es nicht von ungefähr kommt, daß sie nicht verheiratet ist. Und Cornelia ist zwar verheiratet, traut sich aber, nach eigenen Worten, Kinder einfach nicht zu. Drei der vier Schwestern leben in der gleichen Stadt, sehen sich auch häufig und verstehen sich sicher besser als früher. Trotzdem haben sich die alten Koalitionen und Strukturen erhalten: Wie früher verstehen sich die Älteste und die dritte recht gut und die zweite ist ein bißchen außen vor. Die Mutter ist ›draußen‹, kann das aber bis heute nicht akzeptieren. Verständlich, denn wenn die Töchter weg und selbständig sind, bleibt für sie und ihr Leben wenig übrig. »Töchter sind ein Teil von ihr gewesen«, sagt Alexandra heute von ihrer Mutter, »und da sie sich selbst nicht geliebt hat, konnte sie auch ihre Töchter nicht lieben. Trotzdem – oder deshalb – hat sie sie irgendwie noch alle an der Brust und kann sie nicht loslassen.«

Kinder als Kompensation für entgangene Lebensfülle – solange Kinder diese Funktion für eine Mutter haben, wird es in der Ablösungsphase zu Problemen kommen. Und Töchter sind durch ihre anerzogene Sensibilität und Nähe zur Mutter besonders in der Gefahr, ›der Mutter zuliebe‹ diese Funktion aufrechtzuerhalten. Dabei kann man es der Mutter nicht verargen, wenn sie versucht, sich über die Kinder zu holen, was sie sich aufgrund ihrer Lebensumstände und Rollenerziehung für sich selber nicht holen durfte. Schließlich, so banal es klingt: Glückliche Mütter werden auch glückliche Kinder haben – aber das Gegenteil stimmt eben leider auch. Für Mütter, die sich nur über die Töchter ein Stückchen verwirklichen konnten, entsteht ein Vakuum, wenn diese erwachsen werden und das Haus verlassen. Ist es erstaunlich, daß sich die Mutter, solange es geht, dagegen wehrt und eine Abnabelung mit allen Mitteln zu verhindern sucht?

Eine matriarchalisch strukturierte Familie, wie die von Alexandra, ist jedenfalls für das Gedeihen einer guten Schwesternbeziehung kein gutes Klima. Zu allgegenwärtig ist die Mutter, so daß nur kleine Koalitionen, gleichsam ›versteckt‹ vor dem mütterlichen Blick, entstehen können. Gegen einen tyrannischen Vater können sich die Schwestern unter bestimmten Umständen noch verbünden, gegen eine Mutter, die ihre Macht mit so subtilen Mitteln aufbaut und festigt, haben sie es sehr viel schwerer.

Kapitel 4

Familienmuster: Die Koalition

Koalitionen bestehen häufig zwischen Menschen, die zu einer größeren Gruppe gehören: Vielleicht will man auf diese Weise sich die Gruppe durchschaubarer machen, vielleicht ist es ein Bedürfnis nach größerer Nähe und Vertrautheit, vielleicht fühlt man sich zu einem aus der Gruppe besonders hingezogen aufgrund ähnlicher Interessen oder einer Wesensgleichheit.

Manchmal entsteht eine Koalition zwischen einem Elternteil und dem Kind aber auch schon, wenn es noch gar keine Geschwister hat.[13] Unbewußt versucht Vater oder Mutter das Kind auf seine oder ihre Seite zu ziehen, sich das Kind zum Bundesgenossen zu machen im Kampf gegen den anderen Elternteil. Horst-Eberhard Richter hat diese Rolle des ›umstrittenen Bundesgenossen‹ mit seinen traumatischen Aspekten in seinem Buch ›Eltern, Kind und Neurose‹ ausführlich beschrieben. Aber hier geht es nicht um traumatische oder neurotische Familienkonstellationen, sondern um Strukturen in ganz durchschnittlichen Familien mit mehreren Töchtern. Es erscheint im Grunde nicht verwunderlich, wenn der Vater oder die Mutter unter mehreren Kindern eines hat, das ihm oder ihr nähersteht als die anderen. Das dürfte auch nicht unbedingt zum Problem für die anderen werden, solange sich diese besondere Beziehung in Grenzen hält, das heißt, die anderen immer noch das Gefühl haben, *auch* eine gute Beziehung zu ihrem Vater/ihrer Mutter zu haben. Solche Beziehungen zwischen einem Elternteil und einer Tochter können entstehen, sich verändern, sich abschwächen, gemäß der dynamischen Beziehungen in der Familie.

Cornelia, die älteste von vier Mädchen, beschreibt, wie sich die gute Beziehung zu ihrem Vater veränderte:

»Ich glaube, daß ich, zumindest eine Zeitlang, seine Lieblingstochter war, als Älteste. Er hatte große Erwartungen in mich gesetzt, zum Beispiel, was Schulleistungen angeht. Er hat *nur* mit *mir* Latein gelernt! Ich liebte Gedichte und Balladen, und er schenkte mir Literatur darüber. Das waren Gebiete, die wir beide gern mochten, dadurch war ich irgendwie herausgehoben im Vergleich zu meinen Schwestern. Als ich dann in die Pubertät kam, wurde ich schlechter in der Schule, das enttäuschte ihn. Deshalb lernte er nicht mehr mit mir, dadurch wurde ich noch schlechter, na, und so ging dann unser Verhältnis auseinander. Ich meine, er hat sich die Enttäuschung nicht so *sehr* anmerken lassen, er hat sich einfach zurückgezogen. Er konnte dann mit mir nicht mehr soviel anfangen, weil ich nicht so geworden war, wie er sich das vorgestellt hatte.«

Enttäuschung ist wohl ein häufiges Motiv, warum sich eine Beziehung zwischen einem Kind und einem Elternteil verändert; man sieht aus dem Beispiel Cornelias, an welche Bedingungen die Zuwendung des Vaters geknüpft war: Erfüllte sie die nicht, wandte er sich ab.

Aber eine gute und wechselnde Beziehung zwischen *einem* Kind und *einem* Elternteil ist noch nicht gleichbedeutend mit einer Koalition, wie sie hier verstanden werden soll. Eine Koalition bedeutet hier eine Beziehung, besser: eine Bindung mit Ausschließlichkeitscharakter, die dauerhafter, eindeutiger und stärker ist als die Beziehung zwischen Eltern und Kind normalerweise. Entsteht solch eine Koalition zwischen einer Tochter und einem Elternteil, können sich die anderen Schwestern ziemlich ausgeschlossen fühlen, denn damit fällt dieser Elternteil für sie praktisch aus – er ist ›besetzt‹. Für die Persönlichkeitsentwicklung der anderen Schwestern ist dann vermutlich entscheidend, wie gut der ›nicht besetzte‹ Elternteil diesen Ausfall kompensieren kann. Die Gefühle der solchermaßen ›übervorteilten‹ Schwestern können zwischen Enttäuschung, Neid, harter Konkurrenz, Wut und Minderwertigkeitsgefühlen schwanken – in jedem Fall werden sie zu der solchermaßen bevorzugten Schwester kein gutes Verhältnis aufbauen können.

Natürlich können auch ›Doppelkoalitionen‹ entstehen, das heißt, der Vater verbündet sich mit der einen Tochter, die Mutter mit der anderen – da beide dann wieder ungefähr ›gleich viel Eltern‹ haben, muß dadurch nicht automatisch eine negative Schwesternbeziehung entstehen. Bei mehreren Töchtern allerdings wird eine solche Verteilung dazu führen, daß einige leer ausgehen.

Barbara, 38 Jahre alt, unverheiratet, arbeitet in einem sozialen Beruf, den sie sehr liebt. Sie ist die zweite von drei Töchtern, zehn Jahre nach ihrer Geburt wurde noch ein Sohn geboren.

Sie erzählt:

»Mein Vater hat zu mir eine ganz feste Beziehung aufgebaut. Ich habe von kleinauf – das wurde so ein geflügeltes Wort in unserer Familie – immer zu meiner Mutter gesagt: ›Du nicht!‹ und habe nach meinem Vater verlangt. Mein Vater hat immer gesagt, von seinen drei Töchtern kann er nur mit mir was anfangen. Im Grunde hat mein Vater mich großgezogen. Wenn es darum ging, wer kuschelt bei wem im Bett, war ich bei meinem Vater, die Große bei meiner Mutter. Wenn es darum ging, daß die Familie etwas erledigen mußte, hieß es: die Marion hilft mir – du machst das mit Vater! Das zieht sich durch meine ganze Kindheit.

Wir beiden älteren waren ziemlich große Brummer, aber die Jüngste war immer sehr schmal und zart. Sie wurde von meinen Eltern immer für etwas Besonderes gehalten. Sie hatten ja auch jeder ein Kind für sich. Und so haben wir auch gelebt: Ich hab' meinen Vater gefragt, ob das schön war, was ich gekauft habe, und meine älteste Schwester hat sich an meiner Mutter orientiert. Das kann man bis heute sehen: Wenn man meine älteste Schwester sieht, kennt man meine Mutter – wer mich kennt, kennt auch meinen Vater!

Ich hab' nie eine enge Beziehung zu meiner Mutter gehabt. Heute würde ich sagen, ich habe sogar eine körperliche Abneigung gegen sie, ich kann mich nie erinnern, jemals ins Bett meiner Mutter gegangen zu sein. Meine Schwester ja. Ich nie.

Meine Mutter ist nun die unselbständige Frau par excellence – die geht zu keiner Behörde, die hat nie einen Brief selber geschrieben, die war immer nur so da. Sie hat meinen Vater begleitet, hat tolle Kleider von ihm bekommen, hat ihm so erzählt, was mit den Kindern ist, konnte ihn immer zu Hilfe rufen. Wenn wir uns irgendwo durchsetzen mußten, dann war es mein Vater, der uns das beizubringen hatte: Sie berichtete es ihm, und er reagierte dann. Das ist für mich bis heute ein widerliches Bild von Frau, so eine hilflose Person.

Ich weiß, ich hab' mal zu ihr gesagt: ›Also, wenn *ich* Vater gewesen wär, ich hätte dich einfach zurückgegeben, ich hätte dich nicht haben wollen!‹ oder: ›Na, du kannst dich ja freuen, daß du unseren Vater zum Mann hast! Einen anderen konntest du gar nicht kriegen, um eine gute Ehe zu führen!‹ Und da steckt ja wohl eine Menge Ablehnung drin. Das muß alles ziemlich früh gewesen sein. Ich kann mich auch nicht erinnern, jemals auf meine Mutter eifersüchtig gewesen zu sein, obwohl sie eine so gute Beziehung zu meinen anderen Schwestern hatte. Nie. Ich fühlte mich gut versorgt. Meine Mutter hat sich eigentlich auch nie interessiert für das, was ich tat, Schule und so. Bei meiner ältesten Schwester war sie so toll, da kannte sie alle Lehrer, wurde von denen zum Kaffee eingeladen, von meinen nicht. Ich wollte das aber auch nicht.

Was ich an Dummheiten machte, habe ich immer meinem *Vater* erzählt, der hat mir immer den Rücken gestärkt. Ich war schon auch der Junge in der Familie. Bei der Ältesten war's den Eltern sicher noch egal, ob's ein Junge oder ein Mädchen war, da war's die Freude über das erste Kind. Aber ich bin die ganze Zeit als Junge erwartet worden, das haben meine Eltern auch immer wieder gesagt. Zehn Jahre später wurde dann ja noch der Junge geboren, aber der hatte es immer sehr schwer wegen dieser engen Beziehung zwischen meinem Vater und mir. Später hat mir mein Bruder mal erzählt, daß er so gelitten hat, weil mein Vater immer so was Technisch-Handwerkliches von ihm verlangte, und er konnte das nicht. Ich konnte das. Ich kann meinen Kram selber machen. Ich hab' immer das mitgemacht, was mein Vater gemacht hat. Dadurch habe ich alles gelernt, was nützlich ist. Aber ich wollte nie ein Junge sein. Ich hab mich sehr wohl gefühlt in meiner Rolle als Frau. Mein Vater hat mich auch immer als Mädchen gehalten, mir die schönsten Klamotten gekauft und mir geraten, wie ich mir die Haare machen soll, wie er das gut fände und wie nicht, wirklich toll.

Mein Vater hat uns jahrelang morgens in die Schule gefahren, weil wir auf einem kleinen Dorf wohnten und wir dann ins Gymnasium in die nächste Stadt mußten. Er stand immer mit uns auf, wir frühstückten zusammen. Meine Mutter ließ sich zwar manchmal im Morgenrock blicken, aber selten. Er hat mit seinen drei Töchtern gefrühstückt und brachte uns dann zur Bahn oder auch in die Schule, wenn wir den Zug verpaßt hatten. Oder er hat uns abgeholt, wenn wir wiederkamen. Und dann kam es schon mal vor, daß meine Mutter sagte: ›Ich steh' hier irgendwo rum mit 'ner schweren Einkaufstasche, aber deine Tochter holst du von der Bahn ab!‹ Und ich erinnere mich, daß ich einmal den Herd saubermachen mußte und ich mich irgendwie über sie ärgerte und mit dem schwarzen, dampfenden Lappen in der Hand auf sie losgegangen bin, so daß sie vor mir davonlief! Das war so die Zeit, als ich anfing, mit Jungen ausgehen zu wollen, und sie mir das verbieten wollte. Da war ich so 13. Mein Vater sagte dazu nur: ›Groß muß sie werden, und heute ist alles ein bißchen früher als damals, also laß sie!‹ Und sie hat immer gepiekt!

Eigentlich sind wir sehr mädchenspezifisch erzogen worden, aber das lag daran, daß wir in einem katholischen Dorf großgeworden sind. Meine Eltern sind beide gleich alt, am selben Tag geboren, im gleichen Dorf, und sie sind ihr Leben lang zusammen gewesen. Nur als mein Vater studierte und meine Mutter im Internat war, waren sie mal 'ne Weile getrennt. Jetzt sind sie 73 Jahre alt. Meine Mutter spielt immer totales Eheglück vor. Die sind wohl auch ganz glücklich. Als ich 23/24 war und auch mit Männern anfing, hat mein Vater dann sehr offen über seine Beziehung zu meiner Mutter gesprochen – wobei die Religion eine große Rolle spielte, Scheidung war unvorstellbar. Er hat mir aber auch sehr schön erklären können, wie er das für sich kompensiert mit Religion und Familientradition.

Mein Vater hat sich innerlich bald von dieser strengen Moral distanziert und mir vermittelt, wie er eigentlich hätte leben wollen. Er hat das sehr schön gefunden, wie ich das so machte.

Wahrscheinlich hat er sich so auf mich konzentriert, daß meine Schwestern nichts mehr von ihm gehabt haben. Er hat mich zum Beispiel gedeckt, wenn er wußte, daß ich nicht in die Kirche ging. Dabei ist *er* selbstverständlich jeden Sonntag in die Kirche gegangen. Meine Geschwister natürlich auch – ich nie. Die Aktiven sitzen ja immer vorne, und deswegen wußten meine Geschwister auch nie, ob ich nun da war oder nicht, weil ich ja nie aktiv war. Ich ging mit zur Kirche, und wenn sie drin waren, scherte ich aus und ging zu Freundinnen. Und mein Vater wußte das.

Ich habe mit meinem Vater sehr viel geflirtet, aber mein Vater hat meine Mutter deswegen nicht vernachlässigt. Als der Lieblingsbruder meiner Mutter geheiratet hat, wurde meine Mutter krank, ob angeblich oder echt, ich weiß nicht. Na, und ich bin dann hin und hab' gesagt: ›Na, dann fahr ich mit Vater alleine!‹ Und hab' das auch mit Begeisterung getan – und er, nachdem er seine Bedenken überwunden hatte, auch. Wir sind erst nach drei Tagen wiedergekommen, was meine Mutter uns sehr verübelt hat. Als wir nach Hause kamen, habe ich ihr Blumen und Kuchen gebracht, aber nur, um rauszukriegen, ob sie tatsächlich so krank war! Und als sie den Kuchen dann auch aß, bin ich strahlend zu meinem Vater gegangen und hab' gesagt: ›Na, geh mal zu deiner kranken Frau – Kuchen verträgt sie jedenfalls schon!‹ Solche Sachen sind ständig gelaufen. Immer die Aufforderung an meinen Vater: Sieh mal, ich bin doch viel netter zu dir! Ich bin auch mit meinem Vater zu Schulfesten gegangen und hab' zu meiner Mutter gesagt: ›Na ja, wenn du nicht weißt, was du anziehen sollst, obwohl du ja weiß Gott genug hast, dann geh ich eben mit Vater alleine – du kannst ja nachkommen!‹ Und das hab' ich dann auch gemacht – und er ist mitgegangen!

Eigentlich bin ich mit meinem Vater groß geworden und nicht mit meinen Geschwistern. Von meinen Schwestern hatte ich immer den Eindruck, die finden sowieso nicht gut, was ich meine und denke. Freundinnen ja. Mit denen hatte ich auch so richtige Mädchengespräche, über Jungen und wie man die unsicher macht und so.

Meine älteste Schwester war die Klügere – ich war eher die Praktische. In der Schule war meine älteste Schwester ganz schrecklich für mich, weil sie so ruhig lernte und nicht einfach nur die Schularbeiten machte, sondern ganz schöne Schularbeiten, und ich machte nur das Notwendigste und ohne große Lust. Die übte fleißig Klavier und ich nur mit Tränen. Ich spielte lieber ohne Noten, und das machte meine Mutter wütend. Meine älteste Schwester war immer das ordentliche Vorbild für mich, und ich kriegte *ständig* zu hören: ›Guck mal, wie die Marion ist!‹ und: ›Sieh mal, deine Schwester Marion!‹ Und ich hab' immer gesagt: ›Die *bin* ich auch nicht!‹ Ich habe bei meinem Vater gesessen und geheult und gesagt: ›Ich bin doch eure *zweite*, warum muß ich denn ständig mit *der* verglichen werden!‹ Und mein Vater hat mich getröstet und gesagt: ›Das stimmt ja auch!‹ Er hat mir dann auch ganz früh erklärt, wie von zwei

Eltern durch die Mischung und Veranlagung zwei verschiedene Kinder kommen können. Er hat mich wieder beruhigt und gesagt: ›Laß die doch ruhig, wenn die immer nur nach außen gucken!‹

Meine Mutter hat auch immer versucht, uns gleich anzuziehen. Aber ich hab' dann ganz früh angefangen, *meine* Sachen zu verändern. Ich hab' was abgeschnitten oder mir einen anderen Kragen aufgesetzt, zur Not hab' ich auch ein Loch reingerissen und ihr dann präsentiert: Das ist *mein* Kleid! Immer war ich in Opposition. Ich fand dieses ›Gleichmachen‹ ungerecht. Zanken konnte ich mich mit meiner großen Schwester nicht. Das kann man mit der heute noch nicht. Die zieht sich einfach zurück.

Ich glaube schon, daß meine älteste Schwester eifersüchtig war, aber sie würde das gar nicht zu denken wagen. Sie ist sehr ruhig, sehr still, sehr hilfsbereit. Sie ist völlig anders als ich, aber sie hängt sehr an mir, kommt zu mir, wenn sie Probleme hat, allerdings meist im Praktischen. Wenn ich heute mit ihr über unsere Beziehung sprechen wollte, würde sie mich wahrscheinlich verständnislos angucken.

Meine jüngste Schwester ist immer sehr verwöhnt worden, auch von uns Großen, wir haben uns darum gestritten, wer sie spazierenfahren darf! Meine älteste und meine jüngste Schwester wurden dann in der Mentalität meiner Mutter sehr ähnlich. Sie haben mit meiner Mutter alles besprochen, sie war ihre engste Vertraute – meine nie. Heute noch nicht. Ich würde heute noch aus der ganzen Welt meinen Vater anrufen, wenn irgendwas wäre, nie meine Mutter.

Als ich das erste Mal meine Tage bekommen hab', hab' ich geheult und gelacht. Ich bin zu meinem Vater ins Bett gekrochen und hab' ihm erst ganz strahlend erklärt: ›Ich bin eine Frau, das hast du mir doch immer erzählt‹, und dann hab' ich furchtbar geheult, weil ich so Bauchschmerzen hatte und mich so elend gefühlt hab'. Und er hat mich so toll getröstet! Dann ist mein Vater mit mir losgegangen in eine Drogerie und hat mit der größten Selbstverständlichkeit zu der Verkäuferin gesagt: ›Meine Tochter ist heute eine kleine Frau geworden, und nun zeigen Sie ihr mal die Sachen, die man da so braucht!‹ Und dann haben wir das zusammen eingekauft.

Ich bin auch zu meinem Vater gegangen, als ich das erste Mal von der Pille gehört hab', und hab' ihn danach gefragt, weil die Kirche das doch verbietet. Er hat gesagt: ›Was heißt hier verbieten, wenn du dann ein Kind kriegst, ist das deine Sache, und nicht die der Kirche, und wer weiß, ob du solange nein sagen kannst, wenn du jemanden gern hast‹ – und dann hat er mir über einen Freund die erste Pille verschafft. Ich weiß nicht, wie meine Schwestern das erlebt haben, ob er sich da ähnlich verhalten hat, aber ich glaube nicht.

Meine erste feste Beziehung hab' ich mit 17 gehabt. Der war Student. Mein erster Kontakt zu ihm war auch sehr schön, sehr liebevoll und gar nicht schwierig. Mein Vater hatte mich auch sehr gut vorbereitet, viel besser als meine Schwestern. Ich hab' mit meinem Vater oft darüber gesprochen, wenn wir baden gegangen sind oder auf der Wiese gelegen haben, dann hat er mir das erzählt. Denn sonst waren wir sehr prüde voreinander, immer mit Bademantel ins Badezimmer und so, und lange durften wir nicht mal im Bademantel frühstücken! Ich weiß, daß ich dann mit Lexika zu meinem Vater gekommen bin und mir Sachen hab' erklären lassen. Als meine Mutter mit meinem Bruder schwanger war, hat sie da so ein Geheimnis draus gemacht, da war ich zehn, und da bin ich dann eben zu meinem Vater gegangen und hab' mir das genau erklären lassen, und er war da auch ganz offen.

Als ich meinen ersten Freund hatte, gab es schon ein bißchen Spannung, weil ich zuerst meinem Freund sehr viel von meinem Vater erzählt hatte, in meiner ganzen Begeisterung, und da war mein Freund etwas gehemmt, weil er wußte, daß mein Vater alles von uns wußte – und mein Vater hat, glaube ich, so ein bißchen Abschiedsschmerz gehabt. Ich glaub', der hat sich ganz schön schwergetan. Und wir waren dann auch nicht mehr so zärtlich miteinander, er war zwar immer noch mein Vertrauter, auch gegen meine Mutter. Meine Mutter hat meinen Freund total abgelehnt – ›das ist alles viel zu früh – und meine Tochter!‹ –, und mein Vater hat sich abwartend verhalten, was er sonst nie tut. Ich hab' meinem Freund dann gesagt, meine Mutter kannst du einkaufen, wenn du der was Tolles mitbringst – und das war dann auch so.

Ich habe jetzt seit zehn Jahren einen Freund, mit dem ich auch viele Hobbys teile. Wir haben uns ein altes Bauernhaus wieder hergerichtet und möbeln alte Autos auf. Aber heiraten wollen wir beide nicht. Ich habe noch nie mit einem Mann die Wohnung geteilt. Das heißt nicht, daß ich nicht phasenweise mit jemandem zusammengewohnt habe – aber ich habe immer noch meinen Fluchtpunkt gehabt.

Eigentlich habe ich alle zehn Jahre meinen Partner gewechselt. Ich muß sagen, daß alle meine Freunde meinem Vater sehr ähnlich sind und daß sie sich untereinander auch sehr gleichen. Im Aussehen und im Verhalten. Ich bin heute noch mit allen befreundet. Aber heiraten werde ich nicht. Ich will mich nicht über ein Stück Papier verpflichten. Ich will mit einem Mann solange zusammensein, wie es mir Spaß macht, und Kinder – das geht nicht mehr seit meinem Autounfall. Die Ärzte haben gesagt, es wird zumindest dramatisch, und da habe ich mir gesagt, das muß nicht sein. Durch meinen Beruf sehe ich auch immer wieder, wieviel Probleme Kinder machen. Ich tue viel für Kinder, ich habe einen unheimlich guten Kontakt zu den Kindern meiner Schwestern. Ich sag' immer, das einzige, was mir fehlt, ist, daß ich nicht neun Monate schwanger war – aber vielleicht drück' ich's auch weg.

Ich tue mich schwer mit Frauenfreundschaften. Also, ich kenne sehr viel sympathische Frauen, aber ich habe immer viel engere und freundschaftlichere Beziehungen zu Männern. Ich hab' mit Männern keine Probleme. Eher mit Frauen. Ich kann mit Männern besser umgehen. Vom Kumpel über den Vertrauten bis zum Geliebten.

Von meinem Vater habe ich gelernt, daß Beziehungen zwischen Frauen und Männern etwas unheimlich Schönes sein können. Und mit Frauen komme ich wahrscheinlich deswegen nicht klar, weil ich so eine unmögliche Mutter hatte.

Bis heute traut mir meine Mutter alles zu und kann sich überhaupt nicht vorstellen, daß sie mir jemals helfen müßte. Als ich meinen schweren Unfall hatte, ist sie gar nicht auf die Idee gekommen, mich zu fragen, ob sie zu mir kommen soll! Ich habe sehr hohe Ansprüche, was Frauen angeht – ich kann hilflose, unselbständige, langsame Frauen nur sehr schwer ertragen. Meine Freundinnen sind mir im Typ sehr ähnlich, mit denen komme ich klar. Aber sobald da etwas Andersartiges auf mich zukommt, hab' ich Schwierigkeiten, das hab' ich nicht gelernt. Ich habe noch nie wegen eines Mannes geheult – aber wegen Freundinnen! Weil ich von mir aus gerne Kontakt gehabt hätte zu ihnen, und irgend etwas störte mich. Ich krieg' das einfach nicht hin. Mit Frauenfreundschaften habe ich mich schon richtiggehend gequält. Ich kann sauer werden, wenn ich sehe, wie Frauen manchmal miteinander umgehen – dann denke ich, warum kann ich das nicht so, warum kriege ich das nicht hin? Ich werde da richtig neidisch!«

Barbara hat von kleinauf eine sehr feste Bindung zu ihrem Vater aufgebaut und er zu ihr. Ihr Vater hat in seiner Tochter sicher ein Stück seiner eigenen Träume realisiert: Sie sollte etwas leben, was er nicht leben konnte: aufgrund der dörflichen Enge, die nicht nur eine räumliche war. Er hat seiner Tochter ein Stück Freiheit vermittelt, das er sich sicher auch gerne genommen hätte. Daß er es seiner *Tochter* zugestand, obwohl sie als Mädchen nach der ländlichen Tradition viel strenger hätte erzogen werden müssen, zeigt, wie stark er selber dieser katholischen Enge kritisch gegenüberstand, ohne daß er für sich eine Konsequenz hätte daraus ziehen können. Für seine Tochter konnte er es. Barbara hatte für ihren Vater sicher auch eine Funktion, trotzdem hat er sie loslassen können. Heute scheint ihre Bindung an ihn immer noch stärker zu sein als umgekehrt: Er setzt sie jedenfalls nicht unter Druck, was Besuche, Briefe und Kontakte zu ihm angeht. Barbaras Schwestern sind nicht so gut weggekommen, da die Mutter sich viel stärker an den herrschenden Normen orientierte und sie an diese beiden Töchter weitergab. So lebt die älteste Schwester das Leben der Mutter: angepaßt, brav und bieder. »Die führen eine Ehe«, sagt Barbara, »wie meine Eltern. Da ist immer alles heil. Man hat seine Freunde, er hat seine Sachen, sie kümmert sich um die Kinder – ich hab' die beiden noch nie streiten hören. Und das ist mir immer verdächtig. Weil ich mir denke, auch mit dem besten Menschen, den ich körperlich und seelisch mag, komme ich mal an einen Punkt, wo ich ausflippe. Und dann flippe ich auch aus. Und sie nie. Auch als Kind nicht!«
Offensichtlich ist die älteste Schwester durch den Einfluß der Mutter sehr rollenkonform erzogen worden, während sich bei Barbara der Einfluß des Vaters stark bemerkbar macht: Sie hat ein unkompliziertes Verhältnis zu Männern, sie traut sich etwas zu, sie meistert ihr Leben – sie hat ein positives Selbstwertgefühl und ein ausgeprägtes Selbstvertrauen. Aber das hat sie auch etwas gekostet: Die Beziehung zu ihren Schwestern ist eher oberflächlich geblieben, auch wenn sie sich durchaus einsetzt für sie, in einer ›männlichen‹, das heißt

konkreten und praktischen Art. Ihre schlechte Beziehung zur Mutter und ihre wenig ausgeprägten Beziehungen zu den Schwestern haben sich auf ihre Beziehungen zu Frauen ausgewirkt: Sie spürt, daß Frauen etwas verbindet, was sie nicht hat. Ist es die negative Erfahrung mit Männern (Vätern/ Brüdern), die Frauen verbindet und die sie nie gemacht hat? Oder ist es dieses spezifisch weibliche Rollenverhalten, das sie nicht ›gelernt‹ hat, weil sie sich weder mit ihrer Mutter noch mit einer anderen Frau identifiziert hat, als sie Kind war?

Barbara ist jedenfalls ein gutes Beispiel dafür, wie ›typisch männliche‹ Eigenschaften über einen Identifikationsprozeß mit dem Vater genausogut an Frauen weitergegeben werden können: Sie ist praktisch und durchsetzungsfähig, nicht sehr gefühlsbetont, unkompliziert und geradeheraus. Das ›typisch weibliche‹ Rollenverhalten ist ihr fremd. Sie sieht gut aus, macht sich gerne hübsch, aber sie war noch nie eifersüchtig. Ihre Beziehungen zu Männern sind auch eher unkompliziert, viele ›quatschen sich aus‹ bei ihr. Daß sie noch nicht verheiratet ist – und auch nicht heiraten möchte – *muß* nichts mit der engen Bindung an ihren Vater zu tun haben, vielleicht hat das Ehe-Beispiel ihrer Eltern auf sie nicht sehr ermutigend gewirkt.

Man könnte einfach interpretieren, daß Barbara in einer frühen Phase der Identifikation mit ihrem Vater, die ja alle kleinen Mädchen durchlaufen, ›steckengeblieben‹ ist. Aber wenn es so wäre, hätte sie im Vergleich zu ihren Schwestern gar kein schlechtes Teil erwählt. Der Vater baut zwar eine sehr feste, für die Tochter fast symbiotische Beziehung zu ihr auf, aber da er ihr gleichzeitig das vermittelt, was er wohl einem Sohn vermittelt hätte, entgeht sie auf diese Weise der einengenden weiblichen Rollendefinition. Und der Vater kann sie trotz ihrer engen Beziehung eher wieder ›ans Leben‹ entlassen. Für einen Vater sind die Kinder praktisch niemals in dieser ausschließlichen Weise Lebensinhalt. Von daher können sich Väter auch eher vorstellen, daß ihre Töchter einmal das Haus verlassen – wie es ihr Sohn ja auch tun würde. Barbaras Vater hat mit der Erziehung dieser Tochter zwar eine ganze Reihe eigener Projektionen realisiert – und er hat seinen anderen Töchtern wahrscheinlich etwas vorenthalten, was diese auch notwendig gebraucht hätten –, aber er hat Barbara zumindest nicht neurotisch an sich gebunden.

Offensichtlich ist es noch immer so, daß als Produkt der Erziehung Frauen mit Frauen besser umgehen können und Männer mit Männern. Barbara ist die Ausnahme: Sie kommt als Frau mit Männern besser zurecht – dafür muß sie auf gute Kontakte zu Frauen weitgehend verzichten. Obwohl sie zwei Schwestern und eine Mutter ständig um sich hatte, war sie von ihrem Vater so ›besetzt‹, daß sie sie nicht oder nur negativ wahrnehmen konnte.

Kapitel 5

Familienmuster: Die Notgemeinschaft

Jeder kennt die Geschichte von Hänsel und Gretel. Von den notleidenden Eltern ausgesetzt, haben sich die beiden gegen die grausame Hexe zur Wehr gesetzt: eine erfolgreiche Notgemeinschaft, ein schönes Beispiel geschwisterlicher Solidarität. Zwei amerikanische Wissenschaftler, Stephen Banks und Michael Kahn, haben diesem ›Hänsel-und-Gretel-Phänomen‹ bei Geschwistern besondere Beachtung geschenkt. Sie stellten in ihren Untersuchungen fest, daß eine intensive, über die übliche Solidarität hinausgehende geschwisterliche Bindung dann entsteht, wenn die Eltern aus bestimmten Gründen in einer wichtigen Lebensphase der Kinder abwesend sind – sei es real, weil sie arbeiten, krank oder geschieden sind, oder innerlich, weil sie bestimmte Probleme haben, die sie völlig absorbieren. Es ist eine offene Frage, warum in solchen Familien in manchen Fällen die Geschwister völlig auseinanderfallen und in anderen so intensive Notgemeinschaften entstehen.

Das bekannteste Beispiel einer solchen Notgemeinschaft sind die von Anna Freud beschriebenen sechs KZ-Kinder. Diese Kinder, drei Jungen und drei Mädchen, hatten alle, soweit dies feststellbar war, ihre Mutter unmittelbar bei der Geburt oder kurz danach verloren. Ihren Vater hatten sie nie gekannt. Sie waren von Lager zu Lager unterwegs gewesen, zum Teil in vier oder fünf verschiedenen Lagern, bis sie in Theresienstadt in einem Haus für mutterlose Kinder zusammenkamen. 1945, am Ende des Krieges, als sie nach England gebracht und dort in einem Landhaus gemeinsam untergebracht, gepflegt und aufgezogen wurden, waren sie zwischen drei und vier Jahre alt. Keines der Kinder hatte jemals unter auch nur annähernd familienähnlichen Umständen gelebt. Aber es gab besondere Auffälligkeiten in ihrem Verhalten.

Anna Freud beschreibt ihre Gruppenreaktionen: »Die positiven Gefühle der Kinder bezogen sich ausschließlich auf ihre eigene Gruppe. Es war offensichtlich, daß sie sich sehr umeinander kümmerten und um niemanden und nichts sonst. Sie hatten keinen anderen Wunsch, als zusammenzusein, und wurden aufgeregt, wenn sie nur für kurze Augenblicke voneinander getrennt wurden. Kein Kind willigte ein, oben zu bleiben, wenn die anderen unten waren und umgekehrt, und kein Kind wollte zu einem Spaziergang mitgenommen werden ohne die anderen... Die Unfähigkeit, die Trennung von der Gruppe hinzunehmen, zeigte sich am offenkundigsten, wenn einem einzelnen Kind ein besonderes Vergnügen bereitet werden sollte, also bei einer Situation, nach der Kinder unter normalen Umständen sehr verlangen...

Die ungewöhnliche emotionale Abhängigkeit der Kinder voneinander wurde durch das fast vollständige Fehlen von Eifersucht und Rivalität bestätigt, die sich normalerweise zwischen Brüdern und Schwestern oder in einer Gruppe von Gleichaltrigen aus normalen Familien entwickeln. Es war niemals nötig, darauf zu dringen, daß jeder an die Reihe kommen sollte; sie taten das spontan, da sie eifrig darauf bedacht waren, daß jeder seinen Anteil bekam. Da die Erwachsenen zu der Zeit in ihrem Gefühlsleben keine Rolle spielten, rivalisierten sie nicht miteinander um deren Gunst oder Anerkennung. Sie verklagten sich nicht und standen automatisch füreinander ein, wenn sie ein Mitglied ihrer Gruppe ungerecht behandelt oder von einem Außenseiter bedroht fühlten. Sie beobachteten die Gefühle der anderen genau. Sie neideten einander ihre Besitztümer nicht (mit einer später zu erwähnenden Ausnahme), verliehen sie im Gegenteil mit Vergnügen aneinander. Wenn ein Kind in einem Laden ein Geschenk erhielt, verlangte es das gleiche für alle anderen, auch für die Abwesenden. Bei Spaziergängen achteten sie sehr auf die Sicherheit jedes Kindes im Verkehr, sahen nach den Kindern, die hinterhertrödelten, halfen sich über Gräben, räumten für die anderen den Weg versperrende Zweige fort und trugen den Mantel für jedes andere Kind. Im Kindergarten räumten sie für die anderen Spielzeug auf. Nachdem sie spielen gelernt hatten, halfen sie einander stillschweigend beim Bauen und bewunderten gegenseitig ihre Produktion. Bei den Mahlzeiten war es von größerer Bedeutung, dem Nachbarn abzugeben als selbst zu essen.

Das Verhalten dieser Art war keine Ausnahme, sondern die Regel.«[14]

Der Zusammenhang zwischen der Abwesenheit der Eltern und einer engen geschwisterlichen Bindung wird auch durch Untersuchungen an Kibbuz-Kindern bestätigt, die den größten Teil des Tages mit Gleichaltrigen verbringen und nur stundenweise bei den Eltern sind. Auch diese Kinder haben eine bessere Beziehung untereinander, als wir es von den üblichen Geschwisterbeziehungen kennen. Sicher kann man daraus nicht einfach schlußfolgern, daß Eltern das Zustandekommen einer guten Geschwisterbeziehung verhindern, aber es taucht doch die Frage auf, wo die Ursache für dieses Phänomen zu suchen ist ... Könnte es sein, daß der Anspruch der Eltern, von ihren Kindern geliebt zu werden, und zwar möglichst umfassend und total, den Kindern sozusagen zu wenig Luft läßt, Beziehungen zu ihren Geschwistern aufzubauen? Anders ausgedrückt: Wenn keine Eltern da sind, um deren Liebe und Zuwendung man *kämpfen* muß, weil sie diese Liebe und Zuwendung ja vielleicht auch einem anderen Kind zukommen lassen könnten, kann man sich vielleicht entspannter um die Geschwister kümmern und ihnen die Gefühle entgegenbringen, die sonst die Eltern auf sich ziehen: Ist niemand da, um dessen Zuneigung man rivalisieren muß, kann man sich den anderen zuwenden.

Ein anderes Beispiel für intensive Geschwisterbeziehungen, die entstehen, weil die Eltern ›abwesend‹ sind, sind die Geschwister Brontë. Nachdem ihre Mutter gestorben war, wuchsen die Kinder – fünf Mädchen und ein Bruder – bei ihrem Vater in einem einsamen Heidehaus im Norden Englands auf. Der Vater kümmerte sich praktisch gar nicht um die Kinder, er überließ sie der Obhut einer alten Tante, die gerade das Nötigste tat und die meiste Zeit im Bett verbrachte. In den langen Zeiten, in denen sich kein Erwachsener um sie kümmerte, entwickelten die Mädchen ihre eigene phantastische Welt und eine enge Beziehung zueinander. Sie lebten unter schwersten Entbehrungen, Kälte, Einsamkeit und Armut. Zwei Schwestern starben früh an Tuberkulose. Der Bruder wurde Alkoholiker. Die drei Schwestern Anne, Charlotte und Emily wurden aber als Schriftstellerinnen berühmt und blieben zeit ihres Lebens eng verbunden.

»Wenn die Verpflichtung, ihr Brot zu verdienen, wenn ihr Lerneifer, die Sehnsucht, andere Stätten zu besuchen, sie mehrmals von Haworth fortführten und wenn sie immer wieder dorthin zurückkehrten, so geschah dies nicht nur, weil sie unter der Langeweile und der Trauer litten oder der Mißerfolg sie dorthin zurückwarf, sondern weil sie anderswo nicht leben und nur zusammen leben konnten.

Unter dem Familiendach versammelt, zu innerst verbunden, gebrauchten sie mit Begeisterung ihren besonderen Wortschatz, ihre intimen Anspielungen, fanden in ihrer Gemeinsamkeit neue Kräfte und bestätigten sich gegenseitig ihre Gleichheit. Jeder war zärtlich um den anderen besorgt. So spürten sie stets, sagte Charlotte, ›die tiefe intime Liebe, die Geschwister füreinander empfinden, wenn ihr Geist aus derselben Form modelliert, ihre Ideen aus der gleichen Quelle geschöpft wurden, wenn seit der Kindheit einer sich an den anderen klammerte, ohne daß jemals ein Streit sie trennte!«[15]

Das Ausfallen der Eltern bedeutet natürlich für alle Kinder in jedem Fall eine große Belastung, vor allem, wenn sie jünger sind. Es gibt sicher viele Beispiele, wo ältere Geschwister den Verlust eines Elternteils für die jüngeren recht gut ausgeglichen haben, oft unter großen eigenen Opfern. Eigentlich ist es fast selbstverständlich, daß Geschwister sich zusammenschließen, falls keine Eltern da sind. Etwas anderes jedoch ist es, wenn die Eltern zwar real anwesend sind, aber so absorbiert von den eigenen Problemen, daß sie für ihre Kinder keine Kapazität mehr übrig haben. Dann könnte es zu zwei Erscheinungen kommen: Entweder gehen die Geschwister eine enge Bindung miteinander ein, oder sie versuchen, den winzigen Teil der Zuwendung, den ihre Eltern vielleicht noch aufbringen können, für sich zu kapern, so daß eine intensive Konkurrenz entsteht.

Charlotte kommt aus einer Familie, in der die Eltern mit eigenen Problemen so okkupiert waren, daß für die Kinder kaum etwas übrig blieb. Charlotte ist 19 Jahre alt und hat gerade Abitur gemacht. Sie ist sehr ernst und reflektiert. Sie hat in einer free-clinic gearbeitet und war schon in einigen Selbsterfahrungsgruppen. Sie hat ihre Pullover nicht nur selbst gestrickt, sondern die Wolle auf einer handgeschnitzten

Spindel auch selbst gesponnen. Sie möchte gern eine Ausbildung als Musik-Therapeutin machen, aber sie weiß noch nicht, wann sie damit anfangen kann, denn vorläufig muß sie noch bei ihrer Mutter bleiben. Ihre Mutter ist psychisch krank und stark selbstmordgefährdet. Wenn sie nicht in der Klinik ist, muß ständig einer auf sie aufpassen. Die Krankheit begann, als Charlotte, die jüngste der drei Mädchen, vier Jahre alt war. Charlotte:

»Als Jüngste hab' ich immer unheimlich viel Schutz bekommen von meinen Schwestern und ihren Freunden, und in bezug auf Liebe und was Arbeiten anbetrifft, wurde ich eigentlich immer unheimlich verwöhnt, das heißt, anfangs bin ich halt ziemlich geschont worden. Andererseits hatte ich oft das Gefühl, daß meine Schwestern mich zwar schon für voll genommen haben, ihre Freunde aber nicht, und ich wollte doch so gerne dazugehören! Die haben immer gesagt: ›Sei doch mal fröhlich, sei doch mal kindlich, wie andere in deinem Alter!‹ Aber das klappte in der Situation einfach nicht so, weil mein Vater damals ziemlich getrunken hat und später tablettenabhängig war und meine Mutter halt psychisch krank ist und schon damals immer wieder suizidale Tendenzen gehabt hat, die jetzt auch noch viel stärker sind – jetzt kann ich sie ja keinen Augenblick allein lassen, jedenfalls im Moment noch nicht. Wie das mal gehen soll, wenn ich auch von zu Hause fortgehe, weiß ich noch nicht. – Damals ging das immer so phasenweise, und da haben wir Kinder halt ziemlich viel Verantwortung mittragen müssen, dafür, wie es in der Familie läuft; ob mein Vater seinen Job behält, ob wir ins Heim müssen oder ob wir daheim bleiben können, wenn meine Mutter in die Psychiatrie mußte, wobei wir das nie entscheiden durften, sondern sie wurde dann irgendwann einfach abgeholt, und dann mußten wir zu Verwandten. Das war auch schon schlimm genug, wenn wir so auseinandergerissen worden sind – das war eigentlich immer das Schlimmste. Das Verhältnis zu meinen Eltern war nämlich trotz allem sehr eng. Ich hab' halt einfach bei meinen Eltern viel mehr miterlebt als andere Kinder, zum Beispiel ihre ganze Schwäche. Das finde ich eigentlich gut, damals habe ich das sogar ziemlich idealisiert. Ich hab' mir gesagt, ich blick' halt viel mehr durch als andere Leute, was teilweise auch gestimmt hat. Heute sehe ich, daß das nur ein bestimmtes Feld war, wo ich besseren Einblick gehabt hab', was so soziale Mißstände angeht, daß ich mich da vielleicht ein bissel besser einfühlen kann als andere Leute. Heute seh' ich aber auch, daß andere Leute in der Zeit ihre Kraft für andere Sachen aufwenden konnten, sich musisch entfalten oder sich politisch was aneignen oder daß sie einfach in ihrer Kindheit so viel Kraft gesammelt haben, daß sie jetzt sehr viel Kraft haben für zwischenmenschliche Beziehungen, wo ich immer ziemlich schnell am Rotieren bin. – Ich denk' oft, ich hab' früher schon zuviel Kraft verbraucht in meiner Familie. Andererseits weiß ich dadurch viel eher, wo meine Grenzen sind, als andere, und ich weiß, daß ich fast alles aushalten kann – weil ich bis jetzt noch nie zusammengeklappt bin. Ich weiß, daß ein Mensch unendlich viel aushalten kann, wenn er muß, wenn es zu seiner Lebenserhaltung wichtig ist.

Meine Schwestern haben damals ganz klar auch Mutterrolle für mich übernommen, beide, abwechselnd. Früher mehr meine älteste Schwester, die sechs Jahre älter ist als ich. Aber wir wußten eben alle ganz genau und immer: o.k., das müssen wir durchstehen. Und das haben wir auch. Im Grunde hat es uns auch ein tolles Gefühl gegeben: Wir Schwestern müssen die Familie zusammenhalten, wir sind auch für unsere Eltern verantwortlich. Meine älteste Schwester war da eigentlich ganz prima, die hat genau gewußt, wie sie mit mir umgehen mußte.

Mit Martha, meiner mittleren Schwester, hab' ich mich eine Zeitlang unheimlich geprügelt – wahrscheinlich, weil wir so verschieden waren. Ich konnte die Leute reizen und ziemlich jähzornig sein, und sie war grad das Gegenteil: unheimlich ruhig. Sie konnte wahnsinnig gut beleidigt sein und einen dadurch bestrafen. Das hat mich wiederum fuchsig gemacht, denn dagegen konnte ich mich gar nicht wehren, daß sie einen so gut bestrafen konnte. Das hat dann zu so Reaktionen geführt, daß ich ihr zum Beispiel einmal eine offene Schere nachgeschmissen hab', die fünf Zentimeter von ihrem Kopf weg in der Wand steckengeblieben ist, und wenn sie ein paar Zentimeter mehr nach links gegangen wäre, wäre sie hingewesen – worum es da ging, weiß ich gar nicht mehr, sie hat mich mit ihrer ruhigen Art wohl so auf die Palme gebracht, daß ich das einfach nicht mehr gepackt hab' –. Genauso wie sie mir mal den Kopf so fest auf die Türschwelle gehauen hat, daß ich total weg war – und das sind so Sachen, die wir uns fast bis heute noch vorhalten. Mit Martha läuft auch noch so'ne Konkurrenz darum, wem es schlechter ergangen ist, damals als Kind. Zum Beispiel: ›Du warst ja schon sieben, als alles angefangen hat, und ich war erst vier.‹ Als meine Mutter ihren ersten Selbstmordversuch gemacht hat, da sind wir dann alle zu Verwandten gekommen. Ich bin zu der Schwester meiner Mutter gekommen, und die hat überhaupt nicht gewußt, wie sie mit mir umgehen sollte. Wenn ich auf der Treppe gehockt hab' und geschrien hab': ›Ich hab' keine Mutter mehr!‹, dann hat der Mann mich verdroschen, und ich hab' das ganze Haus zusammengeschrien. Bei denen war ich ein Jahr, und da hab' ich ziemlich gelitten und bin ganz verschüchtert heimgekommen, und meine Eltern haben lange gebraucht, um zu erreichen, daß ich nicht mehr bei jeder Bewegung zusammengezuckt bin! Und Martha ist zu der Schwester meines Vaters gekommen, und die haben wenigstens Kinder gehabt. Die haben ihr zwar auch gedroht: ›Wenn du weinst, wenn du deine Mutter siehst, darfst du sie nicht mehr besuchen!‹ Aber ich fand, sie hatte es besser als ich.

Und da haben wir uns so gestritten, wer mehr gelitten hat. Inzwischen wissen wir, daß das ganz o. k. so ist, weil jeder sein Leid als das größte erlebt.

Wir haben neulich dann mal ganz lange darüber geredet, meine Schwester und ich, und ich hab' geheult, weil mir die Situation von damals wieder hochgekommen ist.

Seit ich zwölf oder 13 war, war Martha mein Vorbild, sowohl in bezug auf Männer als auch auf andere Kontakte. Ich hab' ihr auch ziemlich viel nachgemacht. Heute ist sie nicht mehr mein Vorbild. Heute sind wir eigentlich zwei eigenständige Personen, die sich viel austauschen, aber heute ist die Beziehung fast eher umgekehrt, daß sie sich mir unterlegen fühlt, und das tut mir – ehrlich gesagt – manchmal auch ganz gut.

Ich hab' lange gedacht, ich bin stark, ich komm' mit einer Situation zurecht, und wenn ich dann nicht mehr zurechtkam, hab' ich mich immer mit der Situation von früher entschuldigt, und das finde ich einfach nicht gut, weil es keinen Wert hat, sich immer mit früher zu entschuldigen.

Da war zum Beispiel mal ein Fest, da hatte meine mittlere Schwester Geburtstag gefeiert, und es war immer so: Bis zu einer bestimmten Uhrzeit durfte ich dabei sein, und dann haben sie mich rausgeschickt, weil sie dann für sich sein wollten, weil sie dann so Knutschspielchen machen wollten. Meine Mutter war da im Krankenhaus, und mein Vater war nicht da, und als sie mich rausgeschickt haben, hab' ich mich unheimlich allein gefühlt und wußte nicht, wohin. Dann hab' ich mir 20 Mark aus dem Schrank genommen und hab' mir gedacht: ›So, jetzt fahr' ich zu meiner Mutter!‹ Da bin ich losgelaufen in der Nacht. Und auf dem Weg zum Bahnhof, das waren etwa zwei Kilometer, war so ein Parkplatz, mit Kies bestreut, und da hab' ich mich hinfallen lassen und hab' geheult, weil ich gemerkt hab', das hat ja doch keinen Sinn, denn wenn ich da ankomm', dann schicken sie mich grad wieder zurück. Ich kann da ja nicht bleiben! Da hab' ich dann gelegen und ewig lang geweint und war total verzweifelt, weil ich mich so verlassen gefühlt hab'. Und dann ist meine Schwester mir nachgelaufen gekommen, hat mich getröstet und hat mit mir geredet, und dann bin ich doch wieder heimgegangen. Ich fand das toll, daß sie gekommen ist und mit mir geredet hat.

Eigentlich hab' ich in bezug auf mein Frauenbild immer nur gesehen, was ich nicht sein will. Also, ich will zwar eine starke Frau sein, aber ich will auch keine Frau sein, die andere unterbuttert! Durch ihre Krankheit habe ich meine Mutter oft als sehr schwach und abhängig erlebt – Eigenschaften, die ich bei vielen Frauen feststelle, die ich aber nicht akzeptieren will. Ich möchte gerne eine starke Frau sein. Eine Frau, die selbständig ist, die ihr Leben packt, egal, ob da ein Typ ist oder nicht. Mein Ziel ist, daß ich, wenn ich das will, auch allein zurechtkomme. Auf gar keinen Fall will ich von Männern abhängig sein. Bei meinen Eltern erlebe ich, daß sie eine äußerst symbiotische Beziehung haben, daß einer ohne den anderen wirklich nicht leben kann! Meine Mutter ist außerordentlich abhängig von meinem Vater, und mein Vater ist unheimlich abhängig davon, daß meine Mutter von ihm abhängig ist! Und so was will ich auf keinen Fall.

Ich hab' auch ziemlich große Schwierigkeiten, jemandem zu sagen: ›Ich brauch' dich.‹ Das ist etwas, das ich fast nicht kann. Ich leide lieber wahnsinnig und sage hinterher: ›Eh, du hast mich saumäßig im Stich gelassen!‹ Das hat sicher auch mit meinen frühen Erfahrungen zu tun – schließlich waren meine Schwestern für mich fast wie eine Mutter, aber sie *waren* eben nicht meine Mutter. Wahrscheinlich hat mich das doch irgendwie geprägt.

Was für mein Männerbild wahrscheinlich wichtig ist, ist, daß mein Vater eine Zeitlang ziemlich brutal mit meiner Mutter umgegangen ist und daß ich immer gedacht hab', daß ich mir so einen Mann nie suchen würde. Den würd' ich zum Mond schicken, da bin ich mir sicher. Ich hab' ihn halt eine Zeitlang als ziemlichen Tyrannen erlebt. Wenn er getrunken hatte, dann haben wir uns oft eingeschlossen in der Küche, und er hat versucht, die Tür einzutreten, weil er uns verprügeln wollte im Suff, und wir haben uns starr vor Angst unterm Küchentisch versteckt! Da hab' ich alle negativen Seiten von ihm mitgekriegt, wirklich das Allernegativste, was man überhaupt mitkriegen kann von einem Vater!

Und als er dann die Entziehungskur gemacht hat – da war ich zwölf –, da hab' ich ihn dann ganz anders erlebt: so, wie ich ihn mir immer gewünscht hab'! Ich hab' als Kind mir immer erträumt, irgendwann kommt mal einer rein, und der sagt: ›Dein Vater, das ist gar nicht dein Vater, der ist einfach vertauscht, schick ihn weg, und dann kommt einer, der total lieb und gut ist!‹ Und so war dann mein Vater! Es hat eine Weile gebraucht, bis ich dieses Vertrauen entwickelt hatte, aber als das Vertrauen dann wieder da war, dann war er auch wirklich so.

Was ich prinzipiell an Männern sehe, ist, daß sie sehr viel Schwierigkeiten haben, Gefühle wie Traurigkeit oder Schwäche herauszulassen. Ich möcht' sie aber darin unterstützen, daß sie das lernen. Und ich seh' auch, daß Frauen große Probleme haben, Gefühle wie Aggression oder Stärke rauszulassen, mich eingeschlossen. Und da will ich auch von meinem Partner unterstützt werden, das zu lernen.

Meine ›Frauen-Tricks‹, die ich leider auch immer noch ab und zu drauf hab', sind auch irgendwie ›Jüngsten-Tricks‹. Zum Beispiel, daß ich in einer Konflikt-Situation abhaue, in der Hoffnung, daß mir einer hinterherrennt! Das fällt mir dann auf, weil ich eigentlich so was nicht mehr will.

Ich weiß, daß mich meine Schwesternbeziehung stark geprägt hat. Ich krieg' nur deshalb so schnell einen Draht zu Frauen, weil ich meine Schwestern erlebt habe, weil wir so eng zusammen waren. Sie waren ja jahrelang praktisch meine einzigen Partner. Als meine älteste Schwester dann zu Hause ausgezogen ist, war das sehr schlimm für mich. Aber noch schlimmer war es, als dann die zweite weggezogen ist. Da hab' ich mich richtig verlassen gefühlt. Obwohl es ja so das Beste war für sie. Aber ich hab' sie doch am liebsten gehabt, auch wenn wir uns so gekracht haben. Und ich war es ja eher gewöhnt, ohne meine Eltern zu leben als ohne meine Schwestern.

Ich weiß, daß ich meine Kindheitserlebnisse nie so verarbeitet hätte, wenn meine Schwestern nicht gewesen wären. Sie haben mir Zärtlichkeit und Schutz und Wärme vermittelt, wenn meine Eltern ausgefallen sind. Meine Schwestern waren eigentlich immer da für mich, und selbst in Krisensituationen haben wir uns grundsätzlich gut verstanden.

Ich glaube, die Beziehung zu meinen Schwestern könnte nichts mehr stören oder kaputtmachen, und das ist eine tolle grundsätzliche Erfahrung für mich. Ich hab' im großen und ganzen das Gefühl: Frauen sind Klasse, auf die kann ich mich verlassen – und das, obwohl ich bei meiner Mutter soviel Schwäche erlebt habe.«

Charlottes Biographie ist eigentlich der Beweis für die Theorie von der Unverletzlichkeit der Kinderseele. Sie hat in ihren Kindertagen so viel miterlebt, daß es eigentlich ein Wunder ist, daß sie und ihre Schwestern so fröhliche und liebenswerte Frauen geworden sind, die sich politisch engagieren und sozial aktiv sind. Mehr als alle Beschreibungen spricht diese Tatsache dafür, daß sich die Schwestern untereinander Schutz und Halt gegeben haben, wenn die Eltern ausfielen, so daß sie trotz allem zu stabilen Persönlichkeiten werden konnten.

Wahrscheinlich war für Charlotte und ihre Schwestern eine Tatsache maßgeblich: Trotz aller Probleme und Schwierigkeiten haben sie ihre Eltern als *Menschen* erlebt, die gute und schlechte Eigenschaften haben, die sich verändern oder verändern wollen und es nicht schaffen, die versuchen, ihre Probleme anzugehen, und die vor allem ihre Probleme vor den Kindern nicht verstecken. Dadurch ist nie die sonst so übliche Schein-Autorität entstanden, mit der sich Eltern vor ihren Kindern glauben verstecken zu müssen (was ihnen sowieso nie gelingt!). Die Kinder haben früh gemerkt, daß sie in gleicher Weise für die Familie verantwortlich waren wie die Eltern. Das hat sie zwar ernster, aber es hat sie auch stark und verantwortungsbereit gemacht. Die gemeinsamen Erfahrungen von Angst, Wut und Haß schweißen zusammen und lassen sie als Verbündete ein ganz starkes Gefühl von Aufeinanderangewiesensein entwickeln. Allein hätte keines der Mädchen mit den Problemen fertig werden können. Zu dritt hatten sie da viel größere Chancen. Und die Eltern haben offensichtlich nie versucht, eines der Mädchen aus der Schwesternbeziehung herauszulösen, sie waren zu sehr mit sich und ihrer Beziehung beschäftigt. Dadurch mußten die Schwestern auch nie um die Liebe der Eltern konkurrieren. Am wichtigsten aber war wohl, daß alle drei Mädchen trotz aller Schwierigkeiten in guten Zeiten von den Eltern das Gefühl vermittelt bekamen, daß sie geliebt wurden. Daß der Vater seine Familie im Grunde liebte, hat er in den Jahren nach seiner Entziehungskur nachhaltig bewiesen: Als Charlottes Klasse auf Klassenfahrt ging und sie eigentlich kein Geld hatte, um mitzufahren, hat sich der Vater ins Krankenhaus gelegt, um eine Operation machen zu lassen, die eigentlich noch Zeit gehabt hätte, und von dem Tagegeld der Versicherung hat er ihr die Klassenreise bezahlt!

Und auch die Mutter in ihrer Schwäche und Schutzbedürftigkeit vermittelte den Kindern das Gefühl, daß sie geliebt wurden. Auf diesem Grundgefühl läßt sich dann eine Menge ertragen, vor allem, wenn man Bundesgenossinnen hat.

Charlotte hat durch ihre schwierigen Erfahrungen ein differenziertes Verhältnis zu sich selbst und zu anderen Menschen entwickelt. Frauen sind ihr selbstverständliche Freundinnen geworden, obwohl sie nie so werden möchte wie ihre Mutter. Aber sie hat einen guten Instinkt entwickelt für das, was sie selbst und andere brauchen. Diese Schwesternerfahrung war für sie der Grundstein zu positiven Frauenerfahrungen.

Teil II
Viele Töchter sind auch Schwestern

Wie Schwestern sind, das wissen wir alle aus den Märchen unserer Kindheit: Die Älteste oder die Ältesten sind böse, geizig, grausam, neidisch und häßlich, die Jüngste ist gut, schön, lieb, freundlich, mitleidig und meist der Liebling des Vaters, des mächtigen Königs. Dieses Muster zieht sich in vielen Variationen durch Märchen, Sagen, Legenden, durch Mythen, Theaterstücke, Volkskunst. Und da Märchen und Mythen Darstellungen des kollektiven Unbewußten eines Volkes sind und eine Verdichtung von allgemeinen Erfahrungen darstellen, muß irgend etwas dran sein.

Wenn in Märchen von eingeschlechtlichen Geschwisterreihen (meist von drei Geschwistern) die Rede ist, sieht das Muster immer gleich aus: Die beiden Großen sind sich sehr ähnlich und stellen das Böse dar, der oder die Jüngste das Gute.

Nun ist der oder die Erstgeborene durch die Geschichte der Menschheit hindurch immer ein besonderes Kind: Bei den primitiven Völkern begleiten ganz besondere Zeremonien die Geburt des ersten Kindes; das Erbrecht begünstigt es in besonderem Maße. Das trifft zwar fast immer nur für den ersten *Sohn* zu, aber die Position des Ersten ist und bleibt die besondere unter den Geschwistern. Demgegenüber hat der oder die Jüngste – vor allem, wenn noch viele Geschwister dazwischen sind – praktisch gar nichts. Wer aber nichts hat, kann auch nichts verlieren, er kann also alles einsetzen, um etwas zu gewinnen. Im Märchen, das ja auch immer eine moralische Botschaft vermittelt, heißt diese für das zuhörende *kleine* Kind: Laß dich nicht entmutigen durch die Großen, Älteren, du kommst auch noch dran, auch wenn deine jetzige Position aussichtslos erscheint!

So wichtig die Märchen in der persönlich-psychologischen Botschaft für das zuhörende Kind auch sein mögen, für die allgemeinen Vorstellungen über Geschwister bzw. Schwestern haben sie in ihrer einfachen Typologisierung auch etwas Problematisches. Sicher bestehen gewisse Parallelen zu den Verhaltensweisen ›typischer‹ Ältester oder ›typischer‹ Jüngster, wenn etwa die Auflistung der Charaktereigenschaften für die Ältesten im Märchen lautet: bewußt – mißtrauisch – klug – berechnend – hart – geizig – reich – und für die Jüngsten: offen – vertrauensvoll – einfältig – weich – großzügig – arm –, aber es ist doch auffallend, daß die Ältesten fast nur mit negativen Eigenschaften beschrieben werden und die Jüngsten fast nur mit positiven. Das Problem solcher vorwissenschaftlicher Typologisierungen ist, daß sie alle auch ein Korn Wahrheit enthalten, daß aber allzu leicht übersehen wird, daß wesentliche andere Faktoren als die Geschwisterposition zur Persönlichkeitsentwicklung des Menschen beitragen.

Trotzdem ist man bei der Betrachtung von Geschwisterbeziehungen immer wieder auf die Typologisierung verfallen. Die Literatur über Geschwisterbeziehungen lebt geradezu von der Typologisierung: ›Der oder die Älteste ist...‹, ›der oder die zweite hat...‹ und so fort. Das liest sich dann so wie ein Horoskop: ›Der Löwe-Mann ist...‹, ›die Löwe-Frau hat...‹ Das ist so verführerisch wie faszinierend, denn jeder kennt Menschen, auf die diese Beschreibung zutreffen wird.

Ein Beispiel:

»Erstgeborene sind meist gewissenhafter, erzielen bessere Schulleistungen und besuchen die Schule länger als Nachgeborene. Sie werden häufiger Wissenschaftler oder ragen in anderen Berufen mehr hervor als ihre jüngeren Geschwister. Die Erstgeborenen sind aber häufig eifersüchtig und unbeherrschter als die jüngeren oder mittleren Geschwister... Zweite Kinder sind meist diplomatisch und können gut verhandeln, weil sie gezwungen waren, sich mit einem stärkeren Partner zu arrangieren. Oft sind sie freundlicher und haben bessere Beziehungen zu ihren Mitmenschen als die Erstgeborenen...Jüngste Kinder sind oft charmant, gute Gesellschafter, verspielt und leichtlebig...«[16]

Vielleicht haben die Eltern aber nur das Geld für *eine* Ausbildung, und deshalb bekommen die anderen nichts mehr, vielleicht müssen Zweite so freundlich sein, weil sie sonst kein Attribut haben, das auf sie aufmerksam macht, vielleicht sind Jüngste nicht verspielt, sondern sie werden einfach nicht ernstgenommen.

Ein anderes Beispiel:

»Die jüngste Schwester von Schwestern liebt die Abwechslung und Aufregungen. Sie ist impulsiv, lebenslustig, manchmal auch unstet und leicht herauszufordern ... bei der Arbeit ist sie erpicht, sich auszuzeichnen ... Materielle Güter können für sie wichtig sein, aber sie ist in dieser Hinsicht nicht beständig ... Männern gegenüber ist sie häufig im Konflikt ... Kinder kommen ihr nicht übermäßig gelegen ... den Verlust ihres Vaters würde sie im allgemeinen als den schwersten Verlust empfinden, sie neigt zu folgenden Berufen: Sekretärin, Sängerin, Werbeagentin etc ... sie geht gerne zur Psychotherapie, besonders, wenn jemand anderes sie bezahlt ...«[17]

Geschwisterbeziehungen entziehen sich im Grunde schon deshalb der formalisierten Betrachtung, weil sie so kompliziert sind: Alter, Geschlecht und Position sind drei zentrale Kategorien, die allein schon sehr viele Kombinationsmöglichkeiten erlauben. Bezieht man dann auch noch die Geschwisterposition der Eltern mit ein, wird es fast undurchschaubar:

»Wenn zum Beispiel die älteste Schwester eines Bruders und einer Schwester einen Vater hat, der selbst eine ältere Schwester hatte, ist in der Tochter die Rolle einer ältesten Schwester von Brüdern im allgemeinen stärker als die Rolle einer ältesten Schwester von Schwestern ...«[18]

So wichtig es ist, den Geschwisterbeziehungen den Stellenwert im Leben der Menschen einzuräumen, der ihnen gebührt, so wichtig ist es auch, nun nicht ins andere Extrem zu verfallen und praktisch *alle* Aspekte einer Person der Geschwisterkonstellation zuzuschreiben. Um einen Menschen zu charakterisieren, reicht es nicht aus, zu sagen: Sie war die Älteste, oder sie war die Älteste von drei Mädchen – auch wenn dies den einen oder anderen Teil ihrer Person bestimmt hat. Welche Aspekte solch eine Position hat, hängt immer auch von der individuellen Familiengeschichte ab. Allerdings gibt es bestimmte Grunderfahrungen, die Kinder in einer bestimmten Position machen und die sie von den

85

anderen unterscheiden: Die Älteste war als einzige der Familie als kleines Kind eine Zeitlang *allein* mit den Eltern, die zweite war eine Zeitlang Jüngste und erhält, wenn wieder ein Kind geboren ist, nun plötzlich die mittlere Position, die Jüngste wird nie entthront, läuft dafür aber immer den anderen hinterher etc. Jedes neu hinzukommende Kind verändert das Beziehungsmuster der Familie grundsätzlich. Dazu kommen bestimmte unvorhersehbare Umstände, die einflußreich sein können: Plötzlich wird der ersehnte Sohn geboren, die eine Schwester hat die schönen blonden Haare der Mutter, die berufstätige Mutter bleibt bei der Geburt des dritten Kindes nun endgültig zu Hause – all dies wird die Stellung des einzelnen Kindes mitbeeinflussen. »Jedes Kind in der Familienkonstellation benimmt sich so, wie es seine Stellung innerhalb der Familie auffaßt. Gleichzeitig beeinflußt aber sein Verhalten das Benehmen jedes anderen Kindes. Jede Tätigkeit eines Kindes stellt für ein anderes ein Problem dar, wozu es Stellung nimmt und sich entscheidet, wie es damit fertig werden will. Seine Entscheidung wird durch die Deutung der eigenen Stellung und der Bedeutung der Handlungsweisen der anderen beeinflußt... Die Deutung, die jedes Kind seiner Stellung innerhalb der Familienkonstellation gibt, und seine folgende Reaktion kann so unendlich verschieden sein, wie es die menschliche Fähigkeit, schöpferisch zu sein, erlaubt.«[19]

Daß es in Familien mit mehreren Kindern geradezu ein Geschwister-Subsystem gibt, in dem viele entscheidende Erfahrungen gemacht werden, ist zwar jedem klar, der selber aus einer größeren Familie stammt, findet aber auch in der neueren familienpsychologischen Literatur noch wenig Beachtung. Dabei sind Geschwisterbeziehungen meist dauerhafter als die Eltern-Kind-Beziehungen: Das Verhältnis zwischen Kind und Eltern schwächt sich mit zunehmendem Alter ab, oder sollte es zumindest. Die Beziehung zu den Geschwistern wird dagegen häufig mit zunehmendem Alter intensiver und hält ein Leben lang. Eltern-Kind-Beziehungen dauern maximal 60 Jahre, Geschwisterbeziehungen dagegen 80 Jahre und länger – eben das *ganze* Leben.

In einer amerikanischen Untersuchung wurden 100 erwachsene Personen aus großen Familien nach ihren Geschwisterbeziehungen befragt. 97 von 100 schrieben ihrer Beziehung zu den Geschwistern eine besondere Sozialisationsfunktion zu. Zwei Drittel bezeichneten ihre Geschwisterbeziehung als recht eng. War sie das nicht, dann lag das entweder daran, daß sie im Alter sehr weit auseinander waren oder daß sie als Kinder keine Möglichkeit gehabt hatten, im gemeinsamen Spiel eine Beziehung aufzubauen. Rivalitäten und Konflikte erschienen minimal im Vergleich zu der Erfahrung von Loyalität, die sie im alltäglichen Miteinander gemacht hatten.[20]

S. Bank und M. Kahn, USA, nennen einige wichtige Funktionen der Geschwisterbeziehung: Identifikation – Differenzierung – wechselseitige Beeinflussung – alltägliche Unterstützungen – Dolmetscherfunktion – Pionierfunktion.[21] Am Beispiel von Schwestern könnte das heißen: *Identifikation* mit einer älteren Schwester ist zwar nicht so selbstverständlich wie die mit der Mutter, sie wird freier und oft auch später gewählt. Die Identifikation mit der Mutter wird durch Schutzbedürfnis, Liebe, Liebesentzug oder Schuldgefühle quasi erzwungen, die mit einer Schwester ist eine freiwilligere, zeitlich begrenzte, sie wird leichter erworben und leichter wieder aufgegeben. Die *Differenzierung* spielt unter gleichgeschlechtlichen Geschwistern sicher eine große Rolle: »Ich bin *nicht* so wie du!« ist gleichzeitig auch eine Aussage darüber, wie ich bin, und dient der Identitätsfindung. »Ich will *nicht* so sein wie du!« klingt einerseits wie eine Ablehnung und meint vielleicht viel eher: »*Ich* will *ich* sein.« *Wechselseitige Beeinflussung* heißt: Man probiert untereinander Verhaltensweisen aus, man vertraut sich Geheimnisse an, man sieht, mit welchen Verhaltensweisen die anderen Erfolg haben und mit welchen nicht. *Alltägliche Unterstützungen* gehen von Lippenstiftborgen bis hin zu den Freunden, die man ins Haus bringt, von den Liebesbriefen der Schwester im Wäschefach der Jüngeren bis zum Schmierestehen bei besonderen Gelegenheiten. *Dolmetscherfunktionen* haben Geschwister fast immer: zwischen Eltern und Geschwistern, zwischen anderen Erwachsenen, zwischen Freunden, untereinander. Als Schwester weiß man meistens genauer, was die andere gemeint hat, und kann ihr helfen, sich verständlich zu machen. Und *Pionierfunktion* haben fast alle älteren Schwestern für die jüngeren: Wie war das, als man mit den ersten Nylons, dem ersten Lippenstift nach Hause kam – die Jüngeren haben es da viel leichter, da haben die Eltern den ersten Schock schon hinter sich.

In der Familientherapie erzielt man in den USA inzwischen sehr gute Erfolge, indem man die erwachsenen Geschwister in die Familientherapie mit einbezieht, und in diesen Prozessen wird immer wieder deutlich, *wie* wesentlich (und wie wenig beachtet bisher) Geschwisterbeziehungen für die Persönlichkeitsentwicklung sind.

Trotz aller Einwände und Kritik findet auch in den folgenden Kapiteln eine Typologisierung statt. Aber hier beschreiben Frauen, wie *sie selber* ihre Position als Älteste, zweite, dritte oder Jüngste empfunden haben. Sie denken selber über die Auswirkungen dieser Position nach, beziehen aber eine ganze Menge anderer Einflüsse mit ein. Statistisch nicht zu erfassende Faktoren – ein Umzug zu Verwandten, ein abgebranntes Haus, ein schwer kranker Vater – prägen die Schwesternbeziehung oft ebenso stark wie die Geschwisterposition. Schwester zu sein ist ja nur *eine* Rolle von vielen, die diese Frauen gespielt haben und spielen. Sie erzählen auch von *ihren* Schwestern, von der Jüngsten, der zweiten, der dritten aus *ihrer* Sicht der Ältesten. Daraus ergeben sich gewisse Konturen für ›typische‹ Verhaltensweisen oder Einstellungen, die *zum Teil* auch auf ihre Position zurückzuführen sind, aber eben *auch*. Und eines haben sie sowieso alle gemeinsam: Als Mädchen unterliegen sie bestimmten Zwängen: Das älteste Mädchen wird viel selbstverständlicher zur Pflege der nachfolgenden Kinder herangezogen als der erste Junge. Das zweite *Mädchen* muß sich schon etwas einfallen lassen, um seiner Stellung etwas Besonderes zu verleihen, das jüngste *Mädchen* entspricht mit den typischen Jüngsten-Eigenschaften am ehesten der herrschenden Vorstellung von Weiblichkeit und hat es dadurch vielleicht leichter.

Typologisierungen sollen nicht mehr sein als Anregungen: ein Rahmen für das Bild, das man sich von einem anderen Menschen macht. Alle Feinheiten und Besonderheiten müssen ja individuell sorgfältig ergänzt und aufgenommen und wahrscheinlich auch ständig verändert werden.

Kapitel 1

Die Älteste: Die Herrscherin

Katja, älteste von vier Schwestern, 48 Jahre alt, verheiratet und seitdem nicht mehr berufstätig, Mutter von zwei Jungen und Ehefrau eines Professors, erzählt:

»Ich habe mich wohl immer als Älteste empfunden mit allen Vor- und Nachteilen, das heißt, ich hatte die Verantwortung für die anderen. Dadurch habe ich mir angewöhnt, über andere zu bestimmen, das gehört ja dazu. Aber ich habe nie das Gefühl gehabt, daß ich dadurch zu kurz komme. Überhaupt nicht. Nun war damals Krieg und meine Mutter hatte andere Sorgen, war mit anderen Sachen beschäftigt. Und wir Kinder mußten einfach funktionieren – 1940 war ich sechs, meine Schwester vier, dann wurde die dritte geboren und 1941 die vierte!

Meine Mutter nannte mich immer ›Herrscherin aller Reußen‹, und das stimmte sicher. Ich habe versucht, eisern und gerecht zu regieren, aber es war mir nicht bewußt, daß mich das vielleicht von meinen Schwestern isolieren könnte – das habe ich damals gar nicht überlegt, überhaupt nicht. Ich hatte sowieso ein ziemlich distanziertes Verhältnis zu meinen Schwestern, einfach dadurch, daß ich praktisch in die Mutterrolle geschlüpft bin, ohne natürlich die mütterliche Wärme oder Liebe zu haben. Für mich hieß »Älteste-Sein« – Verantwortung übernehmen, und so habe ich mich auch später immer verhalten: mit großem Verantwortungsbewußtsein anderen gegenüber.

Ich erinnere mich zum Beispiel: Ich hatte eine Riesenangst vor Hornissen und Wespen, und ich werde nie vergessen, wie in unserem Kinderzimmer eine Hornisse war, und obwohl ich eine wahnsinnige Angst hatte, habe ich meine kleinen Schwestern erst mal alle rausgebracht, und dann habe ich das Fenster aufgemacht und bin selber rausgegangen. Das war für mich selbstverständlich, das habe ich völlig unreflektiert getan, und ich hätte wahrscheinlich, wie eine Mutter, die auch gar nicht darüber nachdenkt, zuerst meine Schwestern in Sicherheit gebracht und erst alles für sie getan und dann erst an mich gedacht. Aber ich habe nie darüber nachgedacht, ob sie mich lieben oder nicht. Nie. Ich habe dieses Verhältnis als gegeben hingenommen, ohne wirklich darüber nachzudenken. Ich habe auch niemals empfunden, daß meine Schwestern gegen meine ›Erziehungsmaßnahmen‹ opponiert haben, denn ich fühlte mich so im Recht und so gerecht, daß es mir ziemlich egal war, wie das von meinen Schwestern aufgefaßt wurde. Wenn sie sich biestig verhalten haben, habe ich das vielleicht als Auflehnung gegen die ›Obrigkeit‹ empfunden, gegen die ›befehlende Gewalt‹, aber nie als Liebesentzug. Trotzdem habe ich immer das Gefühl gehabt: Hier bin ich – und da sind die drei anderen.

Ich habe nie irgendeinen Konkurrenzdruck gefühlt unter meinen Schwestern. Ich fühlte mich völlig autonom – aber auch völlig außerhalb der Schwestern während meiner Kindheit und Jugend. Nicht alleine, ich fühlte mich schon dazugehörig, aber wie ein Herrscher, der fühlt sich auch zu seinem Volk gehörig! Ich kann mich jedenfalls nicht an irgendwelche negativen Dinge erinnern in diesem Zusammenhang.

Das ging so bis zu dem Zeitpunkt, als ich in die USA fuhr, als Schülerin, da war ich 17. Und da kam meine nächstjüngere Schwester heulend zu meiner Mutter und sagte: ›Ich will nicht die Älteste sein, mit all der Verantwortung, sag der Isa [der dritten], *sie* soll jetzt die Älteste sein, ich will es nicht sein!‹ Vielleicht hat sie ja unbewußt gespürt, daß die Ältestenrolle nicht sehr attraktiv war in unserer Familie, jedenfalls für sie wohl nicht. Und als ich zurückkam, hatten sich meine jüngeren Schwestern sozusagen freigeschwommen. Das war der größte Bruch. Da waren sie emanzipiert, und ich wurde nicht mehr als ›Herrscherin aller Reußen‹ akzeptiert, ich wurde kritisiert, ich war mit ihnen gleichgestellt. Das war für mich die härteste Lektion, die ich zu lernen hatte, aber irgendwann habe ich auch das akzeptiert. Von da ab habe ich meine Schwestern auch individuell gesehen! Damit habe ich auch für mich selber das ›Ältestenbild‹ verloren, das heißt, ich wollte auch keine Herrschaft mehr ausüben über meine jüngeren Schwestern. Von da an habe ich sie als gleichberechtigte, emanzipierte Individuen akzeptiert. Trotzdem habe ich heute noch bei einigen das Gefühl, daß ich für sie immer noch die älteste Schwester bin. – Eines ist vielleicht wichtig dabei: meine jüngeren Schwestern haben alle vor mir geheiratet. Aber das hat mich nie im geringsten berührt, daß sogar meine jüngste Schwester vor mir heiratete! Mit meiner Rückkehr aus Amerika war die Ältestenfrage für mich erledigt.

Mit Jungen hatte ich es sehr schwer. Das war nun unmittelbar nach dem Krieg: 1950 war ich 16! Dazu kam die prüde Einstellung unserer Eltern, vor allem unserer Mutter, die mich da sehr geprägt hat. Und die mich völlig konfus machte und irreleitete, völlig irreleitete. Das bißchen sexuelle Emanzipation, das ich mir angeeignet habe, habe ich mir selbst erarbeitet, aber sehr schwer. Das hat jedoch nur mit unserer Mutter zu tun und nicht mit der Tatsache, daß wir nur Mädchen waren. Ich wurde nicht etwa streng gehalten – keineswegs. Nur: mir wurden vorher in den schrecklichsten Farben die Folgen eines bestimmten Verhaltens ausgemalt, und dann durfte ich ›allein‹ entscheiden!

Die ersten Freunde, die ich mitbrachte, haben mir meine ›kleinen‹ Schwestern immer verekelt. Mein erster wirklicher Freund war ein Perser, der hatte einen kleinen Schnurrbart, und meine jüngere Schwester hat ihn immer mit einer Schuhbürste nachgeäfft zur Belustigung der ganzen Familie! Da war die aber auch besonders groß drin!

Mein Verhältnis zu Männern ist gestört worden dadurch, daß ich die älteste war von vier Mädchen. Weil man einfach nicht das Selbstverständnis hatte, mit einem männlichen Wesen umzugehen. Die kannte man einfach nicht so wie ein weibliches Wesen. Für die anderen Schwestern war das nicht so gravierend, denn durch die Älteste kommen ja zwangsläufig die ersten Männer ins Haus! Mit denen können sich die Jüngeren schon auseinandersetzen, während die Älteste erst mal diese Schwelle überwinden muß! Das habe ich auch ganz stark gespürt, daß ich im Verhältnis Mann:Frau eine sehr viel größere Schwelle überwinden mußte als alle nachfolgenden Schwestern. Da war ich bahnbrechend, auch meinen Eltern gegenüber. Meine jüngeren Schwestern hatten es viel leichter – die flutschten da rein, während ich mich echt damit auseinandersetzen mußte und für vieles Vorkämpferin war!

Ich glaube, daß ich von Natur aus ein ziemlich kühler Typ bin. Das liegt in der Familie. Leicht unterkühlt. Wir Schwestern waren untereinander auch nie körperlich zärtlich. Das haben wir alle erst später dazugelernt. Außerhalb der Familie. Dann sind wir uns um den Hals gefallen und haben uns abgeküßt. Und doch – ich weiß nicht, ob wir nicht, wenn wir ganz allein sind, uns wieder nach der uns aufgepreßten Familienschablone verhalten! Ich habe einige Bekannte, die ich sehr viel inniger umarme und herze und küsse als meine Schwestern, die mir deshalb nicht weniger nahestehen. Aber bei uns war es eben nicht üblich. Bei uns gab es ein sehr stark prägendes Verhaltensmuster innerhalb der Familie – unsere Persönlichkeit konnten wir erst außerhalb der Familie echt entfalten, soweit das eben noch möglich war. Das gilt für mich jedenfalls.

Ich glaube, daß die Ältesten, mehr als alle anderen, nicht nur in ihrer Kindheit durch diese Rolle geprägt werden, sondern für ihr ganzes Leben. Ich kann mir vorstellen – nein, ich weiß –, daß die Ältestenrolle, wenn sie so kraß ausgeprägt ist wie bei mir in meiner Kindheit, negative Auswirkungen auf die Ehe hat. Denn man hat ja schon als Kind die Geschwister gehabt, die man geleitet hat, und wird deswegen auch in einer Ehe sehr viel schwerer zurückstecken. Man hat immer irgendwie eine Glanzrolle gehabt, eine bevorzugte Rolle, das habe ich immer so empfunden, vor allem durch das permanente Lob, das ich von meiner Mutter dafür einheimste – sie hat ja in mich hineingesehen wie in einen goldenen Kelch und tut das teilweise heute noch –, und das hat sich ausgesprochen negativ ausgewirkt auf mein späteres Leben, weil ich das auch von allen anderen Menschen so erwartet und eben nicht so bekommen habe! Das finde ich sehr negativ. Auf der anderen Seite, kann ich gut verstehen, wenn Frauen in führenden Positionen Älteste gewesen sind. Ja, sicher, ich bin schließlich auch von meiner frühesten Kindheit an gewöhnt, Entscheidungen zu treffen, Verantwortung zu tragen, das ist mir in Fleisch und Blut übergegangen! Und wenn ich heute mit zehn Leuten in einer Gruppe zusammen bin, bin ich sofort bereit, die Leitung zu übernehmen! So prägt das einen eben weiter!

Meine berufliche Laufbahn – bis zu meiner Heirat – war mit meiner Ältestenrolle absolut kongruent. Ich war jahrelang Chefsekretärin und habe ein ganzes Büro geleitet – da fühlte ich mich eben ganz in meinem Element. So empfand ich hier meine Ältestenrolle als ausgesprochen positiv – während sie für meine Ehe negativ war, weil ich einen Anspruch stellte, der nicht erfüllt wurde.

Ich habe es andererseits auch durchaus als positiv empfunden, daß wir nur Mädchen waren. Das hat – wenn ich es mir so überlege – mein Verhältnis zu Frauen generell sehr positiv beeinflußt. Ich habe die besten Freundschaften mit Frauen, habe gerne Freundschaften mit Frauen, bin gerne mit Frauen zusammen, ausgesprochen gerne.

Dieses ›Mit-Schwestern-Aufwachsen‹ hat für mich ein ausgesprochen positives Grundmuster abgegeben. Das lag vielleicht auch daran, daß unter meinen Schwestern keine so ausgesprochenen ›Weibchen‹ waren. Das hat nichts mit ›Weiblichsein‹ zu tun, sondern meint solche, die ihre ›Rivalinnen‹ immer wieder ›aus dem Feld schlagen‹ – aber das hätte unsere Mutter wahrscheinlich gar nicht zugelassen.

Meine Mutter hatte selbst sehr negative Erfahrungen mit ihrer Schwester, die sich immer so als ›Weibchen‹ verhielt, die log und stahl und trotzdem als blonde, strahlende Schönheit (meine Mutter war klein und schwarzhaarig) immer das vorgezogene Lieblingskind war. Das hat meine Mutter sehr gekränkt, deshalb ist sie auch so eine Gerechtigkeitsfanatikerin geworden.

Und als die beiden dann älter wurden, hat die Ältere immer versucht, meiner Mutter die Freunde auszuspannen. Deshalb hat unsere Mutter auch immer aufgepaßt, daß wir uns fair zueinander verhielten, und eines unserer eisernen Gesetze lautete: Die Freunde der Schwestern sind absolut tabu!

Intensiv ausgetauscht über Männer haben wir uns als Schwestern erst, als ich auch verheiratet war, als ich auch in den Kreis der Illustren eingetreten war! Vorher nicht. Und damit ist für mich auch erst die eigentliche positive Schwesternbeziehung zustande gekommen. Als wir alle schon verheiratet waren, da habe ich sie erst als eigenständige Persönlichkeiten empfunden. Wahrscheinlich hätte ich mich freiwillig mit meinen Schwestern nicht befreundet.

Fazit für mich ist eigentlich: Ich bin zwar stark geprägt worden durch meine Position als älteste Schwester, aber eigentlich bin ich damit gut zurechtgekommen. Es hat mir keine Probleme gemacht. Ich habe bis zum heutigen Tage nicht das Gefühl, daß wesentliche Teile meiner Persönlichkeit unterdrückt worden sind oder daß ich irgend etwas nicht hätte entscheiden können, wenn ich das nicht gewollt hätte. Obwohl – wenn ich in meinem Bekanntenkreis Mütter beobachte, wie die mit ihrer Ältesten umgehen, dann möchte ich sie warnen und ihnen sagen: ›Machen Sie nicht den Fehler, immer zuviel von den Ältesten zu verlangen: da zu sein, parat zu sein, lieb zu sein, zuverlässig zu sein etc.‹ Das wird übrigens immer nur von der Ältesten verlangt, während die anderen viel mehr Möglichkeiten haben, sich frei zu entfalten! Von den Eltern und der Umwelt wird auf die Ältesten ein enormer Druck ausgeübt. Und das ist nur mit einer gewissen Persönlichkeitsstruktur zu ertragen – sonst erleiden die Ältesten wirklich Schaden! Ich glaube, für mich habe ich keinen erlitten, ich glaube wenigstens. Trotzdem: Im Grunde habe ich mich immer als Einzelkind gefühlt, gefolgt von den anderen Schwestern, aber eben doch irgendwie getrennt.«

So, wie Katja ihre Schwesternbeziehung beschreibt, scheint sie eine ziemlich ›typische‹ Älteste zu sein. Was älteste Kinder – nicht nur älteste Mädchen – auszeichnet, ist dieses ausgeprägte Verantwortungsgefühl, mit dem sie auf die bewußten oder unbewußten Anweisungen der Mutter reagieren. Ältere Kinder haben wahrscheinlich gar keine andere Wahl, als auf die Ankunft des nächsten Kindes ›gut‹ zu reagieren. Täten sie das nicht, müßten sie um die Liebe der Mutter bangen, die, in ihren Augen, durch die Ankunft des zweiten sowieso fraglich geworden ist. Sie haben ja bisher wie im Paradies gelebt, aber das wird ihnen jetzt erst klar, da dieses Paradies gestört ist.

»Erste und einzige Kinder scheinen in der besten aller möglichen Welten zu leben, wenn man davon ausgeht, wieviel Liebe und elterliche Beachtung ihnen zuteil wird. Aber ganz so ist es auch wieder nicht. Durch die enge Beziehung zu den Eltern ist das erste Kind der ganzen Gewalt ihrer Liebe, ihrer Normen, Einstellungen und Werthaltungen ausgesetzt. Auch die elterlichen Disziplinierungs- und Beschützungsmaßnahmen treffen das Kind voll. Da erste Kinder meist stärker diszipliniert werden als spätere, entwickeln sie in der Regel ein strenges Gewissen. Wohl können sie sich zu aufrechten, starken Bürgern der Gesellschaft entwickeln, aber meist sind sie auch rigide und intolerant gegenüber Menschen, die ihren Normen nicht entsprechen.«[22]

Vielleicht liegt das daran, daß sie sich in einem frühen Alter einer für sie sehr schwierigen Norm beugen mußten: Du mußt lieb sein zu diesem kleinen Rivalen, der dir das wegnimmt, was du am meisten brauchst! Das ist ein schwerer Vorgang und prägt sich vermutlich sehr tief ein.

»Ältere Kinder brauchen Zustimmung. Sie sind für sozialen Druck empfänglich, und sie neigen dazu, ihre Meinungen zu verändern, um mit anderen übereinzustimmen. In ihrem Verhalten zu Autoritäten sind Erstgeborene meist konformer und halten sich mehr an allgemein akzeptierte Normen als andere Kinder. Die Grundstimmung reicht bei Erstgeborenen von empfindlicher Ernsthaftigkeit bis zur Depressivität ... sie sind sozial aufgeschlossen und haben ein starkes Verantwortungsgefühl. Oft haben sie keine Sympathien für sozial benachteiligte Gruppen. Sie sagen zwar: ›Wir müssen uns um die kümmern, die sich nicht selbst helfen können‹, aber in Wirklichkeit denken sie: ›Es ginge ihnen besser, wenn sie sich mehr anstrengen würden.‹«[23] Es scheint so, daß für die Ältesten dieses ›Entthronungserlebnis‹ die Grundlage für Einstellungen und Haltungen abgibt, die sie ihr Leben lang beibehalten. Ein schwaches Selbstwertgefühl durch den scheinbar plötzlichen Verlust der mütterlichen Zuwendung, verbunden mit der starken Aufforderung durch die Eltern, sich des Eindringlings liebevoll anzunehmen, kann, besonders für älteste Mädchen, zum Problem werden, auch wenn sie diese Rolle – wie Katja – perfekt annehmen. Selbst wenn Eltern heutzutage wissen, daß Eifersuchtsreaktionen bei Erstgeborenen fast zwangsläufig sind, gibt es immer wieder Mütter, die voller Stolz erzählen, daß *ihre* Tochter nie eifersüchtig war!

Elisabeth, älteste von drei Mädchen, Anfang 30 und seit einem halben Jahr Mutter eines Sohnes, Lehrerin von Beruf, erinnert sich wie es war, als ihre nächste Schwester geboren wurde:

»Das war richtig schon von vornherein auf Konflikt angelegt. Bevor sie geboren wurde, erzählte mir jeder, ich bekäme ein Geschwisterchen und wie toll und süß und herrlich das sei, so daß ich mich schließlich auch gefreut habe. Von der ganzen Schwangerschaft habe ich aber merkwürdigerweise nichts mitgekriegt, obwohl ich doch schon fünf war. Und dann kam meine Mutter mit ihr aus dem Krankenhaus, und alle machten so ein Theater, und das Kind war nur rot und schrie und sah einfach blöde aus! Da fühlte ich mich betrogen und war echt enttäuscht. Als sie dann älter wurde, kam das Übliche, daß ich auf sie

aufpassen mußte, und das habe ich immer sehr ungern
getan. Ich hab' immer versucht, mich davor zu drücken,
teilweise auch mit Erfolg. Ich wollte eigentlich nichts mit
ihr zu tun haben, aber ich wurde immer mehr oder weniger
dazu angehalten, sie auszufahren oder sie mitzunehmen.
Ich wollte kein anderes Kind dabeihaben.
Wir haben die wüstesten Auseinandersetzungen gehabt,
die zweite und ich, wir haben uns angebrüllt und geschlagen; die übelste Zeit war, als ich so 15 war und sie elf. Dann
fing ich an, mich zu Hause abzulösen. Mit 16 bin ich dann
ausgezogen, und da war's mir dann schon egal.
Aber als meine jüngste Schwester geboren wurde, da habe
ich mich gefreut, als ob es mein eigenes wäre – da war ich
auch schon zehn und betrachtete das unter ganz anderen
Gesichtspunkten. Ich fand sie herrlich, so niedlich, so süß –
ich war unheimlich stolz auf sie und hab' sie überall herum-
geschleppt. Ich hab' mit ihr gespielt, ihr schwimmen
beigebracht, sie war richtig *mein* Kind. Heute glaube ich,
daß ich Eva meiner Mutter richtig weggenommen habe,
aber als Kind sieht man das ja nicht so. Und wenn die
beiden Kleinen sich stritten, war ich natürlich immer auf
der Seite der Jüngsten!
Eva war für alle das niedliche Kleine, der süße Nachkömm-
ling, sogar für meine Mutter – sie hat zu ihr die meiste
Zärtlichkeit entwickelt und mein Vater auch. Ich war aber
nie eifersüchtig auf sie, ich fühlte mich auch nie bedroht –
die war ja so winzig!
Zu der Jüngsten habe ich überhaupt ein sehr intensives und
sehr inniges Verhältnis, zu der Mittleren nicht so. Das
wächst jetzt erst so ganz allmählich und mehr aus Ver-
nunft.
Und als mein Vater starb, da war ich 22, und da fühlte ich
mich erst recht verantwortlich! Das war für mich sehr
schlimm, als er starb, ich habe die letzten 14 Tage daneben
gestanden im Krankenhaus. Meine Mutter hatte mich
angerufen, als sie erfahren hatte, daß er nicht zu retten sei,
und gejammert: ›Was soll ich denn nur machen‹ und sich an
mich gelehnt. Ich bin dann hingefahren, hab' mich krank-
schreiben lassen, und Eva war da und guckte mich immer
mit großen, ängstlichen Augen an, und ich war mal wieder
die Große, die Starke, die alles machen mußte! Zum Glück
hatte ich da meinen Mann, der mir half. Ich war dann den
ganzen Tag mit meiner Mutter im Krankenhaus, und
abends habe ich mich um Eva gekümmert, die weiter zur

Schule ging, aber immer schlechter wurde. Ich habe mich dann abends zu ihr gesetzt und mir ihr geredet, über Gott und das Sterben und so, eigentlich Gespräche, die eine Mutter mit ihr hätte führen müssen. Dann starb er, und meine Mutter schrie nur noch, sie sah nur, daß *sie* ihren Mann verloren hatte, und nicht, daß die Kinder auch ihren Vater verloren hatten – und Eva war da ja noch ein Kind! Das habe ich meiner Mutter lange übelgenommen.

Mit 23 habe ich dann geheiratet und Eva in jede Ferien mitgenommen, denn nach dem Tod meines Vaters verstand sie sich mit ihrer Mutter überhaupt nicht mehr. Sie hat mich stundenlang angerufen und mir ihre Probleme erzählt, weil sie mit meiner Mutter nicht darüber reden konnte – mit der kann man einfach nicht reden. Schließlich habe ich sie hergeholt, sie studiert jetzt hier, und meine mittlere Schwester ist jetzt auch hier.

Meine nächstjüngere Schwester wollte überhaupt immer an mich heran und hat mich ständig kopiert. Vielleicht war sie eifersüchtig – auf das gute Verhältnis, das ich zu meinem Vater hatte. Aber mich hat das nie beunruhigt, ich war mir meines Vaters absolut sicher, und meine Mutter konnte sie ruhig haben! Aber bis heute habe ich das Gefühl, daß sie mich imitiert, ob es die Kleidung ist, die Einrichtung oder der Beruf: Sie hat eine sehr gute Ausbildung als Chemotechnikerin und will jetzt auf Lehrerin umschulen! Ich weiß nicht, warum. Aber ich kann mit ihr nicht darüber sprechen, sie ist sehr empfindlich und verschließt sich sofort.

Zu Eva habe ich ein Verhältnis wie eine Mutter zu ihrer Tochter. Sie hat mir ja früher immer alle ihre Probleme erzählt, und ich fand das ganz selbstverständlich. Erst seit unserem Schlüsselerlebnis in Dänemark, wo sie sich von mir gelöst hat, sehe ich sie auch mehr als Schwester oder Freundin. Also, das war so: Wir waren mal wieder zu dritt in Urlaub, Jens, Eva und ich. Ich war nervös und gereizt, irgendwie knisterte es schon die ganze Zeit zwischen uns, und dann brauchte es nur noch einen kleinen Auslöser, daß es krachte. Sie war zu der Zeit immerhin fast 18 Jahre alt und fühlte sich allmählich wohl zu abhängig, ich weiß nicht, jedenfalls hab' ich was gesagt, eine kleine Kritik, und sie hat alles hingeschmissen, ist rausgelaufen und hat zwei Tage nicht mehr mit uns gesprochen. Und das ging mir auf die Nerven! Das erinnerte mich an meine Mutter. Und ich hab' gedacht: ›Das darf doch wohl nicht wahr sein, daß sie

jetzt dasselbe anfängt wie meine Mutter!‹ Sie saß immerzu
da, sagte keinen Ton und strickte verbissen vor sich hin!
Und nach drei Tagen hab' ich es nicht mehr ausgehalten
und bin abends noch in ihr Zimmer gegangen und hab' sie
angemeckert und hab' gesagt: ›Ich halt' das so nicht aus, ich
find' das unmöglich!‹ Und sie solle jetzt endlich sagen, was
ist, und sie wäre ja wie Mutti! Und das war die schlimmste
Beleidigung, die ich ihr antun konnte! Und da haben wir
uns zum ersten Mal in unserem Leben beschimpft, haben
uns angeschrien und gezankt und waren richtig wütend!
Sie hat mir vorgeworfen, ich würde sowieso immer über sie
bestimmen und sie entmündigen, und mir blieb fast die
Spucke weg, nach allem, was ich für sie getan hatte! Ich
hatte ja schließlich wirklich viel gemacht für sie, viel
Rennereien, viel Mühe, Schule und Wohnung besorgt und
was nicht alles. Und ich fand das so ungerecht und hab'
zurückgeschrien, ob sie spinnt und warum ich das alles
wohl gemacht hab', doch nicht, um sie zu bevormunden,
sondern weil ich ihr so dies und jenes ersparen wollte und
weil ich ihr helfen wollte! Aber es war keine Einigung
möglich: Ich fühlte mich ganz ungerecht behandelt, sie
fühlte sich unverstanden, und am nächsten Tag hab' ich
gesagt: ›O.k., wenn du dich immer bevormundet fühlst,
warum bist du dann hier? Dann fahr doch nach Hause.‹
Und da ist sie sofort in ihr Zimmer gerannt, hat ihre
Klamotten gepackt und wollte losziehen! Und mir
schwammen alle Felle weg, denn ich konnte dieses Kind
doch nicht gehen lassen! Ich dachte, die findet doch nie
nach Hause – da war sie 18. Und ich machte mir Sorgen und
dachte, sie hat doch kein Geld – und sie packte, und mir
wurde ganz schlecht vor Angst um sie –, aber ich konnte
doch auch nicht zurück! Und sie wollte dann zu Fuß durch
die Dünen, und ich hab' gedacht, ich bringe sie mit dem
Auto – dann kann ich sie wenigstens noch an den richtigen
Bahnsteig bringen! Und dann kann ich noch herauskrie-
gen, ob sie auch genug Geld dabei hat! Ich hab' sie heimlich
noch beobachtet, ob sie wohl klarkommt, aber das klappte
wohl alles, und sie fuhr ab, und der nächste Tag war für
mich die Hölle! Ich wurde verrückt vor Sorge um sie. Und
dann hab' ich am nächsten Tag in ihrer Wohnung angerufen, mich aber nicht gemeldet, und als sie sich meldete – da
wußte ich, sie war angekommen und alles war o. k. Da war
ich auch irgendwie stolz, daß sie das geschafft hat! Danach
haben wir uns drei oder vier Monate nicht gesprochen –

jede erwartete von der anderen, daß sie den Anfang machte. Und dann hatte sie Geburtstag, und ich hab' einfach angerufen und ihr gratuliert – und da hat sie sich wahnsinnig gefreut. So hatten wir erst mal wieder Kontakt, und zwei, drei Wochen später haben wir über alles gesprochen, und dabei wurde uns dann erst klar, wie gut das gewesen war und wie wichtig! Und seit dem Zeitpunkt hab' ich keine Angst mehr um sie, auch wenn ich mal 14 Tage nichts höre von ihr.

Und jetzt, jetzt kann ich ihr auch meine Probleme erzählen, und das ist für mich unheimlich schön, weil mich das aus dieser schrecklichen, großen ›Alles-Könner-Rolle‹ befreit.

Im nachhinein habe ich dann gemerkt, daß es falsch war, sie vor bestimmten Erfahrungen bewahren zu wollen – ich hab' ja immer die Pflaster schon geklebt, bevor sie sich verletzt hatte! Ich hätte sie hinfallen lassen sollen und dann sagen sollen: ›Komm, ich helfe dir!‹

Ich fand diese Ältestenrolle durchaus nicht nur positiv. Dieses Immer-geradestehen-Müssen für alles, was die anderen gemacht haben! Denn die waren immer die Kleinen, und immer hieß es: ›Ja, konntest du nicht... ja, hast du nicht gesehen...‹ Das fand ich schrecklich. Immer hatte ich die Verantwortung. Das Positive war allerdings, daß ich mich auch entsprechend überlegen und unangefochten fühlte!«

Elisabeth ist mit ihrer Ältestenrolle anders umgegangen als Katja. Sie hat sich die Jüngste herangezogen und dann ähnliche Trennungsprobleme mit ihr gehabt wie eine Mutter mit ihrer Tochter. Eva Jaeggi bestätigt das aus ihrer Erfahrung als Psychologin: »Wir haben oft erlebt, daß sehr intensive Schwesternbeziehungen ähnliche Strukturen aufweisen, wie Eltern-Kind-Beziehungen, besonders was die Ablösung angeht. Das findet zum Beispiel häufig in Träumen seinen Ausdruck, wo die älteste Schwester genau die Funktion der Mutter übernimmt, gegen die man sich als Heranwachsende zur Wehr setzen muß.«

So, wie Mütter es nicht ertragen können, wenn die heranwachsenden Töchter sich ›abnabeln‹, so können älteste Schwestern ihre Rolle auch oft nur unter Schwierigkeiten aufgeben. Sie machen eine ähnliche Erfahrung wie die Mütter, eine Erfahrung, die mit dem Satz beginnt: ›Und das, nachdem ich *so* viel für dich getan habe!‹

Johanna ist eine jüngste Schwester, die aus ihrer Sicht ihre Beziehung zu der ältesten beschreibt, die für sie auch quasi eine Mutterfunktion übernommen hatte. Johanna hat seit zwei Jahren keinen Kontakt zu ihrer ältesten Schwester.

»Dieser nicht vorhandene Kontakt«, sagt Johanna, die, jetzt 36 Jahre alt, in einer Ausbildung zur Gesprächstherapeutin steckt und drei kleine Kinder hat, »ist meine freie Entscheidung. Ich habe mich dafür entschieden, nachdem wir eine sehr heftige Auseinandersetzung hatten, die für mich so verletzend und so massiv war, daß ich den Kontakt zunächst mal abgebrochen habe. Meine große Schwester kann eben bis heute nicht akzeptieren, daß ich *auch* groß geworden bin, daß ich auch eine Person bin, daß ich selbständig bin.

Dabei muß man bedenken, daß sie zu Beginn meiner Pubertät, so als ich zwölf, dreizehn war, für mich der wichtigste Mensch überhaupt gewesen ist. Mutterersatz. Da hab' ich mir sehr viel geholt. Und sehr viel bekommen. Aber in dem Maße, wie sie an Einfluß auf mich verlor, ich also erwachsen und reifer und eine eigene Persönlichkeit wurde, desto schlechter wurde unsere Beziehung. Ich glaube, das schmerzt sie heute noch, daß ich eine erwachsene Frau geworden bin und daß sie ihren Einfluß und ihre Bedeutung für mich verloren hat.

Ich weiß noch, zur Zeit der Studentenbewegung, in der politischen Arbeit, als es so gefragt war, sich antiautoritär zu verhalten, da hab' ich das sehr genossen, meiner Schwester eins auf den Hut zu geben und mich so als ganz toll politisch und links darzustellen. Und ihr klarzumachen, daß ich da weiter bin als sie! Und ich weiß auch jetzt, daß ich mich ihr in Diskussionen und Auseinandersetzungen überlegen fühle, und das regt sie sehr auf.

Womit ich im Augenblick nicht fertig werde und weswegen ich mich auch nicht großzügig ihr gegenüber verhalten kann, das ist ihre Aggressivität. Ich habe auch Angst vor ihr. Unsere Beziehung war ja sehr einseitig: Ich hab' sie bewundert und hab' das gemacht, was sie gesagt hat, bis zur Absurdität hin. Und Angst vor ihr habe ich, weil ich weiß, daß sie meine wunden Punkte kennt und benutzen würde gegen mich, weil wir das in unserer Familie so gut gelernt haben. Deswegen ist es auch ein gewisser Selbstschutz für mich, daß ich keinen Kontakt zu ihr habe im Moment. Ich hab' mir für mich vorgenommen, daß ich, solange ich für mich nicht ein Stück weiter bin in der Beziehung zu meiner Schwester, keinen Kontakt haben will. Das kann und will ich nicht mit ihr direkt austragen, dafür geh' ich in die Therapie. Ich muß mit ihr sicher etwas klären, denn ich will nicht bis an mein Lebensende mit ihr verkracht bleiben, aber unsere ganze Familienkiste ist so verworren, da sind so viele Absurditäten drin, daß meine Schwester, wenn es zu einer Aussprache käme, auch von mir eine ganze Menge abbekommen würde, was sie gar nicht verdient. Und andererseits bekomme ich von ihr eine ganze Menge Aggressivität ab, die ich nicht verdiene.«

Älteste zu sein ist nur selten eine zeitlich begrenzte Rolle, wie es Katja beschrieben hat, die sich seit Jahren nicht mehr als Älteste fühlt. Viele älteste Schwestern behalten ihre Rolle und ihr Verhalten auch noch bei, wenn die Schwestern längst selbständige Frauen geworden sind.
Ruth, dritte von vier Mädchen, verheiratet und Mutter von zwei schon fast erwachsenen Söhnen, sagt über ihre älteste Schwester:

»Sie hat sehr lange die Führungsrolle gehabt. Ich weiß noch, als mein erster Sohn geboren wurde und ich danach wieder anfangen wollte zu arbeiten, daß sie mir das quasi verboten hat mit den Worten: ›Denk doch mal, was die Mutter gesagt hätte!‹ Was sollte ich da machen? Dieser Satz genügte. Sie fühlte sich immer noch verantwortlich, weil sie die Älteste war, und sie tat immer so, als wüßte sie, was Vater *und* Mutter sagen würden, auch als die schon lange tot waren. Aber niemals hätte ich mich getraut, gegen das anzugehen, was meine älteste Schwester mir nahelegte!«

Lucille Forer: »Was die Persönlichkeitsentwicklung betrifft, so ist das älteste Kind meist konservativ, es spiegelt die Sitten und Einstellungen der Eltern wider und verfügt über eine starke Selbstkontrolle. Unabhängig vom Geschlecht ist das älteste Kind meist dasjenige, das die Gewohnheiten der älteren Generation in die jüngere hinüberträgt.«[24]

Cornelia, ebenfalls älteste von vier Mädchen, hat wiederum anders auf ihre Ältestenrolle reagiert:

»Ich hatte so eine Mittlerfunktion zwischen Mutter und den Kleinen. Wenn die Kleinen etwas machen sollten oder lassen sollten, wurde ich herangezogen und sollte ihnen das sagen oder vermitteln. Aber da ich Hemmungen hatte, irgendwelche Autorität auszuüben, habe ich eine ganz gute Überredungsgabe entwickelt und ein gewisses Geschick, etwas durchzusetzen, ohne daß ich allzusehr dominierte. Ich wurde geliebt und geachtet von meinen Schwestern, aber die Kleinen mußten mir auch helfen, mich gegen die zweite durchzusetzen, die war nämlich die Schwierige, der Rebell. Ich war das ›brave‹ Kind, still und in mich gekehrt. Störte nicht weiter und machte auch nicht viel. Als ich noch die einzige war, das weiß ich aus den Tagebüchern meiner Mutter, da war ich sowieso lieb und pflegeleicht. Dann kamen die anderen: Die zweite war ein Schreikind, die schrie und spuckte ständig, die Jüngste kränkelte viel, und die machten dann die konkreten Sorgen. Ich lief mehr so im Windschatten mit, brav und unauffällig.
Ich weiß noch genau, einmal hat meine Mutter mir ein kleines Holzpferd mitgebracht, weil ich so gebettelt hatte, sie möge mir doch mal was schenken. Das war dann meine ganze Wonne, weil ich auch mal was erreicht hatte mit Betteln, obwohl ich sonst eigentlich immer zu kurz kam mit meinen Bedürfnissen, emotional und materiell.«

Cornelia sieht ihre Rolle heute so:

»Älteste zu sein hatte sicher einige Vorteile, aber man mußte eben auch immer zurückstehen, weil andere Sachen wichtiger waren. Da bei uns Streit absolut verboten war, mußte ich andere Strategien entwickeln, um mich durchzusetzen, dadurch habe ich nie gelernt, mich aktiv auseinanderzusetzen. Das habe ich nicht gelernt, und das fehlt mir. Aber meine stark ausgeprägte Hilfsbereitschaft hat sicher etwas mit meiner Ältestenrolle zu tun. Ich kümmere mich gerne um andere. Das hat sicher auch zu meinem Beruf geführt: Ich arbeite in einer Beratungsstelle, und das macht mir Freude. Ich kann mich sicher leichter zurückstellen als andere. Es fällt mir auch leicht, mehrere im Blick zu haben, dafür zu sorgen, daß es allen gutgeht. Meine beiden engsten Freundinnen sind übrigens auch älteste Schwestern. Ich weiß nicht, was das heißen könnte, aber wenn ich an mich und diese Freundinnen denke, dann fällt mir als erstes das Wort ›vernünftig‹ ein, vernünftig und ein bißchen ernster als andere.«

Älteste Mädchen von mehreren Geschwistern werden fast automatisch in diese pflegerische Haltung hineingedrängt, weil sie ja auch der gesellschaftlichen Auffassung von ›Frau-Sein‹ so gut entspricht: »Dienen lerne beizeiten das Weib nach seiner Bestimmung.« Verantwortungsbewußte, opferbereite Mädchen zu erziehen ist für viele Eltern ein Erziehungsziel, mit dem sie sich identifizieren können. Wobei das Verantwortungsbewußtsein und der damit verbundene Führungsanspruch wiederum auch nicht zu stark ausgeprägt sein dürfen, sonst kommen die Frauen auch wieder in Konflikte:
»Ich habe das schon öfter zu hören bekommen«, sagt eine 21jährige, Älteste von zwei Mädchen, »daß ich mich wie eine Älteste verhalte, so in Freundesgruppen. Ich habe sehr schnell eine dominante Rolle, eine Beschützerrolle. Einmal hat mir auch ein Mann sehr deutlich gesagt, daß ihm das nicht paßt – das wäre schließlich *seine* Rolle!«
Behüten und beschützen, ja – führen und bestimmen, nein. Diesen Widerspruch müssen älteste Schwestern heute immer noch zu lösen versuchen, wenn sie sich den herrschenden Vorstellungen von Frau-Sein anpassen wollen.
Wenn älteste Schwestern aber aus diesen Rollenvorschriften ausscheren und sich, unabhängig von diesem Diktat, eine eigene Lebenseinstellung zurechtmachen, müssen sie unter Umständen die Entfremdung von der ganzen Familie in Kauf nehmen, was sie um so härter trifft, als sie in der Kindheit die Erfahrung gemacht haben, daß sie auf die Zustimmung der ganzen Gruppe angewiesen sind. Einzelkinder haben es immer nur mit den Eltern zu tun. Zustimmung oder Ablehnung trifft sie gleichermaßen. Kinder aus größeren Familien trifft aber nicht nur die Ablehnung der Eltern, wenn sie sich bestimmten Verhaltensregeln entziehen, sondern auch noch die Ablehnung der Geschwister, wenn diese sich mit den Eltern identifizieren. So verstärkt sich das Gefühl des Ausgestoßenseins. Genauso kann aber in größeren Familien die

Ablehnung durch die Eltern durch die Zustimmung der Geschwister ein Stück weit wieder aufgefangen werden.

Gerda ist die älteste von drei Schwestern, eine, die sich aufgelehnt hat gegen die Verhaltensanweisungen ihrer Eltern und die sich dadurch ihrer gesamten Familie entfremdet hat. Gerda ist 29 Jahre, lebt auf einem kleinen Hof im Niedersächsischen. Sie webt und spinnt Wolle, sie betreibt ein kleines Café im Dorf, ab und an organisiert sie Tourneen für irische Musiker. Sie lebt mit einem Mann zusammen, der töpfert und von dem sie jetzt das zweite Kind erwartet. Heiraten will sie nicht, warum auch? Sie macht einen ausgeglichenen, ruhigen, aber auch einen sicheren Eindruck, sie scheint die Lebensform gefunden zu haben, die zu ihr paßt. In erster Linie hat sie sich mit ihrer um zwei Jahre jüngeren Schwester auseinandergesetzt:

»Meine Schwester und ich sind sehr unterschiedlich. Das ist schwer zu beschreiben. Ich versuche immer neue Sachen für mich, immer irgendwie weiterzukommen. Ich möchte zum Beispiel heute nicht wissen, was ich in zehn Jahren tue. Meine Schwester hat nach einem prima Dolmetscherexamen die Sicherheit in einem Büro gesucht. Ich hab' immer Leute gesucht, von denen ich was lernen kann, meine Schwester meint, auf andere könne man sich nicht verlassen.

Einen Sommer sind wir durch Deutschland getrampt, da war sie 16 und ich 17, und für mich war alles faszinierend, was da passierte, weil es das ganz andere war. Aber sie ist nach zwei Wochen ausgestiegen aus dem Trip, der damals drei Monate gehen sollte, denn sie konnte das alles nicht ab: draußen schlafen und nichts Vernünftiges essen, weil man kein Geld hat. Also, sie ist dann nach Hause gefahren, und das hieß für mich: Sie macht nichts mit, sie hält nichts durch, sie ist spießig, Hauptsache, sie hat ihr Bett und ihr Essen, die interessiert sich für nichts. Ich hab' das Ganze ja sowieso immer gegen den Widerstand meiner Eltern gemacht, die meinten, ich sei unnormal. Es gab so einen Spruch meiner Eltern, der hieß: ›Man muß warten können!‹ Ich wollte nicht warten, ich wußte ja nicht, worauf. Ich hab' auch nicht gewartet, sondern immer intensiver meine Sachen gemacht.

Und meine Schwester lebt bis heute in total bürgerlichen

Kategorien, sie ist geprägt von meinen Eltern, das heißt, sie führt genau das fort, was meine Eltern in sie hineingelegt haben, also: Man muß sein Geld verdienen, da kann man sich nicht aussuchen, was man will! Und weil man frustriert ist und das nicht kann, kompensiert man das, indem man sich 'ne teure Wohnung kauft, indem man in tollen Klamotten rumläuft... Sie findet, daß ich primitiv lebe, daß ich keine gesellschaftlichen Ansprüche habe. Na ja, ich bin eben eindeutig das schwarze Schaf der Familie. Ich bin ja nichts geworden und hab' noch nicht mal 'nen anständigen Beruf. Meine Mutter kann bis heute nicht akzeptieren, wie ich lebe. ›Warum muß bei dir denn immer alles anders sein!‹ Sie findet mich schlampig, sie findet mich gammelig, sie findet, daß ein Mensch Ehrgeiz haben muß und was leisten muß! Und daß ich nun ein Kind habe und bald ein zweites und nicht heiraten *will*, daß ist für sie der Gipfel. Jahrelang hat sie natürlich geglaubt, Paul wollte mich nicht heiraten – dabei würde er gerne!

Ich erinnere mich, daß ich mich eigentlich immer gegen die Rolle der ältesten Schwester gesträubt habe. Es gab Phasen, in denen Gudrun und ich totale Konkurrenten waren, was meist von mir ausging. Als sie aufs Gymnasium kam, hatte ich das Gefühl, die kommt nur, um mir meine Freunde wegzunehmen! Es gab eine Zeit, da sind wir nicht in denselben Bus eingestiegen, wenn wir in die Schule fuhren. Ich hab' nie eingesehen, warum ich immer durch alles allein durchmußte, und sie meinte dann, dadurch, daß ich schon alles wußte, könnte sie sich's bequem machen. Sie hat mich nicht gestört durch das, was sie war, sondern dadurch, daß sie wollte, was ich hatte. Sie ging nicht hin und machte ihre Sachen, sondern sie ging in *meine* Sachen rein, und meine Mutter unterstützte das noch: ›Du mußt ihr doch helfen, du bist doch die Ältere!‹ Das besserte sich erst, als sie auf eine andere Schule ging – da bekamen wir ein gutes Verhältnis, weil ich nicht mehr das Gefühl hatte, sie will mir was wegnehmen. Und das blieb so, bis zu dieser Sommerreise. Danach fühlte ich mich wieder sehr allein.

Ich hab' mit meiner Schwester eigentlich nie über Probleme gesprochen. Doch, einmal, da war ich so 19, da haben wir mal über Männer und Beziehungen gesprochen und festgestellt, daß wir uns beide immer in ähnliche Typen verlieben, aber das war das einzige Mal, daß ich mit ihr ein richtiges Gespräch geführt habe. Ein Vertrauensverhältnis hatten wir nie.

Meine jüngste Schwester hat nicht die Rolle gespielt, die war zu weit weg, zu klein. Außerdem war sie noch fixierter auf meine Mutter als die Gudrun. Ich konnte mit meiner Mutter sowieso nie viel anfangen. Das war für mich eine Frau, die sich für ihren Mann aufgerieben hat, und sonst nichts. Und mein Vater war jahrelang *die* Bezugsperson für mich, einfach riesengroß. Bis ich gemerkt hab', daß da nicht viel dahinter war. Meine Eltern hatten eine sehr kaputte Beziehung über all die Jahre, ich wollte meiner Mutter dann mal helfen, da rauszukommen, aber sie zog es vor, noch ein Kind zu kriegen, um ihre Ehe zu retten, was natürlich Quatsch war.

Als ich hier aufs Land gezogen bin, war meine jüngste Schwester 15, hatte keine Lust mehr auf die Schule und wollte weg. Sie wollte wohl Schreiner werden und kam hierher und meinte, sie wollte von zu Hause ausziehen, mit meinen Eltern, das wär' so schwierig, und dann war sie drei Wochen hier, und ich hab ihr alles gezeigt, was man hier machen kann und was die Leute hier machen, hab' ihr gezeigt, daß man auch allein leben kann mit 15, daß es besser ist für sie, zu gehen, wenn sie es zu Hause nicht aushält. Das hat sie auch alles sehr euphorisch aufgenommen, und ich hab' ihr dann aber auch gesagt, sie solle noch ein Jahr warten und erst mittlere Reife machen und alles gut im Kopf behalten und solle für sich was draus machen, aus der Zeit. Und als sie dann wieder zu Haus war, rief mich meine Mutter an und meinte, ich wäre unverschämt, ich würde ihr auch noch ihr letztes Kind nehmen und ich sollte ihr nicht immer vermitteln, daß man alles jetzt haben könnte, sie müsse noch warten. Und sie hat es geschafft. Meine Schwester war ein halbes Jahr später noch mal hier und hat mir vorgeworfen, ich hätte sie manipuliert und hätte sie in eine bestimmte Richtung pressen wollen. Dabei waren das alles Sachen gewesen, die nicht von mir, sondern von ihr gekommen waren, und seitdem hab' ich keine Lust mehr – ich meine, wenn sie kommt und was von mir will, o. k., aber sonst mach' ich nichts mehr, weil ich danach wieder diejenige bin, die sie manipuliert. Meine Mutter hat ihr, als sie von zu Hause weg wollte, im oberen Stock unseres Hauses ein Appartement eingerichtet, und da wird sie dann wohl bleiben. Gutbürgerlich. Da ist nichts anders, als es bei meinen Eltern war.«

Gerdas Verhalten als Älteste scheint insofern untypisch, als sie versucht, sich aus den Konventionen und Wertvorstellungen der Eltern zu befreien. Dies kann aber auch einfach eine Reaktion auf das Verhalten der zweiten Schwester gewesen sein, denn der Abstand zwischen Gerda und Gudrun ist nicht groß.

»Das zweite Kind ist eine Bedrohung fürs erste ...es wird nun entweder aufgeben oder kompensieren, indem es versucht, an der Spitze zu bleiben, mindestens auf gewissen Gebieten. Ähnlich ist die Beziehung des zweiten Kindes zum ersten. Es ist über die Fortschritte des ersten nicht erfreut und wird es entweder zu übertreffen trachten, oder es wird ganz aufgeben. Die Bedeutung der Reihenfolge hängt völlig davon ab, wie das einzelne Kind sie deutet. Nicht alle Erstgeborenen bemühen sich automatisch, an der Spitze zu bleiben.«[25]

Bei Gerda und Gudrun haben sich in gewisser Weise die typischen Rollen verkehrt: Die zweite ist die Angepaßte, die Älteste die Rebellische. *Wie* die beiden ihre unterschiedlichen Felder gefunden haben, ist nicht so wichtig – viel wesentlicher ist es, daß sie zwei *unterschiedliche* Felder gefunden haben. Denn bei gleichgeschlechtlichen Geschwistern ist die innerfamiliäre Feldsuche besonders wichtig – wenn man sich schon nicht durch das Geschlecht unterscheidet. Ist die erste brav und angepaßt, ist die zweite rebellisch (das Beispiel der ›braven‹ Cornelia und der ›schwierigen‹ zweiten ist hier typisch) und umgekehrt: Gerda ist die rebellische Älteste, folglich ist Gudrun eben eine ›brave‹ zweite. Älteste müssen sich oft durchbeißen, wenn sie ein anderes Rollenangebot suchen als das, welches die Mutter ihnen bietet. Jüngere Schwestern haben es da leichter: Sie können sich an der Mutter orientieren *oder* an einer der Schwestern. Was typisch an Gerda in ihrer Rolle als Älteste bleibt, ist, daß sie sich in einer unterschwelligen Weise doch für ihre Schwestern verantwortlich fühlt, sie versucht oder versuchte immer wieder, den Kontakt aufzunehmen, eine Beziehung herzustellen. »Ich hab' Gudrun immer wieder geschrieben, daß ich gerne mal mit ihr über früher reden wollte, aber sie hat nie geantwortet. Sie wird wohl kein Interesse daran haben.« Eine deutliche Trauer ist da herauszuhören.

Es scheint so, als ob die Ältestenrolle eine undankbare Rolle ist: Gefordert zu Aufgaben, die man – eigentlich – gar nicht übernehmen möchte und die einem dann ein Leben lang anhängen, wird man gehindert, eigenständige Muster aufzubauen und zu entwickeln. Wenn man das trotzdem versucht, entfernt man sich dadurch von der Familie. Die positiven Aspekte der Ältestenrolle sollen nicht übersehen werden. »Älteste können«, sagt Eva Jaeggi, »ein sehr gutes Polster kriegen, denn sie haben eine Reihe positiver Erlebnisse und Bestätigungen bekommen, die den nachfolgenden Schwestern nur noch geteilt zukommen. Wenn älteste Mädchen eine Zeitlang die ungeteilte Liebe ihrer Eltern bekommen haben, so kann dies zu einem sehr stabilen Selbstwertgefühl führen. Wenn sich zum Beispiel einige Frauen um eine Position bewerben, so hat eine in diesem Sinne erzogene Älteste die besten Chancen, diese Position zu kriegen, denn sie ist sich sicher, daß sie *ihr* zusteht. Sie geht einfach mit dem Gefühl in diese Bewerbungssituation, daß sie bekommt, was ihr Recht ist. Und das funktioniert dann auch: Sie wird diese Position bekommen!« Eva Jaeggi muß lachen, als sie das sagt. »Ich muß das ja wissen,« sagt sie, »denn ich bin so eine Älteste!«

Eine amerikanische Untersuchung über Topmanagerinnen bestätigt das: Sämtliche Frauen waren Erstgeborene, entweder Einzelkinder oder die Ältesten in einer Familie mit maximal drei weiblichen Geschwistern.[26] Wenn ältesten Mädchen eine Zeitlang oder besser: lange genug die elterliche Zuwendung zuteil wurde, dann muß die Leistungsorientiertheit keinen Schaden anrichten.

Margret Mead ist wohl das beste Beispiel für so eine Älteste. Sie hatte noch vier jüngere Geschwister. »Mein Vater nannte mich liebevoll ›mein kleiner Knirps‹«, schreibt sie in ihren Memoiren. »Als mein Bruder zwei Jahre später geboren wurde, wurde ich zum ›Urknirps‹ und Dick hieß der ›Knirpsjunge‹. Das war eine Umkehrung des üblichen Musters, nach dem das Mädchen nur eine weibliche Abart des wahren menschlichen Wesens, des Jungen, ist...« Und weiter: »Es wurde nicht nur verhindert, daß Richard, der zwei Jahre jünger und bedeutend schwächer war als ich, typische Jungenssachen machte, die mir als Mädchen verboten waren, sondern er wurde sogar davon abgehalten, viele der wilden Dinge zu treiben, die mir erlaubt waren...mein einziges

Gefühl der Benachteiligung rührte daher, daß ich mich wie ein Junge und nicht wie ein spitzenberüschtes Mädchen anziehen mußte.« Aus ihren Kindheitserinnerungen klingt durch, daß sie ein erwünschtes, geliebtes und voll anerkanntes Kind war, für das der Vater und die Mutter in je eigener Weise Vorbild waren. Als sie glaubt, nach dem College heiraten zu müssen, weil das der guten amerikanischen Sitte entsprach, bietet ihr Vater ihr eine Weltreise an und verhindert so, daß seine Tochter sich einer herrschenden Norm unterordnet. Trotzdem kennt auch Margret Mead von ihrem Vater den Satz: »Schade, daß du kein Junge bist, du hättest es weit gebracht!«[27] Von der Großmutter zu präzisen Beobachtungen ihrer jüngeren Schwestern angeleitet und dazu, diese Beobachtungen, wie die Mutter es tat, fast täglich zu notieren, findet Margret Mead schon als Kind in ihrer Familie die Grundlage für ihren späteren Beruf als Ethnologin, der sie so berühmt machte.

Älteste Mädchen haben, so könnte man resümieren, eine bessere Chance als die nachfolgenden, ihre Fähigkeiten zu entfalten, wenn sie nicht eingefangen werden in den üblichen Normvorstellungen über das, was Frauen in unserer Gesellschaft zu tun haben und was nicht. Selbstvertrauen in Verbindung mit Leistungsbereitschaft und der Freude, Verantwortung zu übernehmen, sind eigentlich geradezu ideale Voraussetzungen, selbständig eigene Vorstellungen und Lebenskonzepte zu entwickeln. Leider haben immer noch viel zu wenig älteste Schwestern diese Voraussetzungen.

Kapitel 2

Die zweite: Die Usurpatorin

Vera, 46 Jahre alt, ist die nächstjüngere Schwester von Katja.
Ihre Erinnerungen an die Schwestern beginnen natürlicher-
weise mit Erinnerungen an Katja – die, abgesehen von den
Eltern, die erste Person ist, mit der sie sich auseinandersetzen
mußte.

»Meine älteste Schwester ist ›nur‹ zwei Jahre älter als ich,
aber ich hab' immer das Gefühl gehabt, daß sie sehr weit
weg war von mir. Sie hat sehr früh, als ich noch in den
Windeln lag und sie gerade laufen konnte, meinen Kinderwagen geschoben, mir die Flasche gegeben, sie hat mir den
Popo abgeputzt. Sie war von drei Jahren ab – als ich so
sechs Monate alt war und sie an mich ran durfte – eigentlich
meine Mutter. Und so habe ich sie auch empfunden. Viele
von den Aggressionen, die eine Tochter sonst vielleicht an
der Mutter abreagiert, habe ich an ihr abreagiert. Ich
glaube, daß ich sie sehr früh als jemanden betrachtet habe,
dessen Stamm ich absägen muß! Den ich triezen kann.
Dabei habe ich sie sehr gemocht! Sie war für mich eine
ungeheure Beschützerin! Sie war für mich zuständig. Aber
wie jede Autorität und jede schützende Hand eben auch
lästig ist, war sie jemand, gegen den ich eben auch dauernd
anstinken wollte, und ich habe sie irgendwie wahrscheinlich sehr gequält.
Ich erinnere mich ganz deutlich an eine Begebenheit, da
war ich ungefähr sechs und sie neun. Da war in unserer
Stadt ein Flugzeug abgestürzt, und wir kamen am
Wrack vorbei, und ich fragte sie: ›Was ist denn das?‹, und
da sagte sie: ›Das weiß ich nicht!‹ Und das war für mich ein
absoluter Schock! Ich hatte bis dahin gedacht, die wüßte
alles!
Dann kamen aber auch immer so Sachen vor, die mich sehr
gestört haben: daß sie mir vor anderen Kindern die Nase
putzte! Oder mir mit ihrem Taschentuch oder Kleiderär-
mel den Mund abgeputzt hat – das habe ich gehaßt, aber
irgendwie fand ich es auch richtig. Ich wäre nie auf die Idee

gekommen, mich bei unserer Mutter darüber zu beschweren, denn sie hatte wohl das Recht dazu. Ich habe mich nur darüber geärgert und habe es ihr auf andere Art heimgezahlt! Sie war körperlich sehr viel größer, ein ganz anderer Typ, und ich mußte immer ihre Kleider auftragen, fiel aber praktisch immer durch den Ausschnitt durch – das heißt, sie war eine Matrone, ein kräftiges Mädchen, und ich war ein ganz kleines dünnes Kind von Anfang an. Wir sahen uns auch überhaupt nicht ähnlich, und die Jungen, die uns später kennenlernten, haben gelacht, wenn wir gesagt haben, wir seien Schwestern! Wir waren zwei völlig verschiedene Menschen.

Ich habe sehr früh ihre körperliche Überlegenheit gespürt – sie hat mir auch eine geknallt oder ist sonstwie auf mich losgegangen, aber ich habe nie mit fairen Mitteln dagegen gekämpft. Ich habe gebissen oder bin mit den Füßen in ihre Haare gegangen oder ich habe sonst wütende Sachen gemacht, aber ich hätte mich nie mit ihr geschlagen, denn da hätte ich keine Chance gehabt! Und ich habe ganz früh versucht, sie mit der Sprache ›zu schlagen‹, und ich konnte sie zur Wut bringen mit Worten! Und damit waren unsere Rollen im Alter von zwei und vier Jahren ziemlich eindeutig zugeteilt. Aber auch positiv.

Ich habe es noch im Ohr! Wir schliefen lange alle vier in einem Zimmer, und ich höre es noch: Wenn einem von uns nachts die Bettdecke heruntergefallen war, wenn einer irgendwas hatte: ›Katja, mir ist kalt‹ – ›Katja, meine Bettdecke ist weg‹ – ›Katja, ich muß mal‹ – ›Katja, mir ist schlecht‹. Ich habe das immer *auch* gehört, was die Kleinen da gesagt haben, aber es wäre mir in meiner ganzen Kindheit nicht im Traum eingefallen, einmal zu sagen: ›Bleib liegen, Katja, *ich* mach' das!‹ Ich habe sie immer aufstehen lassen. Sie tat mir auch schon manchmal leid – sie war einfach unsere allgegenwärtige Mutter!

Für meine Eltern war das natürlich sehr praktisch, die hatten eben den geborenen Babysitter im Haus, und ich glaube, sie haben das auch ausgenutzt. Ich halte das rückblickend für sehr schlecht, daß sie diese Haltung meiner ältesten Schwester so benutzt haben, denn sie brachten sie damit natürlich in ein ungeheures Dilemma! Und irgendwie war sie von uns anderen Geschwistern dadurch getrennt.

Zumal ich dann, als das dritte Kind geboren wurde, diese Schwester auf meine Seite zog und sie als Verbündete gegen

111

die Älteste gewann. Und das auch irgendwie schamlos tat. Meine älteste Schwester tat mir dabei immer auch leid – ich wußte schon, was ich ihr antat damit, aber ihre Überlegenheit war eben so groß, daß ich dachte, ich kann das tun, die kann das vertragen – was ich heute nicht mehr so sehe. Und meine Eltern hätten das stärker bemerken und etwas dagegen tun müssen.

Meiner ältesten Schwester blieb dann nichts weiter übrig, als sich die jüngste Schwester auf ihre Seite zu ziehen, und wie es sich so ergab, waren die beiden ›Außenposten‹ und die beiden ›Mittleren‹ sich im Charakter ähnlicher.

Ich habe trotzdem uns Schwestern sehr als Einheit empfunden. Wenn ich das so erzähle, dann wird mir klar, wie wenig unsere Eltern bei meinen Erinnerungen eine Rolle spielen! Wir haben sehr viel vergnügte Stunden miteinander gehabt. Wenn die Eltern weg waren, haben wir uns nie verlassen gefühlt, und dann haben meine älteste Schwester und ich uns auch untereinander recht gut verstanden, haben dann die beiden Kleinen ein bißchen ausgetrickst, haben unsere Spiele gespielt, bei denen die nur Zuhörer sein durften. Wir haben auch zusammen getobt und Sachen gemacht, die uns die Eltern verboten hatten. Aber wenn dann gestraft wurde, wurde sie immer ein wenig mehr bestraft, denn sie hätte das eigentlich verhindern müssen! Das fanden wir auch ganz in Ordnung, denn wir haben ja nur gefolgt – vielleicht sie ein bißchen mitgerissen, vielleicht auch sozusagen angestiftet –, aber wenn sie dann bestraft wurde, mußte sie sehen, wo sie blieb.

Trotzdem haben wir dadurch ein Gruppenerlebnis gehabt, das anderen Geschwistern vielleicht fehlt. Wenn man schon wählen muß, halte ich dieses Verfahren für besser, als wenn die Eltern sich dauernd einmischen, lauter Kinder großziehen, die miteinander rivalisieren. Unsere Eltern haben sich in meiner Erinnerung immer ziemlich rausgehalten.

Wir waren altersmäßig ziemlich dicht zusammen und konnten dann schon bald Sachen gemeinsam machen. Wir drei Ältesten haben dann eine Zeitlang die Jüngste ein bißchen ausgeschlossen, obwohl sie nur anderthalb Jahre jünger als die dritte war, aber sie war ein völlig anderes Kind. Deswegen gab es lange Zeit eine Koalition der drei Älteren, nicht aus böser Absicht – aber sie gehörte irgendwie noch nicht dazu. Die dritte war in ihrer Entwicklung immer ein bißchen früher dran, so daß sie sich dem

Altersdurchschnitt der beiden Älteren anpaßte und den Altersabstand überbrückte. Die vierte war wieder so ein typisch deutsches Kind, ein blondes Pummelchen, ein etwas rauhbeiniges, niedliches, dickes Ding, mit dem wir Älteren aber gar nichts anfangen konnten.

Mein Vater: ein fröhlicher und gütiger Mann. So habe ich ihn in Erinnerung. Von Anfang an habe ich das Gefühl gehabt, daß er mich sehr liebte. Heute denke ich, daß er – bis ich kam – meine älteste Schwester sehr geliebt hat. Er war ein Vater, der sich über jedes Kind, das kam, sehr freute, keine Erwartungen an die Kinder hatte, sondern sie nahm, wie sie waren, und deshalb auch nicht darüber traurig war, daß es Töchter waren. Er freute sich über die Kinder, machte Gedichte auf sie zur Geburt, aus denen so viel Liebe spricht – ich glaube nicht, daß er enttäuscht war. Enttäuscht war nur meine Mutter, die es aufgrund ihres schwachen Selbstwertgefühls nötig gehabt hätte, mit Söhnen zu glänzen, natürlich mit beruflich erfolgreichen Söhnen. Sie hätte gerne gesagt ›Mein Sohn, der Chirurg‹ – ›Mein Sohn, der Professor‹ – in ihren Söhnen hätte sie sich verwirklichen können, und das wäre dann *ihr* Produkt gewesen. Sie hat deshalb auch immer ihre Töchter zu beruflichen Erfolgen gedrängt, geriet dann aber selber in eine Ambivalenz zur üblichen Frauenrolle. Sie hätte natürlich ihre Töchter gerne schön *und* erfolgreich mit Männern gesehen, aber gleichzeitig eben auch möglichst promoviert und Professorin – also alles. Mein Vater war da nicht so fordernd und erwartungsvoll.

Ich war eigentlich ein ziemlich kränkliches, schwaches Kind, aber ich war sehr zäh und hab' mich immer bemüht, meinem Vater die Sportskameradin zu sein. Das hat ihn wohl sehr gerührt. Wenn wir Wanderungen machten, war es bei meiner älteren Schwester selbstverständlich, daß sie gut mitmachte, denn sie war ja groß und sportlich, bei mir war's eben toll und bewundernswert! Ich hör' ihn immer noch mit strahlendem, liebevollen Blick sagen: ›Ach, die ist ein zähes Luder!‹ Das war für mich immer das größte Lob! Damit hab ich ihn ganz früh auf meine Seite gezogen. Außerdem war ich auch äußerlich meiner Mutter sehr ähnlich, so daß er in mir seine Frau noch mal ganz klein und handlich zur Verfügung hatte. Ich habe auch sehr früh versucht, mich auf seine Interessen und Hobbys einzustellen. Denn ich wollte ja, daß er mich liebte. Ich hab' alles gierig aufgesogen, was er mir zeigte, ich war immer begeistert dabei, und das vergalt er mir mit sehr viel zärtlicher Anhänglichkeit. Ich war *sein* Kind. Und ich bin sicher, daß ich auch von Anfang an in einer gewissen Rivalität zu meiner Mutter war. Sie war auch ein bißchen eifersüchtig, sie hat es aber immer scherzhaft überspielt, denn ihrem pädagogischen Verständnis nach konnte man nicht auf eine Tochter eifersüchtig sein, aber es war immer ein Korn Wahrheit dabei. Und das hab' ich genossen. Ich hatte das Gefühl, daß meine Position stärker war. Meine Mutter war immer irgendwie mit dem Haushalt und mit den Kindern beschäftigt, und ich teilte mit meinem Vater die höheren Dinge, das fand ich herrlich. Und das wäre bis heute eine Rolle, die ich gerne leben würde.

Wie gesagt, meine nächstjüngere Schwester zog ich mir als Knappen heran, und zwar sehr bewußt. Das war sehr schön für mich, und ich glaube, ich war kein Tyrann dabei oder Diktator. Ich brauchte einfach einen Zuhörer. Ich bin immer ein Proselytenmacher gewesen – einer, der Anhänger sucht, der seinen Glauben verbreitet. Ich möchte gerne andere überzeugen, ich erkläre gerne Sachen und gebe sie weiter, vielleicht wäre ich interessierten Kindern eine gute Lehrerin gewesen. Da war meine Schwester meine beste Zuhörerin, und eine dankbare und stille. Das heißt, ich brauchte keinen Gesprächspartner, ich brauchte einen Zuhörer. Sie war dreieinhalb Jahre jünger und von ruhigerer Wesensart, und ich habe ihr alles erzählt, was ich gesehen hab', was ich gedacht habe, was ich gelesen hab'.

Mit der Jüngsten hatte ich eine Zeitlang ausgesprochen große Schwierigkeiten, ich kann gar nicht so sagen, warum. Ich konnte einfach wenig anfangen mit ihr, sie war auch körperlich sehr stark und hat das ziemlich gegen mich ausgespielt. Wir hatten einfach keine Gemeinsamkeiten. Ich hätte nicht gewußt, worüber ich mit ihr hätte reden sollen. Sie spielte ganz anders als ich. Zum Beispiel schnitt sie sich Sachen aus Katalogen und Illustrierten aus und ordnete sie in langen Reihen: Autos oder Werkzeuge oder so was. Das fand ich blöd. Ich las sehr viel und dachte mir Sachen aus oder erzählte viel, aber so was fand ich einfach blöd. Das war kein Spiel für mich.

Sie griff mich auch ziemlich früh körperlich an, obwohl sie fünf Jahre jünger war als ich. Sie war einfach stärker. Sie konnte mich zur Weißglut bringen, indem sie mir einfach die Hände festhielt und sagte: ›Mach doch was, mach doch

was, du bist ja die Ältere!‹ Dann habe ich rotgesehen und
getreten und gespuckt, weil mich das so erboste!
Besonders mit meiner jüngsten Schwester verstehe ich
mich nun als Erwachsene recht gut, ich mag sie. Ich würde
mich nie mit ihr befreunden, aber ich weiß jetzt, wie sie
denkt, und ich kann sie so akzeptieren, wie sie ist. Ich gehe
auch gerne mit ihr um, wenn auch ein bißchen vorsichtig.
Aber ich kann ihr Anderssein wirklich akzeptieren – fast
mehr als bei meiner älteren Schwester.«

Was die zweite aus ihrer Position macht, hängt entscheidend
davon ab, ob es ihr gelingt, auf irgendeinem Feld der Ältesten
den Rang abzulaufen. Vera hat beschrieben, wie zielstrebig
sie sich daran machte, ihrer ältesten Schwester den Vater
›wegzunehmen‹ – ihre Ähnlichkeit mit ihrer Mutter, ihre
Zartheit und Kleinheit kamen ihr dabei zu Hilfe. Sie nutzte
das alles unbewußt, aber geschickt aus. Die zweite zu sein –
und noch dazu *wieder* ein Mädchen –, da muß sie schon
einiges tun, um einen Platz zu finden. Intuitiv probiert sie
Verschiedenes aus, um ihre große Schwester aus dem Feld zu
schlagen, heimlich kämpft sie um die Macht – die geborene
Usurpatorin. Und in gewisser Weise ist sie erfolgreich. Der
Vater, der seine große Tochter sicher auch sehr geliebt hat,
wendet sich nun der kleineren zu, und Vera tut alles, um für
ihn die Lieblingstochter zu werden und zu bleiben. Haben
Väter mit ihrer Rolle bei dem ersten Kind vielleicht noch
Schwierigkeiten, beim zweiten Kind fühlen sie sich schon
sicherer und finden sich entspannter in ihre Vaterrolle.
Die ›Verteilung‹ der Eltern zwischen den beiden ersten
Kindern scheint beinah üblich zu sein, so wie auch andere
Felder verteilt werden: Hast du den Vater – krieg ich die
Mutter oder umgekehrt. Damit ist die Welt eingeteilt, über-
schaubar und (fast) wieder in Ordnung. Aber ganz so leicht
ist das auch nicht, denn die zweite nimmt der ersten in jedem
Fall etwas weg: Vorher hatte sie ja beide Eltern. Deshalb ist
das Verhältnis zwischen der Ältesten und der zweiten auch
oft gespannt.
Man müßte nun eigentlich unterscheiden zwischen einer
zweiten Tochter, die die mittlere von dreien ist, und einer
zweiten, auf die noch mehrere Töchter folgen. Im letzten Fall
ist ihre Position auf alle Fälle problematischer: Als zweite von

mehreren Mädchen bleibt ihr wirklich wenig, um ihre Position zu definieren. Viele Frauen berichteten, daß die zweite aus einer größeren Schwesternreihe irgendwie ›anders‹ war, schwieriger, weniger leicht einzuordnen.

»Das Sozialverhalten des mittleren von drei oder mehr Kindern«, sagt Lucille Forer, »entwickelt sich in einer Atmosphäre der Konkurrenz zum ältesten Bruder oder zur ältesten Schwester, die noch durch die zusätzliche Konkurrenz eines jüngeren Kindes kompliziert wird. Die Folge ist, daß sich dieses Kind in sozialen Kontakten oft gewundener Pfade bedient, um ein Ziel zu erreichen, oder daß es ungewöhnlich aggressiv ist. Die Identitätssuche ist für dieses Kind besonders schwierig, weil es ständig um die Liebe und die Zustimmung der Eltern und um einen *Platz* in der Familie kämpfen muß.«[28]

Eine These der Geschwisterforschung besagt, daß das Kind aus einer Geschwisterreihe das schwierigste ist, mit dem sich das Geschlecht zum ersten Mal wiederholt – in der Reihe von Schwestern wäre das die zweite.

Manja, dritte von vier Mädchen, sagt von ihrer zweiten Schwester:

> »Sie war die Unabhängigste und die Stärkste. Sie ist eine sehr bestimmende Persönlichkeit und hat gerne alles in der Hand. Als ich 16 war, sind wir in eine andere Stadt umgezogen, das war schrecklich für uns. Wir haben alle vier immer nur dagesessen und geheult. Wir haben gedacht, wir können nicht so weiterleben. Aber die zweite, die Monika, die hat gesagt: ›Tschüs, ich gehe‹ – und die ist dann allein wieder zurück! Sie hat in einem Kinderheim gearbeitet, sich dadurch Unterkunft und Verpflegung verdient und hat das drei Jahre durchgehalten! Meiner ältesten Schwester wäre so etwas nie eingefallen – dazu war die viel zu brav und angepaßt, aber die Monika – die ja! Und mein Vater, der immer wahnsinnig streng war, *ihr* hat er das gestattet. Bis heute gestattet er ihr viel mehr als uns anderen. Sie war auch immer sein Wunschsohn, glaube ich, sie ist auch sehr maskulin. Sie haut auf den Tisch und sagt: ›So wird's gemacht!‹, und das findet mein Vater toll! Und wir andern drei, wir waren so richtige *Mädchen*. So empfindlich, wir verstanden ihn nie, aber die Monika, die verstand ihn immer so toll – und sagte dann nach einer

gewissen Zeit: ›Ich halt's hier nicht aus!‹ und ging wieder. Und das hat er auch bewundert. Sie gab ja auch eine Menge Bequemlichkeiten auf. Nur, als *ich* dann wegzog – und da war ich immerhin schon 21 –, da fand' er's überhaupt nicht toll.«

Paula, die jüngste von vier Mädchen, erinnert sich an ihre zweite Schwester:

»Es ging immer das Gerücht, daß sie ein besonderes Kind war, die zweite. Sie sieht keinem der Eltern ähnlich. Wir nannten sie immer das ›Kuckucksei‹. Mein Vater hatte eine besondere Beziehung zur ersten, die dritte war ein besonders niedliches Kind, mit großen Augen und bildschön, die Jüngste war eben die Jüngste, die zweite hatte nichts, zumal sie ja auch wieder ein Mädchen war, das hatte man ja schon. Sie war immer das ›schwierige‹ Kind. Beide Eltern haben immer gesagt: ›Das Miese deiner Familie steckt in diesem Kind!‹ Und das haben *beide* gesagt! Sie ist unter den Schwestern was Merkwürdiges gewesen und geblieben.«

Alexandra über ihre zweite Schwester:

»Meine Mutter hatte auch eine Art Haßliebe zu ihr. Sie sind sich im Temperament sehr ähnlich, krachen sich ständig und vergehen vor Sehnsucht nacheinander. Bis heute. Sie telefonieren, daß sie sich unbedingt sehen müssen, und kaum sind sie zwei Minuten zusammen, gibt's den größten Krach und sie müssen voneinander flüchten!«

Mit der Geburt der zweiten geht die Feldsuche los, etwas muß gefunden werden, um sich voneinander zu unterscheiden. Man teilt sich die Eltern auf, aber noch mehr: Bist du klüger, bin ich stärker – bist du gerne draußen, bleibe ich gerne drinnen – bist du sportlich, lese ich lieber – und so weiter. Diese Abgrenzungen haben sehr viel mit Differenzierungen zu tun, die dazu beitragen, die eigene Identität ausfindig zu machen; sie richten sich gar nicht unbedingt *gegen* die älteste Schwester, man muß nur herausfinden, wo die Unterschiede sind, da man Ähnlichkeiten sowieso wahrnimmt. Und unbewußt unterstützen die Eltern diese Feldsuche auch noch, so, als ob keine der Schwestern mehrere Seiten für sich in Anspruch nehmen dürfte.

Erst wenn Schwestern älter sind und eine Identität gefunden haben, macht es wieder Spaß, die Gemeinsamkeiten zu entdecken. In der Kindheit *muß* es diese Phase der Abgrenzung geben, um sich selbst zu definieren. Wenn die Positionen nicht geklärt sind, wenn die Schwestern nicht die Erfahrung machen, daß sie jede auf ihre Weise *als Person* geliebt sind – und nicht wegen bestimmter Fähigkeiten, die sie erst noch erwerben müssen –, dann kann der Kampf um einen gut bewerteten Platz im Familiengefüge ein Leben lang dauern und mit subtilen oder auch sehr harten Mitteln geführt werden.

Ilse ist so eine zweite – von vier Kindern –, die immer noch im Clinch mit ihrer ältesten Schwester lebt, obwohl jetzt beide über 40 Jahre alt sind. Sie sagt:

»Ich kann mich gar nicht mehr daran erinnern, von wann ab es eigentlich ein Problem für mich war, eine ältere Schwester zu haben. Ich kann mich in der ganz frühen Zeit nicht erinnern, daß es problematisch für mich war, aber ich denke, daß es später sehr, sehr problematisch für mich geworden ist. Auf eine subtile Weise wohl schon als ich so fünf, sechs war. Dazu kam wohl die Eskalation im Krieg, und richtig aktuell wurde es, als dann die dritte im Bunde war, nämlich meine vier Jahre jüngere Schwester. Bis dahin lief das noch irgendwie, aber dann blieb auch von unserer Mutter so wenig übrig, daß wir mit dem bißchen nicht mehr auskamen. Und daraufhin brach wohl der Kampf aus – ja, ich glaube, daß es ein erbitterter Kampf war –, wir beide dachten ständig, die andere nimmt uns was weg! Meine Mutter war einfach vollkommen beschäftigt mit Überleben.

Meine Schwester war ja immer so zart und blond, während ich die robustere war. Sie hat mich meist mit Worten gepiesackt und hochgebracht, und da konnte ich mich schlecht verteidigen, und wenn ich dann wütend wurde, rannte sie schnell in eine Ecke, stand da und schrie aus Leibeskräften. Und das war dann immer der Moment, wo meine Mutter reinkam! Die hat dann nicht gefragt, was da los war, sondern da war ich sofort die böse, brutale Ilse, die ihre arme große Schwester verprügeln wollte, die sie schier tödlich bedrohte. Es wurde nie gefragt, was eigentlich geschehen war. Ich bekam die heftigsten Strafen für mein Verhalten – Gabriele nie!

Und der Gipfel war dann, daß ich auch noch meinen jetzigen Mann durch sie kennengelernt habe! Sie brachte ihn eines Tages mit in die Familie, und ich dachte natürlich, das wäre *ihr* Freund. Dadurch habe ich mich ganz natürlich benommen und brauchte keinen Eindruck zu machen, weil ich dachte, daß das mal mein Schwager wird. Aber dann ging es mit den beiden auseinander, und er begann sich für mich zu interessieren. Und als Gabriele das merkte – da hatte sie schon lange kein Interesse mehr an ihm –, kam der entzückende Satz: ›Gott, wenn du mit meinen abgelegten Liebhabern zufrieden bist, kannst du ihn haben!‹ Das sind halt so Sachen, die ich nicht vergessen kann und weswegen bis heute noch so viel Bitterkeit da ist. Ich weiß auch nicht, warum sie das so nötig hatte!«

Ihre Schwester Gabriele sagt dazu:

»Eigentlich hatte ich immer das Gefühl, daß ich diesen Clinch gar nicht wollte, ich hatte gar nichts gegen sie, aber irgendwann ist man dann so eingespielt, und dann eskaliert das irgendwie. Unser Kinderalltag war eine einzige Kette von Reibereien, und trotzdem ist das fast eine Frage, wie man sich selber liebt oder haßt. Ich kann Ilse gar nicht abspalten von mir, weil sie ja auch nur zehn Monate jünger ist als ich.
Meine Mutter war verzweifelt über uns, das weiß ich noch. Sie hat gedacht, sie hat zwei Monster geboren! Also, es ging morgens raus aus dem Bett und los – aufeinander! Und jede von uns hatte ihre Taktiken: Ich machte es verbal, und Ilse explodierte dann und ging mit der Axt auf mich los!«

Im Grunde, das sieht Ilse heute ganz klar, war die Ursache der Kampf um die Liebe der Eltern; im Grunde waren sich beide nicht sicher, ob sie die Liebe der Eltern hatten. Und beide glaubten, daß die andere etwas wegnähme von dem, was sie selber noch so dringend brauchten. Dabei spielt der Altersabstand sicher auch eine wichtige Rolle – Gabriele war einfach noch zu klein, sie konnte noch gar kein Gefühl von Stabilität aufgebaut haben, als schon die Schwester dazwischentrat, und ehe diese ihren Platz gefunden hatte, kam schon die nächste!

»Beim Zweitgeborenen«, sagt Alfred Adler, der sich als einer der ersten Psychologen mit der Geschwisterbeziehung befaßt hat, »findet sich das Streben nach Macht und Überlegenheit in eigener Nuancierung. Sie stehen wie unter Dampf, streben überhitzt nach dem Vorrang, und auch in ihrem Verhalten wird man den Wettlauf gewahr, der für ihr Leben die Form abgibt. Der Zweitgeborene empfindet es als einen starken Anreiz, daß jemand vor ihm ist, der sich geltend macht. Ist er in der Lage, seine Kräfte zu entwickeln und mit dem ersten den Wettkampf aufzunehmen, dann wird er gewöhnlich mit starkem Elan nach vorwärts drängen, während sich der erste im Besitz seiner Macht verhältnismäßig sicher fühlt, bis ihm der andere über den Kopf zu wachsen droht.«[29]

Ähnlich äußert sich Lucille Forer: »Ein zweites Kind, dem ein oder mehrere Geschwister folgen, kann sehr konkurrenzbetont und ehrgeizig sein, weil es versucht, das Erstgeborene *und* die jüngeren Geschwister zu übertrumpfen. Zweite Kinder entwickeln sich durch den Machtkampf an zwei Fronten zu sehr wettbewerbsbezogenen Erwachsenen.«[30]

Aktivität, Wettbewerb und Initiative kennzeichnen das Verhalten der zweiten – Eigenschaften, die nicht unbedingt als weiblich gelten. Vielleicht entsteht deshalb in Familien mit mehreren Mädchen so leicht das Gefühl, daß die zweite irgendwie aus der Reihe tanzt. Vielleicht erhält sie auch deshalb so häufig das Etikett des ›Jungen‹ in der Familie.

Marion, die als zweite von *drei* Mädchen genau in der Mitte ist und deren Position deshalb eine etwas andere ist als die vorher beschriebenen, hatte die Jungenrolle übernommen. Zunächst, um ihrem Vater dadurch zu gefallen, denn sie wußte, daß er sich sehr einen Sohn gewünscht hatte.

»Bei uns wurde ständig umgebaut, und das durfte dann alles ich machen: Säcke schleppen, Steine klopfen, alles. Die Älteste war die Kluge und Schöne, klar, die Jüngste das Prinzeßchen, die Verwöhnte und ich das Aschenputtel. Ich weiß, das klingt sehr nach Selbstmitleid, aber es war wirklich so. Ich wollte meinem Vater gefallen, und deshalb habe ich alles gemacht, nicht etwa aus Selbstlosigkeit. Aber dieses Ziel habe ich nie erreicht. Mein Vater ist unheimlich neidisch auf junge Menschen und sehr egoistisch – vielleicht weil er so lange im Krieg war und deshalb immer das Gefühl hat, das Leben ist ihm was schuldig geblieben. Er war auch der jüngste von 13 Kindern – er ist immer verwöhnt worden. Auch von meiner Mutter, die sich ihm aus Selbstschutz völlig untergeordnet hat.«

Unter mehreren Schwestern übernimmt fast immer eine die Jungenrolle, und sehr häufig ist es die zweite, die sich dadurch abzusetzen versucht.

Ein anderer Aspekt der mittleren Position ist aber auch der der Vermittlerin: Sie kann auch diplomatische Fähigkeiten entwickeln, sie wird nicht so mit Aufgaben überladen wie die Älteste, aber ernster genommen als die Jüngste – darin kann auch eine Chance liegen für die Mittlere, die genau dadurch ihre älteste Schwester aussticht. So etwa ist es bei Sophie gelaufen, die sich, heute 70 Jahre alt, an ihre Kindheit erinnert, in der sie ein sehr enges Verhältnis zu ihrer älteren Schwester Adelheid hatte. Sophie ist eine mittlere zwischen drei Kindern, allerdings war der Jüngste der ›von allen geliebte und bewunderte Thronfolger‹, so daß sie und ihre Schwester auch wiederum sehr eng aufeinander bezogen waren.

»Sie nannten uns immer ›die siamesischen Zwillinge‹ – es ging keine ohne die andere, und ich kann nicht sagen, daß die eine bestimmte – es war wunderbar. Jeder, der uns kennenlernte, war begeistert, daß es so etwas überhaupt gibt.
Sie war dünn und schwarzhaarig, und ich war dick und blond – aber alle Leute stürzten sich immer auf mich, weil ich auch immer so fröhlich war und so ein harmonisches Gesichtchen hatte, und Adelheid stand immer ernst und traurig daneben. Heute würde man so was sicher nicht mehr zulassen, aber damals wußte man das noch nicht so – es hat sich erst sehr spät herausgestellt, daß ihr das etwas ausgemacht hat!
Wir haben immer alles zusammen gemacht, wir sind in dieselbe Schule gegangen, wir sind zusammen in die Tanzstunde gegangen, und auf den Bällen haben wir die gleichen Kleider getragen, nur in verschiedenen Farben, das sah wunderschön aus! Und abends haben wir uns ausge-

tauscht, aber mit Sexualität und so – das war damals noch nicht so.

Als ich nun meinen Mann kennengelernt hatte, war es für meine Schwester sehr schwer – sie sagte aber als erstes: ›Das Glück meiner Schwester ist auch mein Glück!‹ Meine Schwiegereltern kümmerten sich ganz besonders um meine Schwester aus lauter Mitleid mit der nun übriggebliebenen Schwester und nannten sie ihre ›Wintersonne‹, weil sie immer so ernst war. Sie kam auch immer zu uns, aber das war schwierig. Sie tat mir so herzlich leid, denn sie war nicht der Typ, der allein lief, sondern sie war gewohnt, mit mir frohem Menschen zu leben. Ich war einfach die Sonne für sie, diejenige, die sagte: ›Du, jetzt gehen wir spazieren‹ oder: ›Jetzt kaufen wir uns ein neues Kleid‹, und sie war immer negativ und traurig und ein bißchen schwierig. Und nun war sie allein, und ich konnte all meinen guten Einfluß nicht mehr geltend machen! Sie heiratete dann zu unser aller Freude auch bald einen Menschen aus der Verbindung.

Es gibt Ehepaare, die entwickeln sich nach oben, die werden groß und weit und weise im Alter, und es gibt Ehepaare, die entwickeln sich nach unten, die werden verbittert und mißgünstig, und ich muß leider sagen, letzteres trifft für meine Schwester und ihren Mann zu. Die sind sicher ganz glücklich, aber sie haben dem ganzen Leben so abgesagt, leben so abgesondert, und ich nehme an, daß es noch eine gewisse Verbitterung ist, die meine Schwester empfindet, alles noch Restbestände von früher. Aus der Zeit, wo wir nicht mehr zusammen waren. Solange wir zusammen waren, war es *ein* Guß: Wenn sie traurig war, war ich fröhlich, wir waren aufeinander eingespielt – ich hab' das Gefühl, daß sie ihr Leben eigentlich nicht schafft ohne mich. Sie hat einen stillen Mann, der zu allem ja sagt; besser wäre vielleicht gewesen, sie hätte einen Mann bekommen, so wie ich bin: positiv und fröhlich. Ich kannte sie eben so gut – sie ist mir ja ganz und gar vertraut wie sonst kein Mensch auf der Welt.

Ich meine, solange der Mensch lebt, hofft er, und ich bin überzeugt, daß es auch noch mal besser wird mit uns. Wir sind zwar jetzt beide schon 70 und 71, und das scheint zwar alt, aber ich empfinde das nicht so. Ich habe jetzt schon sechs bezaubernde Enkelkinder in fünf Jahren bekommen, und das ist so herrlich – und sie hat auch Enkelkinder, aber sie sieht nur mein Glück! Ich weiß nicht, vielleicht ist es, seit wir uns getrennt haben, zu so einer Art Haßliebe geworden von ihr aus. Einmal war sie hier. Die ersten drei Tage waren schlimm, da hat sie mir nur Vorwürfe gemacht, was ich alles falsch gemacht hätte, und da war kein einziger Vorwurf stichhaltig. Aber nach diesen drei Tagen war es wunderbar. Sie ist einfach ein schwieriger Mensch, der immer eher das Negative sieht. Bedauernswert. Ich danke Gott täglich, daß ich nicht so bin, sonst hätte ich nie so prächtige Kinder großziehen können.

Mein Vater sagte immer zu ihr: ›Du bist das Streichholz in der Schachtel!‹ Sie brauchte immer einen Funken – und der war ich! Und solange ging's gut, wirklich gut. Gott sei Dank habe ich meine Kinder und Enkelkinder und gar nicht mehr soviel Zeit, darüber nachzudenken. Ich glaube, sie ist unglücklich, daß sie mich nicht mehr hat und daß ich weiterhin so glücklich bin, obwohl ich doch keinen Mann mehr habe und sie hat einen so hübschen und galanten Mann, und es geht ihr doch eigentlich wunderbar.

Andererseits habe ich auch schon oft gedacht, daß mein Schwager Gott danken kann, daß *ich* nicht in ihrer Nähe lebe. Ihre Ehe wäre sicher nicht so gutgegangen, denn in Wirklichkeit sieht sie immer nur *mich*.«

Im Grunde beschreibt Sophie hier sehr deutlich, wie sie mit ihrem freundlichen, offenen Verhalten die ernste große Schwester überflügelt hat. Sie hat ein Feld gefunden, auf dem sie – ohne daß es ihr bis heute bewußt ist – die Schwester ›schlagen‹ konnte.

Es ist vielleicht wichtig, noch einmal zu betonen, daß diese Feldsuche und ›Machtkämpfe‹ innerhalb der Familie unter Geschwistern immer unbewußt ablaufen und daß sie, so grausam sie manchmal für eine Schwester ausgehen können, doch auch immer mit innerem Zwang zu tun haben. Es scheint für kleine Kinder überlebenswichtig, einen Platz zu haben, auf dem sie sich sicher (vor den anderen?) fühlen können. Ob die Feldsuche der eigenen Identitätsfindung dient oder zu einem Machtkampf wird, hängt zuallererst davon ab, wie sicher sich die Kinder der Liebe und Zuwendung ihrer Eltern – oder wenigstens eines Elternteils – fühlen. Die Gewißheit der Liebe der Mutter (oder des Vaters) läßt sie alle Aktivitäten der anderen Schwestern gelassen hinnehmen. Die Unsicherheit darüber läßt sie auch die harmloseste

Handlung argwöhnisch verfolgen. Alles hängt, wie gesagt, von der ›Deutung‹ ab, die die Kinder einem gewissen Vorgang geben. Diese Deutungen können ja oft falsch sein und trotzdem zu Überzeugungen führen, die ein Leben lang lebendig bleiben – häufig haben Eltern kaum Gelegenheit, solche falschen Deutungen wahrzunehmen und dann richtigzustellen.

Ich erinnere mich an eine kleine Begebenheit mit meinen eigenen Kindern: Die dritte – nach einem Mädchen und einem Jungen wieder ein Mädchen – hatte ihr innerfamiliäres ›Feld‹ gefunden, indem sie sich im Haushalt nützlich machte – ein Feld, auf das keines ihrer größeren Geschwister besonderen Wert legte. Sie deckte als Vierjährige den Tisch, und jedesmal, wenn sie dabei war, fragte sie mich, wo ich sitzen würde. Ich war dann immer mit den letzten Handgriffen für die Mahlzeit beschäftigt und sagte zerstreut und weil ich keine Lust hatte, darüber nachzudenken: »Ich weiß es noch nicht!« Bis es einmal voller Verzweiflung aus ihr herausbrach: »Du sagst mir das ja bloß nicht, weil du gerne neben Viktoria (der Ältesten) sitzen möchtest!« Nie wäre ich auf so eine Idee gekommen, aber ich hatte eben auch nicht bemerkt, daß sie mich fragte, weil *sie* gerne neben mir sitzen wollte! Hätte sie es nicht ausgesprochen, sie wäre ihr Leben lang der Meinung gewesen, daß ihre Mutter beim Essen lieber neben ihrer großen Schwester gesessen hätte!

So werden Kleinigkeiten und Winzigkeiten des alltäglichen Lebens gesammelt und interpretiert, wie Puzzlestückchen zusammengesetzt zu einem Bild, das nicht notwendigerweise richtig sein muß, daß aber in jedem Fall, ob objektiv richtig oder falsch, der inneren Realität des ›Sammlers‹ entspricht.

Es ist klar, daß die Feldsuche leichter ist, wenn man durch bestimmte Gegebenheiten schon a priori ausgezeichnet ist: durch die Position (Älteste oder Jüngste), durch das Geschlecht (Junge zwischen Mädchen, Mädchen unter Jungen), wenn das aber nicht der Fall ist, muß man auf die Suche gehen – oft unter großen Entbehrungen.

»Angesichts der Tatsache, daß das Blatt der Geschwisterkonstellation für die mittlere Schwester ebensogut günstig ausfallen kann wie ungünstig (die Karten der elterlichen Gunst gegen sie, die der Umgänglichkeit und des Temperaments für sie), kann man sagen: wenn sie sich darauf verlegt, sich auszuzeichnen, wird sie es wahrscheinlich auch schaffen. Dabei mag ihr Betätigungsfeld persönlicher Art sein (sie kann die erste von den Schwestern sein, die heiratet, oder die erste, die ein Kind bekommt), beruflicher Art (ein besonderer Ruf oder eine besondere Tüchtigkeit auf dem Gebiet ihrer Karriere) oder engagiert sozialkämpferisch (der Rebell der Familie oder das schwarze Schaf)«[31], sagt Elisabeth Fishel in ihrem Buch ›Schwestern‹ über die Mittlere. Und sie führt als Beispiele für die letzte Gruppe Joan Baez oder Kate Millett an, die beide die mittlere von drei Schwestern waren. Sie waren beide ›zweite‹: aktiv, wettbewerbsorientiert mit einem guten Gespür für Ungerechtigkeiten und dem Bedürfnis, sich auszuzeichnen. Und sie waren beide ›Mittlere‹, diplomatisch, freundlich, aufgeschlossen, vermittelnd.

Im Grunde hat die zweite als ›Usurpatorin‹, das heißt als eine, die sich zum Ziel gesetzt hat, an dem Thron der Ältesten ein bißchen zu kratzen, recht gute Karten in der Hand. Gute insofern, als sie sich – je nach Situation – sowohl in den Wettbewerb begeben als sich auch ihrer verbindlichen Fähigkeiten bedienen kann. Die Älteste, als vor allem auf Wohlerzogenheit und Angepaßtheit gedrilltes Mädchen, kann dieser zweiten oft nicht sehr viel entgegensetzen, vor allem, wenn sich die zweite auf ein Feld begibt, auf dem sie in jedem Fall mehr gesellschaftliche Anerkennung findet: Ist die älteste Schwester die intellektuelle und leistungsorientierte, wird die zweite sich eher auf ihre weibliche Rolle besinnen, heiraten und Kinder kriegen und damit ihren Platz erobern. In einer Gesellschaft, die für Frauen diese Lebensform immer noch für die erstrebenswertere hält, hat die zweite damit natürlich unter Umständen die besseren Karten. Schwierig wird es aber, wenn sich eine zweite, auf der Suche nach einem freien Feld in der Familie, auf diesen Platz begibt und erst später feststellt, daß er ihr gar nicht liegt.

Hannah hat diese Erfahrung gemacht. Sie ist auch eine zweite von vier Mädchen, heute 43 Jahre alt, eine vitale, lebhafte und unkonventionelle Frau. Sie sagt:

»Zu den Jüngeren hab' ich so von mir aus eine Erziehungsfunktion übernommen. Ich hatte das Gefühl, daß meine

Eltern die beiden Kleinen falsch erziehen. Dieses Gefühl war schrecklich für mich. Meine Eltern erzogen genauso, wie ich heute erziehe, aber damals habe ich das bei meiner Mutter fürchterlich verdammt. Eine ewig gummihafte ›Nagut-nagut-Mutter‹, die nie gehauen hat, nie geschimpft hat, aber auch nicht sehr liebevoll war. Und ich hab' immer gedacht: ›Ts, ts, ts, du bist kein guter Erzieher, du bist zu weich, du müßtest kloppen, du müßtest streng sein!‹ Und dann hab' ich versucht, das auszugleichen. Ich war dann immer die strenge Schwester, die hauptsächlich damit beschäftigt war, die ewigen Kabbeleien der beiden kleinen Schwestern zu unterbinden. Ich war immer dazwischen, hab' immer gesagt: ›Los, auseinander, Friede, Friede!‹, hab ihnen Schillerlöckchen gedreht und irgendwie Mütterchen gespielt.

Von Kindesbeinen an hängt mir dieses ›Mütterliche‹ und ›Vernünftige‹ an, beides bin ich nicht und will ich auch gar nicht sein. Aber von meinen Eltern wurde darauf immer Wert gelegt. Ich wurde zum Aufpasser meiner älteren Schwester gemacht. Weil ich so vernünftig und verklemmt war, wurde ich dazu ausersehen, die Unschuld meiner großen Schwester zu schützen – und das war die einzige Form von Beziehung, die wir zueinander hatten!«

Hannah hat erst sehr spät gemerkt, daß die Eltern und sie selber einer Menge falscher Deutungen erlegen sind, und sie hat heute noch Mühe, davon wieder loszukommen.
Zwischen Anpassung und Diplomatie und Widerstand und aggressivem Wettbewerb versucht sich die zweite durchzuschlagen. Mehr als bei allen anderen Töchtern ist sie auf eine klare Haltung der Eltern angewiesen, auf unterstützende, positiv bekräftigende Wärme. Mehr als alle anderen braucht sie die Sicherheit einer eindeutigen Zuwendung – von den Eltern oder den Schwestern. Aber ihr Wesen macht es den anderen oft nicht leicht, weil sie ihr Liebesbedürfnis unter dieser stacheligen Schale versteckt. Die zweiten scheinen in besonderer Weise ihrer Person unsicher zu sein, vor allem die zweiten von mehreren Mädchen. Es ist in unserer Gesellschaft für Frauen besonders schwer, ein stabiles Selbstwertgefühl zu entwickeln, die zweiten haben nicht so sehr gute Chancen, es sei denn, sie verlegen sich auf den Aspekt ihrer Position, der ihnen – da sie Frauen sind – selbstverständlich

zugestanden wird: Verbindlichkeit, Freundlichkeit, Anpassungsfähigkeit und Geschick im Umgang mit Menschen.

»Gerade die Frau bedarf der Fähigkeit, sich anzupassen, und ohne diese Gabe bleibt sie...trotz aller wirklichen oder eingebildeten Vorzüge des Körpers und des Geistes eine Bettlerin im Reich der Liebe.« Mit diesen Worten schließt ein Aufsatz über die Position des mittleren Kindes von Hermine Hug-Hellmuth aus dem Jahre 1921.[32] Gerade die zweite, möchte man heute sagen, sollte sich auf ihre *Fähigkeiten* besinnen und sich nicht einlullen lassen von Forderungen nach der ›sanften, anpassungsfähigen‹ Weiblichkeit, die sie letzten Endes nur handhabbarer macht.

Kapitel 3

Die dritte: Die heimliche Rebellin

Manja, 40 Jahre alt, temperamentvoll und rothaarig, Mutter
von zwei Jungen, seit 15 Jahren verheiratet, halbtags berufstätig als Sekretärin, als Hobby Tanz und Theater als aktive
Schauspielerin, war die dritte von vier Mädchen. Eine ›typische‹?

»Also jedenfalls hatten wir zu Hause einen richtigen
Frauenclan – meine Mutter eingeschlossen. Unsere schönsten Gespräche fanden in der und um die Badewanne statt,
meine Mutter war immer dabei – mein Vater nie. Das
waren natürlich auch die Umstände: Als meine Eltern sich
nach dem Krieg wiedertrafen, hatten sie sich sechs Jahre
nicht gesehen! Ich habe meinen Vater ja erst mit sechs
Jahren kennengelernt! Er ist eingezogen worden und in
Kriegsgefangenschaft geraten – ich kannte ihn nur von
Fotos. Meine Mutter hat sich mit ihren drei ›Dotzen‹ durch
den Krieg geschlagen. Ich hab' neulich mal nachgerechnet,
wie alt sie damals war: jünger als ich jetzt: Sie war Ende 30,
und wir Kinder waren da so fünf, sechs und acht Jahre alt.
Da schlug sie sich mit ihren Orgelpfeifen durch die Lande,
mit schlafen hier und schlafen da, mit einem Paar Schuhe
für uns drei, ohne Nachricht von ihrem Mann oder ihrer
Familie, ganz auf sich gestellt. Irgendwann kam sie dann
mal weinend vor Freude nach Hause, da hatte ihr jemand
eine Zeitung gezeigt, und da war die Suchmeldung von
unserem Vater drin! Und dann kam das große Wiedersehen
am Bahnhof: Aha, dieser Mann, der da so abgemagert uns
auf zwei Stöcken entgegenhumpelte, das war nun mein
Vater! Und ich sollte nun sagen: ›Wie schön!‹ und wie ich
ihn liebte!
Meine jüngste Schwester wurde dann neun Monate später
geboren, und für mich fing damit eine gräßliche Zeit an. Ich
hatte eine richtige Krise! Ich war ja schließlich sieben Jahre
die Jüngste gewesen, war sehr behütet und verwöhnt
gewesen, weil ich oft krank war. Und nun durfte ich auf
einmal keine Wehwehchen mehr haben, denn wir haben

damals zu sechst in einem Zimmer gewohnt, und alles drehte sich um das Baby. Und ich sollte mich möglichst auch noch drum kümmern! Ich hab' da unheimlich gelitten. Wenn es schrie, hätte ich es am liebsten umgebracht, weggeschmissen oder so was. Obwohl wir es alle sehr gewünscht haben und wir immer alle Zuckerstückchen ins Fenster gelegt haben, damit der Storch auch bestimmt... na ja.

Kurz bevor meine kleine Schwester geboren wurde, kam ich auch noch in ein Kinderheim! Da durfte man keinen Besuch kriegen und auch keine Briefe, also ich hatte das Gefühl, die haben mich glatt vergessen! Das war schrecklich. Und als ich dann endlich, endlich wieder nach Hause kam, da stand meine Mutter mit einem *Kinderwagen* auf dem Bahnsteig! Also, das war ein unheimlicher Schock. Ich hab das Bild bis heute vor mir: meine Mutter, meine beiden Schwestern und dieser *Kinderwagen*! Das war nicht so gut. Ich fühlte mich absolut ausgeschlossen. Die anderen waren dageblieben und hatten alles mitgekriegt und ich nicht. Ich meine, es waren sicher Platzprobleme und mein dauerndes Kranksein, warum sie mich weggeschickt hatten, aber ich hab' damals nur gesehen, daß sie mich ausgeschlossen hatten und mir noch jemanden vor die Nase setzten! Und so war ich nicht sehr nett zu diesem Baby. Ich hab' mich lange gesträubt gegen diese Schwester: Immer, wenn ich zu meiner Mutter auf den Schoß wollte – war *die* schon da. Ach, war das schlimm. Das ging so ungefähr ein Jahr – bis Lieschen anfing zu laufen, also ein Mensch wurde wie wir. Da bekam ich dann eine sehr enge Bindung an die Jüngste. Aber das war auch klar, ohne ein Problem war immer gewesen: *Ich gehörte nicht zu den beiden Großen!* Und das ist – glaube ich – ein typisches Dritten-Problem, daß sie nicht zu den Großen gehören. Aber zu der Kleinen gehörte ich ja auch nicht, weil der Altersabstand zu groß war. Ich stand irgendwie allein mittendrin, und obwohl wir drei Großen nur alle anderthalb Jahre auseinander waren – ich gehörte nicht dazu.

Meine Rolle unter den Schwestern war sehr klein. Ich war eigentlich immer diejenige, die man so ein bißchen mitziehen mußte. Und dann war ich auch immer ein bißchen der Außenseiter, weil ich als einzige rothaarig war und die anderen blond. Ich war immer viel krank, mußte viel zur Erholung, mußte immer ein bißchen besonders behandelt werden, aber dadurch wurde ich auch immer kleingehalten.

Meine älteste Schwester sagt heute noch: ›Also, *du* bist ja nur 'ne halbe Portion.‹ Aber das ist wirklich albern.

Meine Mutter war immer unheimlich intensiv mit uns, in allen Lebenslagen. Ob's der erste Freund war, die erste Periode, meine Mutter war immer für alles da. Sie hat uns nie viel vorgehalten oder ›erzogen‹, sie hat eigentlich immer nur aus *ihrer* Kindheit erzählt. Sie hatte eine Schwester und eine sehr glückliche Kindheit. Sie hat uns in den entsprechenden Situationen eigentlich immer nur erzählt, wie *sie* das damals in ihrer Kindheit erlebt hat. Sie war eigentlich immer mehr unsere Freundin als unsere Mutter. Ich glaube, daß es für eine Mutter sehr schön ist, vier Mädchen zu haben. Wir haben jedenfalls viel Spaß miteinander gehabt.

Mein Vater hatte nach seiner Heimkehr eigentlich nur eines im Sinn: wie er seine Familie ernähren könnte. Er hat dann in einer anderen Stadt gearbeitet und kam nur zum Wochenende rüber. Und das jahrelang. Und ein Vater, der nur am Wochenende da ist, kann keine Vertrauensperson sein. Der ist dann das Oberhaupt, von dem man alle Querelen fernhalten muß, vor dem man strammstehen muß. Meine Mutter hatte da sicher auch ihre Schwierigkeiten. Insofern war es gut, daß er zu Anfang nur zum Wochenende da war, da konnte sie unter der Woche wenigstens schalten und walten wie *sie* wollte. Und zum Wochenende wurde dann ›Besuch des Vaters‹ gespielt.

Mein Vater hat uns immer numeriert: die Nummer eins, die Nummer zwei, die Nummer drei. Das macht er bis heute! Die Nummer eins hat die und die Aufgaben, die Nummer zwei die anderen, und die Nummer drei – die läuft so irgendwie mit. Die Nummer vier hatte dann wieder was Besonderes, weil sie die Jüngste war. Ich als Nummer drei war jedenfalls auch immer drittrangig für ihn.

Mein Vater war ein strenger Mann. Vielleicht war er so despotisch, weil er sich ausgeschlossen fühlte, ich weiß es nicht. Er steckte voller Konventionen: Das tut man nicht, jenes tut man nicht. Vergiß nie, daß du einen guten Namen hast. Man paßt sich an. Man fällt nicht auf! Aber das war nun nichts für mich. Ich *wollte* auffallen, entweder durch das, was ich tat, oder durch mein Äußeres – so daß er mir verbot, wegzugehen. Ich hab' das alles übertrieben, bewußt. Das war *meine* Art der Rebellion. Er war ein sehr akkurater Mann, ein Ordnungsfanatiker. Also wurde ich schlampig. Ich hatte nie offenen Streit mit meinem Vater, das hätte ich nicht ertragen können. Ich habe im stillen opponiert, auch wenn ich dadurch viele Nachteile hatte, weil er mir vieles gestrichen hat, so nach dem Motto: Wenn du dich nicht fügen kannst, kannst du dies oder jenes eben auch nicht haben.

Als ich so 15/16 war, bekam meine älteste Schwester die Außenseiterposition, und ich war enger mit der zweiten zusammen. Die Große war immer das Vorbild, ohne jede Schwierigkeiten – dadurch ergab sich der Abstand zu uns anderen.

Die zweite hat dann die Führung übernommen. Die war immer sehr aushäusig und immer die offene Opposition. Die ließ sich von niemandem was sagen, auch von meinem Vater nicht. Und bei ihr ließ er das durchgehen – er fand das sogar toll, glaube ich. Ich war eher die stille Opposition. Ich habe auch gegen meinen Vater gekämpft, aber im stillen. Ich hab' einfach nicht gemacht, was ich sollte, aber ich hab' nicht argumentiert. Er war immer sehr streng zu mir, und ich fand das schrecklich, aber ich habe mich nicht offen gewehrt dagegen.

Meine älteste Schwester war ja nun das Musterbeispiel an Ordentlichkeit, Angepaßtheit und ohne Schwierigkeiten. Und die zweite war nicht da, meistens. Also war ich dran. Denn die Jüngste zählte nicht. Die war halt die Jüngste. Heute denke ich, die muß eigentlich auch sehr darunter gelitten haben, daß sie nie für voll genommen wurde.

Aber die Bravste war ich nie. Das war immer die Älteste. Die war die Klügste, die Ordentlichste, die Bravste, die Hübscheste, die vereinigte alle Superlative auf sich. Die war einfach das, was sich Eltern wünschen. Das war immer klar.

Und ich galt eigentlich nichts. Ich war nicht so hübsch und klug wie die Älteste, ich war nicht so rebellisch und selbständig wie die zweite, und ich war nicht so niedlich und süß wie die Jüngste. Ich war eigentlich schlicht nichts. Lange Zeit habe ich das so empfunden, und das war sehr schlimm für mich.

Vielleicht habe ich deswegen so eine Oppositionshaltung entwickelt, die zwar Scheu hatte vor der offenen Auseinandersetzung, aber eben still Gräben grub zwischen sich und den anderen, still immer tiefer grub. Bis zu dem Tag, an dem ich von zu Hause auszog. Da ging ich dann abends zu meinem Vater und sagte schlicht: ›Ich wollte dich nur davon unterrichten, daß ich morgen dieses Haus verlasse!‹

Das war mein einziger Abschied, und da hatte ich schon alles gepackt, was in diesem Hause mir gehörte. Ich hatte kein Geld, ich war ja noch in der Ausbildung, aber ich wußte plötzlich, wenn ich jetzt nicht ausziehe, dann tue ich etwas, das ich vielleicht später nicht mehr verantworten kann.

Und das ist, glaube ich, typisch für die dritten oder zumindest für mich: Ganz ruhig und unauffällig machen sie irgendwas – und plötzlich ist einfach Schluß. Für die anderen anscheinend ganz aus heiterem Himmel. So war es auch bei mir, weil eben nie jemand damit gerechnet hat. Meiner zweiten Schwester hätten sie das zugetraut. Klar. Mir nie. Wo ich immer so ›brav‹ war. Aber die wußten ja nicht, was alles dahintersteckte. Wie lange ich stillschweigend etwas eingesteckt und gelitten hatte.

Ich meine, ich hätte ja schon früher mal sagen können: ›Ich halte das hier nicht aus, ich will weg.‹ Aber nein, kein Wort. Mir fehlte sicher auch das Selbstbewußtsein für eine offene Auseinandersetzung. Und außerdem hing ich – und hänge heute noch – unheimlich an meiner Mutter. Aber ich habe mich auch gescheut, von zu Hause freiwillig wegzugehen. Vielleicht hing das ja mit meiner Kindheitserfahrung zusammen, so einfach abgeschoben zu werden. Wenn ich mal in die Ferien fuhr, dann hing ich am Autofenster, um zu sehen, ob meine Mutter mir auch ja noch mal zuwinkte, und wenn sie es nicht tat, dachte ich: ›Vielleicht ist sie ja doch froh, daß ich jetzt weg bin.‹

Meine Mutter habe ich immer sehr geliebt, und sie tat mir oft leid, denn sie hat mich meinem Vater gegenüber immer verteidigt, und sie hatte es schwer – meinetwegen. Ich habe soviel Situationen provoziert. Aber – wenn ich zum Beispiel mal nach der Tanzstunde einen Jungen mit nach Hause gebracht habe, hat mein Vater das Haus verlassen – aus Protest. ›Gut, dann kann ich ja gehen.‹ Mit diesen Worten. Nur, weil ich ihn vorher nicht gefragt hatte. Und meine Mutter immer dazwischen. Und ich habe mir oft gesagt: Wenn ich nicht wäre, hätte meine Mutter auch keinen Grund, mit meinem Vater zu streiten. Obwohl sie das ja nie vor uns taten. Aber ich habe oft abends an der Tür gelauscht, um zu hören, ob sie wieder mal über mich reden. Und deswegen mußte ich' da raus. Ich hatte ja schon Magenbeschwerden und Schlafstörungen. Und meine älteste Schwester, die war da schon verheiratet, die hat mich auch sehr unterstützt. Aber im Grunde habe ich mich allein dazu entschlossen, denn beide waren ja weg. Doch ich habe meiner zweiten Schwester geschrieben – jeden zweiten Tag. Alles. Weil sie auch durch den Abstand von zu Hause ziemlich objektiv war. Sie hat immer versucht, sich in meine Situation hineinzudenken, obwohl sie den täglichen Kleinkram ja gar nicht mehr miterlebte und das, was ich ihr schrieb, vielleicht oft einfach lächerlich fand. Und sie hat mir geraten, wie ich mich verhalten und daß ich manches nicht zu wichtig nehmen solle. Sie hat so gut reagiert und mir geholfen, daß ich immer auf ihre Briefe gewartet habe. Und meine älteste Schwester, die war weg. Die war verheiratet mit einem Mann, der immer versuchte, sie aus diesem schrecklichen Familienclan herauszuholen.

Das Ausziehen hat mir sehr geholfen, denn bis dahin hatte ich mir eigentlich kaum was zugetraut, und nun sah ich, daß ich tatsächlich auch alleine zurechtkam.

Und dann habe ich drei Jahre allein gelebt. Die hab ich auch gebraucht. Das heißt, eigentlich hätte ich noch mehr gebraucht, aber das weiß man ja alles erst später. Dann lernte ich meinen jetzigen Mann kennen, der war zwölf Jahre älter als ich – und ich war wieder mal *die Kleine*. Na ja, das konnte ich nun gar nicht gebrauchen. Wir haben dann zusammengewohnt, und da gab es Augenblicke, wo er fast wörtlich meinem Vater ähnlich war. Ein halbes Jahr brauchte ich, um mich von dem Schreck zu erholen, daß ich da beinahe wieder meinen Vater neben mir hatte, und das zweite halbe Jahr brauchte ich, um ihm klarzumachen, daß ich das nicht ertragen kann. Um ihm zu sagen: ›So nicht, so habe ich das das ganzen Jahre gehabt, und wenn du das nicht verstehst, dann müssen wir uns trennen.‹ Ich hatte mir da ja auch schon einen Freundeskreis aufgebaut, hatte am Goethe-Theater gespielt und Anerkennung gefunden, ich fühlte mich eigentlich sehr wohl und sehr sicher. Mit meiner zweiten Schwester stand ich nach wie vor in regem Briefwechsel, meine jüngste Schwester besuchte mich ab und zu, aber das war immer noch die Kleine, denn die wohnte ja noch zu Hause, und bei meiner ältesten Schwester hatte ich den Eindruck, daß sie meine Probleme nicht verstehen würde: weder, warum ich ausgezogen war (sie hatte ja nie Probleme gehabt zu Hause), noch, was ich mit meinem Freund bzw. Mann für Probleme hatte.

Ich bin sicher, daß meine zweite Schwester aus ihrer Position als zweite heraus nicht so lange brauchte, um ihre

Form zu finden, daß sie es nicht so schwer hatte, wie ich. Aber meine älteste Schwester, die hat es damit bis heute schwer, glaube ich. Die ist so angepaßt, daß sie gar nicht merkt, wer sie selber ist.

Unser Familienleben war nun auch immer sehr eng – daß man am Wochenende etwa hätte machen können, wozu man gerade Lust hatte, das gab's nicht. Man machte immer alles zusammen. Dafür sorgte mein Vater schon. Er wollte das so. Ob aus Eitelkeit oder aus Nachholbedürfnis, weil er so lange weggewesen war – ich weiß es nicht. Nur – da durfte man eben nicht kneifen. Und er machte das zu gern: Kaffeetrinken mit all seinen Töchtern, sonntags nachmittags, vier Töchter, hübsch und nett, aufgereiht wie die Orgelpfeifen. Er war schon stolz auf seine Töchter, das war er sicher. Nur als ich Theater gespielt habe – das sollte keiner wissen, das war ihm zu unseriös.

Daß ich auf die Schauspielschule gegangen bin, war ja auch so eine Form der stillen Rebellion. Je intensiver er dagegen war, desto intensiver habe ich das betrieben. Rollenstudium, sehr laut, in meinem Zimmer, aber die ganze Nacht hindurch! Nur damit er bestimmt auch merkt, was ich da tue. Und daß ich mach', was ich will, und mir nichts vorschreiben lasse.

Wir haben uns eigentlich immer gut verstanden, wir Schwestern. Meine Eltern haben immer gesagt: ›Eine Familie ist wie ein kleiner Staat, und sie ist nur stark, wenn sie zusammenhält. Nach außen ist man eine Front, und Probleme werden drinnen und ohne die Außenwelt abgehandelt.‹ Das wurde uns immer wieder gesagt, und irgendwann ist das einfach klar, daß das so ist. Und wir haben das so praktiziert. Ich weiß, daß wir uns geschämt haben, wenn wir uns mal außerhalb des Hauses gestritten haben.

Eine Zeitlang habe ich mich sehr ungeliebt gefühlt, zu Hause. Die Große war sowieso der Liebling der Eltern, und die Kleine, weil sie die Jüngste war, und die zweite war nicht da. Ich habe mich damals sehr verlassen gefühlt, und Erika, die zweite, hat mir mal gesagt, daß sie geheult hat, als sie mal einen Brief von mir bekommen hat, soviel Verlassenheit war da drin. Ich hatte geschrieben, nun sei alles aus, die Mutter würde mich nicht mehr lieben, sie schimpfe immer nur mit mir. Daß ich damals sicher auch die Schwierigste war, habe ich natürlich nicht gesehen. Damals wollte ich auch weg – weg von der Schule und auf die Schauspielschule, und das war natürlich ganz schlimm.

134

Mein Vater sagte dann nur: ›Ich hab' das immer gewußt, aus der wird nichts.‹ Diskussionen gab's natürlich nicht darüber, weil mein Vater ja immer sagte, ich sei viel zu blöd zum Diskutieren, und dann lief das wieder über meine Mutter. Und meine Mutter versuchte mich zu überreden: ›Schau, die anderen machen doch so was auch nicht, füge dich doch nur noch ein paar Jahre, dann kannst du doch eh machen, was du willst!‹ Na ja, da hab' ich's dann heimlich gemacht. Statt Schule. Dann kam's raus. Das war natürlich schlimm. Und dann hab' ich noch heimlich in einem Kulturfilm mitgespielt. Da haben sie dann meinen Vater im Büro drauf angesprochen, ob das seine Tochter wär', und der wußte von nichts! Da hat er getobt und gemeint, ich hätte es ihm doch wenigstens sagen sollen. Das war wieder typisch für mich – ich hab's gemacht, wie ich es wollte, aber heimlich. Ich denke mir, ich war einfach zu feige. Ich hatte auch Angst, dann den letzten Rest seiner Liebe zu verlieren, denn ich glaube, er hat mich von all seinen Töchtern immer am wenigsten geliebt. Und in einer entscheidenden Auseinandersetzung mit ihm habe ich ihm das dann alles vorgehalten. Aber dazu habe ich Jahre gebraucht.

Eines Abends kam ich spät nach Hause, und meine Eltern waren noch auf und redeten ein bißchen spannungsgeladen, das merkte ich und dachte: ›Na, da verdrückst du dich lieber gleich.‹ Und das tat ich dann auch. Aber als ich dann noch mal an der Tür vorbeiging, hörte ich meinen Namen und dachte: ›Aha, es geht wieder über dich.‹ Und da stieg so eine heiße Welle in mir hoch und das Gefühl: Jetzt! So ein Gefühl habe ich nie wieder gehabt! So stelle ich mir das vor, wenn einer sich entscheidet, jemanden zu töten oder so. Ich weiß noch genau: Da bin ich hin, hab' die Tür aufgerissen. Meine Mutter hat mir später erzählt, sie wäre so erschreckt gewesen von meinem Anblick, daß sie keinen Ton herausgebracht hätte: weiß wie die Wand, mit weit aufgerissenen Augen, und sie hätte gedacht: ›Oh, Gott! Jetzt passiert was!‹ Und dann habe ich geredet: drei Stunden ungefähr. Ich hab' alles aufgezählt, die ganzen Jahre, aus meiner Sicht. Sein Verhältnis zu mir, wie ich es sehe. So, wie es von Anfang an war, und er solle mir doch bitte sagen, warum es so war. Ich hab' ihm alles gesagt, wie er mit mir umgegangen ist die ganzen Jahre, und jetzt wolle ich wissen, warum. Ich wäre jetzt alt genug, und ich wolle nicht, daß immer meine Mutter darunter zu leiden hätte, daß er mit mir nichts anfangen könne. – Ich weiß nur, daß er ungewöhnlich herumgestottert hat (sonst hat er mich immer mit zwei scharfen Sätzen abgeschmiert) und überhaupt nicht siegessicher war wie sonst immer. Ach, und das tat mir gut! Dieses Gefühl, jetzt hab' ich mal alles ausgekotzt, was ich schon immer rausschreien wollte. Ja, sagte er, es stimme, er habe ein gebrochenes Verhältnis zu mir, das wäre durch den Krieg bedingt, weil ich geboren wurde, als er schon an der Front war. Fadenscheinig, finde ich. Ja, und dann sagte er was Interessantes: In den Briefen meiner Mutter an die Front hätten zu oft die Sorgen um mich im Vordergrund gestanden (weil ich doch so ein schwächliches Kind war), mit zweimal Lungenentzündung hintereinander und Krankenhaus und Krieg – ich bin 1940 geboren. Und vielleicht hat das damals so eine Reaktion bei ihm ausgelöst: Statt daß sie *mich* bedauert, wie ich hier leide, sorgt sie sich um das Kind. Das Kind nimmt mir das Mitleid und die Sorge meiner Frau weg! Und ich glaube tatsächlich, daß diese frühe Erfahrung sein ganzes Verhältnis zu mir beeinflußt hat. Ich war für ihn immer ein Störenfried, die Nummer drei, die eigentlich ihm was weggenommen hat. Und daran hat sich sein ganzes Leben nichts geändert. Das hat mir immer schwer zu schaffen gemacht, aber nun war es besser, nun, da ich wußte, woher das kam.

Heute sind wir alle verheiratet. Die drei Großen – na ja, also ich muß schon sagen, wir drei Großen haben uns alle Männer gesucht, die auch etwas mit unserem Vater zu tun haben. Die Jüngste weniger. Aber die hat meinen Vater auch anders erlebt. Zu ihr hatte er sicher die intensivste Beziehung. Das weiß ich, weil ich vor Jahren die Wohnung meines Großvaters aufgelöst habe und dabei die Briefe gefunden habe, die mein Vater an seinen Vater geschrieben hat, alle numeriert und in riesigen Mappen. Und in diesen Briefen *komme ich überhaupt nicht vor!*«

So, wie Manja sich innerhalb der Schwesternschar sieht, sehen sich wohl viele dritte: Fast unbemerkt, irgendwie in dem Pulk der anderen, wird sie ›so mitgezogen‹ und braucht lange, bis sie ihren Standpunkt, ihren Ort gefunden hat, bis sie weiß, wer sie eigentlich ist. Die anderen nehmen sie kaum wahr – aber sie registriert sehr wohl, was vor sich geht, und gibt dem Geschehen ihre Deutung. Manja ist in ihrer Deutung und in ihrem Verhalten eine ›typische‹ dritte: nach außen freundlich, still und sanft, nach innen aber durchaus lebendig bis rebellisch.

Die dritte von mehreren Mädchen zu sein – und noch nicht die Jüngste! – ist, statistisch gesehen, ein relativ seltener ›Fall‹: Vier, fünf, sechs Mädchen – wo gibt es das schon! Und doch – mit der dritten ist mehr gemeint, als nur die Zahl. Die dritte (oder vierte oder fünfte, solange sie nicht die Jüngste ist) hat mit dieser mittleren Position noch weniger als die zweite. Die zweite orientiert sich, zumindest so lange, wie sie die ›Jüngste‹ ist, an der älteren Schwester, der sie nacheifert, an deren Thron sie zu sägen beginnt. Die dritte kann sich ›nach oben‹ zur zweiten oder ›nach unten‹ zur nächsten orientieren, sie muß sich ihren Platz jedenfalls mühsamer suchen als die zweite. Denn anders als für diese sind die Chancen, Vater oder Mutter für sich zu gewinnen, relativ gering: Die beiden Großen haben die Eltern sozusagen schon unter sich aufgeteilt. Mit dieser Tatsache muß sie sich abfinden. Sie muß sich etwas Besonderes einfallen lassen, um den Kampf um die besondere Zuwendung eines Elternteils vielleicht doch noch zu gewinnen. Eine Möglichkeit, die sich dritte besonders häufig auszusuchen scheinen, ist, die ›ganz besonders Liebe‹ zu sein. Mit dem guten Gespür eines kleinen Kindes für die unbewußten Einstellungen der Eltern, merkt sie, daß ihr nicht mehr viel bleibt an Besonderheit: Das dritte Kind ist für die Eltern schon ›Gewohnheit‹: War beim ersten noch alles neu und aufregend, war man sich beim zweiten schon sicherer und gelassener, so ist beim dritten Kind eigentlich schon alles Routine. Und nun *wieder* ein Mädchen!

Alexandra, die ihre Schwesternbeziehung im Kapitel ›Matriarchat‹ beschrieben hat, charakterisiert ihre Position als dritte so:

> »Ich war als dritte ja nicht mehr erwünscht. Meine Mutter hatte uns immer klargemacht, daß sie eigentlich nur zwei Kinder haben wollte. Möglichst natürlich zwei Jungen, aber na ja. Daß ich da nicht mehr erwünscht war, das war mir sehr früh klar. Ich hab' daraus vor allem gelernt, ihr keine Probleme zu bereiten. Ich hab' mich immer bemüht, niemandem Probleme zu bereiten. Erst später habe ich dann gemerkt, daß die anderen, außerhalb meiner Familie,

das gar nicht so toll fanden, daß ich nie Probleme hatte. Die fanden mich nur überheblich oder eingebildet.
Aber wenn ich mal Ansätze gemacht hatte, meiner Mutter gegenüber etwas zu artikulieren, mit dem ich Probleme hatte, dann kam nur: ›Kauft euch doch 'ne andere Mutter! Tauscht mich doch um!‹
Dadurch hab' ich viele ›typisch weibliche‹ Eigenschaften entwickelt: immer schön brav sein, nett aussehen, mich an allem schuldig fühlen, alles gegen mich wenden, halt so ein bißchen masochistisch – ganz schön beschissen.«

Toman sagt über die mittleren Kinder: »In Familien mit vielen Kindern gibt es mehrere mittlere Geschwister, und diese, ganz insbesondere aber die ›völlig mittleren‹ sind in Gefahr, übergangen und isoliert zu werden. Sie haben anscheinend eine allzu vieldeutige Position. Sie bedeuten für jeden Typus ihrer Geschwister etwas anderes. Sie sind für alle Geschwister da und daher eigentlich für keines, scheinen die Geschwister mit den markanten Positionen zu denken.«[33]
Genauso beschreibt Saskia, die jüngste von vier Mädchen ihre dritte Schwester:

»Meiner dritten Schwester hätte ich zugute halten müssen, daß sie mich immer verteidigt hat und immer für mich eingetreten ist, früher, aber ich habe es ihr nicht gedankt. Ich hab' es immer eher für ein Zeichen von Charakterschwäche gehalten: egal, was oder wer kommt, die findet alles nett. Ich hab' immer eine klare Ablehnung lieber gemocht als die Zustimmung von Leuten, bei denen ich das Gefühl hatte, es war denen egal, wem sie zustimmten. Und als sie heiratete und Kinder bekam und alles so toll managte, hab' ich sie restlos bewundert. Ich wollte das zwar nie genauso machen wie sie, aber ich fand einfach phänomenal, *wie* sie etwas anpackte. Und dabei war sie immer noch heiter und ausgeruht und liebevoll. Also, sie war für mich Spitze. Bis ich dann etwas genauer hinsah und merkte – die bekam im Grunde alles, was sie wollte, ohne daß der andere merkte, daß es ihr gab! Sie hatte so eine Art, irgendwo aufzutauchen, strahlend, liebenswürdig, entwaffnend, und zack – war sie wieder weg und ließ so wenig zurück. Also, sie kam, sah und siegte – aber hinterher fühlte man sich irgendwie betrogen. Ich hab' das selber oft erlebt: Ich war unheimlich wütend auf sie, aus irgendeinem

Grund, und sie tauchte auf, und kaum war sie da, fand ich sie so toll wie eh und je. Es macht mich wütend – auf mich –, daß ich ihr nicht durchgängig böse sein kann. Es macht mich wütend, daß ihre Art, die ich doch so gut durchschaue, trotzdem auf mich genauso voll wirkt, und gleichzeitig empfinde ich es als ungerecht, daß alle Welt ihr so nachrennt. Mein Mann nennt sie zum Beispiel immer ›liebevolle Dampfwalze‹ – auf ihn wirkt ihr Zauber zum Glück nicht so sehr, obwohl er sie sehr attraktiv findet und große Stücke hält von ihrer sanften Durchsetzungskraft. Das ist so bezeichnend für sie: Man merkt gar nicht, wie sehr sie einen einspannt für ihre Zwecke – aber wahrscheinlich, wenn man es merkte, würde man's trotzdem tun, weil sie halt so liebenswert und freundlich ist. Für mich ist sie, glaube ich, immer ein wahnsinniges Ideal gewesen, mein wandelndes positives Selbst!«

Was Saskia beschreibt, scheint eine typische Haltung für die dritte zu sein: freundlich, liebenswert angepaßt, verbindlich, um jeden Preis mit allen gut Freund sein, so hat sie es seit ihrer Kindheit gelernt. Aber irgendwo müssen ihre negativen Gefühle auch bleiben. Sie ist das Kind, das keine Probleme zu machen scheint. Daß sie keine *hat*, ist ja sehr unwahrscheinlich, daß sie sie nicht *deutlich* macht, sondern eben die *heimliche* Rebellin ist, wie es Manja beschrieb, ist wahrscheinlich auf die große Angst zurückzuführen, dann die Liebe der Eltern zu verlieren.
Eine andere dritte sagt:

»Es war immer so, daß die Älteste und die Jüngste ihre Probleme deutlichmachen konnten, bei uns Mittleren achtete man nicht so drauf. Die konnten dadurch ihre Probleme auch ein Stück weit verarbeiten – wir nicht. Dabei mache ich zwar nach außen nicht soviel Probleme, aber im Grunde bin ich ein schwieriger Mensch.«

Und eine andere:

»Die Jüngste und die Älteste, das waren immer die Klügsten, die Schönsten. Wir Mittleren sind irgendwie untergegangen, wir haben nie eine Rolle gespielt, so bei Verwandten zum Beispiel. Aber ich bin die einzige, die heute mit *allen* Schwestern auskommt.«

Damit beschreibt sie eine wichtige Rolle der dritten: Sie fühlen sich leicht für den Familienfrieden verantwortlich.

Isa, dritte von vier Mädchen und die nächstjüngere Schwester von Vera, sagt:

»Ich weiß noch genau – da muß ich so ungefähr acht Jahre alt gewesen sein, und es hatte gerade mal wieder Krach gegeben. Und da kam mein Vater plötzlich zu mir in die Küche, umarmte mich und sagte: ›Isa, du bist der Kitt, der die Familie zusammenhält.‹ Von dieser Sekunde an hatte ich meine Aufgabe in der Familie gefunden, von nun an, so schwor ich mir, sollten sich alle auf mich verlassen können. Von nun an war ich immer für alle da. Ich vermittelte zwischen ihnen. Ich war vollauf damit beschäftigt, dafür zu sorgen, daß sich jeder mit jedem vertrug. Das war eine weiß Gott anstrengende Aufgabe, denn wir waren alle ziemlich temperamentvoll. Ich war so damit beschäftigt, aufzupassen, daß auch alles gut lief und daß sich keiner zankte und daß keiner zu kurz kam, daß ich mich selber gar nicht mehr einbringen konnte. Ich war immer stiller als die anderen, ich redete nicht soviel, ich hörte zu und – beobachtete. Mein Lachen über einen Witz kam immer später als das der anderen, ›aus dem Mustopp‹ hieß es immer, und irgendwie hielt man mich für ein bißchen dumm, ›Schmidt's Doofe‹ nannte man mich ›liebevoll‹ – und mit dieser ›Schublade‹ hab' ich mich mein Leben lang herumgeschlagen! Aber für diese anstrengende Arbeit innerhalb der Familie habe ich mich entschädigt, indem ich mich in meine Phantasiewelt zurückgezogen habe. Dort war ich die ›Bestimmerin‹. Die ganze Innenwelt war für mich bevölkert mit Zwergen, Feen und Elfen, und ich war die Herrscherin, ich konnte sie bewegen, ihnen Leben geben und Schicksal spielen. Das war für mich ein ganz großer, geheimer Schatz.«

Die ›Flucht nach innen‹ als Entschädigung für die Anpassungsleistung, die einem tagtäglich abverlangt wird, weil man der Umwelt ja nur die Schokoladenseite zeigen darf, das freundliche, verständnisvolle Gesicht, für das man erhält, was man so dringend braucht: die Zuwendung der anderen. Aber hinter dieser immer freundlichen Fassade *muß* sich auch etwas anderes entwickeln, müssen sich die negativen Gefühle, die man nie rauslassen darf, eigentlich anstauen. Manja beschrieb, wie sie eines Tages einfach sagte: »Morgen gehe ich!« Überraschend für ihre Eltern, die in ihr immer die ruhige, nette, problemlose Tochter gesehen haben.

»Meine Mutter hat es wohl sehr gestört«, sagt ebenfalls eine dritte, »daß sie bei mir nie dahintergestiegen ist, was ich *wirklich* denke und meine. Aber das habe ich von meinem Vater – ich bin immer irgendwie in Opposition. Die dachten immer, ich sei das liebste und bravste Kind, daß nie irgendwelche Dummheiten macht. Die haben mir zum Beispiel nicht abgenommen, als ich ihnen erzählt habe, daß mein Mann nicht der erste Mann für mich gewesen ist. Die haben geglaubt, ich wollte angeben. Aber diese Vermischung von Wahrheit und Nicht-Wahrheit – das konnte ich bis zur Perfektion. Ich konnte mich auch viel mehr entwickeln, weil auf mich nicht so geachtet wurde. Und ich hab' immer gedacht: ›Denen werd' ich's zeigen.‹«

Irgendwann möchte man sich rächen für die vielen Kleinigkeiten, die man im Alltag wegdrücken muß, um seine Rolle als problemlose, liebe Tochter und Schwester aufrechtzuerhalten. Wieviel Angst steckt dahinter, wieviel Unsicherheit, daß man die Liebe der Eltern oder anderer wichtiger Personen aufs Spiel setzen könnte! Die Überzeugung, du wirst nur geliebt, wenn... (du lieb, schön, gut, klug etc. bist), scheint sich für die dritten besonders stark aufzubauen. Dazu kommt die den Mädchen üblicherweise anerzogene ›Friedfertigkeit‹, dieses Zurückstellen eigener Bedürfnisse nach dem Motto: ›Ach, es ist ja auch nicht so wichtig, was ich meine, denke und empfinde, Hauptsache, ich mach' die anderen glücklich!‹ Alice Miller beschreibt in ihrem Buch ›Das Drama des begabten Kindes‹, wie es dazu kommt, daß Kinder so ein besonderes Gespür für die Bedürfnisse des anderen entwikkeln.[34] Da ist zunächst eine emotional unsichere Mutter, die das Kind zur Erfüllung eigener unerfüllter Bedürfnisse (nach Wärme, Liebe, Anerkennung) braucht. Das Kind spürt dies, und dieses Gefühl (daß es gebraucht wird) gibt ihm die Existenzsicherung. Die Fähigkeit des Kindes, diese Bedürfnisse der Mutter unbewußt wahrzunehmen und zu erwidern, »wird ausgebaut und perfektioniert, und diese Kinder werden nicht nur zu Müttern (Vertrauten, Ratgebern, Tröstern, Stützen) ihrer Mütter, sondern übernehmen auch Verantwortung für ihre Geschwister und bilden schließlich ein ganz besonderes Sensorium für unbewußte Signale der Bedürfnisse des Anderen aus«.[35]

Damit verbunden ist aber auch, daß so ein Kind aufgibt, eigene Bedürfnisse zum Ausdruck zu bringen. »Der Mensch entwickelt eine Haltung, in der er nicht nur alles zeigt, was von ihm gewünscht wird, sondern so mit dem Gezeigten verschmilzt, daß man ... kaum ahnen würde, wieviel Anderes hinter dem ›maskierten Selbstverständnis‹ noch in ihm ist.«[36]

Alice Miller hat diese Beobachtungen im Verlauf vieler Therapien gemacht, in denen die Patienten zunächst alle von ihrer besonders glücklichen und problemlosen Kindheit berichteten und erst im Verlauf der Therapie merkten, daß sie praktisch alles Unangenehme absolut verdrängt hatten, weil sie es nicht deutlichmachen durften. Die innere ›Rebellion‹ der dritten könnte ein Verfahren sein, diese aufgestauten Gefühle sozusagen heimlich und unbemerkt abzulassen und sich auf diese Weise psychisch gesundzuhalten.

Irene ist eine dritte von vier Mädchen, die immer, wie sie sagt, der ›Sonnenschein der Familie‹ war.

»Ich war immer der Liebling aller. Meine Schwestern kamen mit ihren Problemen zu *mir*, und das wertete mich natürlich ungeheuer auf im Familienkreis. Es war eigentlich das einzige, was ich hatte: lieb sein, still sein, zuhören können und Ratschläge geben. Ich hätte mich auch nie getraut, etwas zu tun, womit ich mir den Zorn der anderen hätte zuziehen können, wahrscheinlich wurde ich deshalb für so ›brav‹ gehalten. Heute denke ich, es war einfach Feigheit.

Ich war eine Musterschülerin, immer beliebt bei den Lehrern, bei den Mitschülern weniger. Ich war recht hübsch, und so hatte ich immer viele Freunde – ganz in Ehren natürlich. Nie hätte ich es gewagt, mich den sehr strengen Moralvorstellungen meiner Mutter zu widersetzen. Im Grunde habe ich alles so gemacht, wie meine Mutter es mir – sicher unbewußt – vorschrieb: Ich hab' sehr früh geheiratet und genau wie sie vier Kinder bekommen. Als ich meinen Mann kennenlernte, war ich 16 und stellte es mir sehr romantisch vor, als erste der vier Schwestern zu heiraten. Daß ich es dann schließlich auch tat, hatte, glaube ich heute, sehr viel damit zu tun, daß meine Eltern zunächst *gegen* die Heirat waren. Ich war zwar nach außen lieb und angepaßt, aber insgeheim versuchte ich natürlich doch, das zu erreichen, was mir wichtig schien. Auf meiner Hochzeit reimten meine alten Tanten: ›Das Irenchen, sanft und still, kriegt doch immer, was sie will!‹ Und ich habe heute noch das Gefühl, daß das eigentlich in ihren Augen etwas Schlimmes war: sich etwas zu holen, was man haben wollte. Zumindest bei *mir* erwartete das wohl keiner! Ich war und blieb der Stolz meiner Mutter: eine hübsche, tüchtige Ehefrau und Mutter, die den Haushalt, vier Kinder und dann auch noch eine Berufsausbildung spielend schaffte und dabei immer freundlich und charmant war, für jeden Zeit hatte, nähte, backte und der Motor der Familie war. Nur ich selbst ging mir irgendwie dabei verloren. Manchmal fühlte ich mich wie eine ausgepreßte Zitrone, wie eine Wurstpelle, leer und zu nichts nütze. Einerseits fand ich das selber toll, wie ich lebte, und andererseits wußte ich, daß mir irgendwas fehlte, aber nicht was. Keiner merkte, daß es mir innerlich nicht gutging, weil ich ja nach außen immer weiter die Tüchtige, Verbindliche blieb. Bis ich eines Tages einen Schlußstrich zog und mich von meiner Familie trennte, räumlich zumindest. Ich zog allein in eine andere Stadt. 600 Kilometer weit. Das war für alle ein Schock. Auf einmal war ich nicht mehr die Tochter, auf die Eltern stolz sein konnten – mit 38 wohlgemerkt! –, und nicht mehr die charmante Ehefrau und aufopfernde Mutter. Zum ersten Mal in meinem Leben hatte ich *gegen* die Vorstellungen meiner Umwelt gehandelt! Zum ersten Mal hatte ich nicht mehr versucht, heimlich zu erreichen, was ich haben wollte oder mußte, sondern offen! Das war eine mittlere Katastrophe, damit hatte keiner gerechnet. Aber ich selber – ehrlich gesagt – auch nicht. Ich wußte nur plötzlich, daß ich es tun *mußte*.«

Die ›Rebellion‹ gegen herrschende Meinungen kommt bei den dritten, wie gesagt, so besonders überraschend, weil bei *ihnen* keiner damit rechnet. »Die dritten«, sagt die Psychotherapeutin Rücker-Embden-Jonasch, »sind sehr häufig Symptomträger, wenn sie aus einer gleichgeschlechtlichen Geschwisterreihe kommen. Jungen allerdings noch häufiger als Mädchen. Diese Jungen werden zum Beispiel lange in Mädchenkleider gesteckt, weil die Eltern sich weigern, zur Kenntnis zu nehmen, daß es wieder ein Junge ist. Bei

Mädchen scheint das nicht ganz so ausgeprägt zu sein. Allerdings haben wir in unserer Praxis im Augenblick drei magersüchtige Patientinnen, und dies sind alles die dritten Mädchen aus einer Schwesternreihe!« Magersucht ist eine Krankheit, deren Ursachen noch nicht geklärt sind. Sie befällt fast nur Mädchen aus wohlhabenden Familien und meist während der Pubertät. Die Mädchen hören auf zu essen, weil sie dünner werden wollen, und finden dann keine Grenze. Magersucht kann zum Tod durch Verhungern führen, und eine Behandlung ist meist sehr schwer, weil die Mädchen sich weigern, zur Kenntnis zu nehmen, daß sie krank sind. Sie finden sich sehr schön, obwohl sie oft bis zum Skelett abgemagert sind, und sind stolz auf ihre Leistung, ihren Körper so absolut unter Kontrolle zu haben. Magersucht ist sicher auch eine Form der Rebellion. Hilde Bruch sagt in ihrem Buch ›Der goldene Käfig‹:

»Ein auffälliges Merkmal dieser Familien war die geringe Zahl an Söhnen. Mehr als zwei Drittel der Familien hatte nur Töchter. Die meisten bestritten, daß dies mit irgendwelchen Problemen verbunden sei, obwohl eine Mutter nach der Geburt ihrer vierten Tochter so depremiert darüber war, ihren Mann enttäuscht zu haben, weil sie ihm keinen Sohn geschenkt hatte, daß der Vater sich um das neugeborene Mädchen kümmern mußte; er zog sie mit der Präzision auf, die er sich bei seiner Ausbildung zum Elektroingenieur angeeignet hatte...Die Eltern waren immer zufrieden mit genau diesem Kind, weil es ihren Vorstellungen so genau entsprach und nie Schwierigkeiten oder Kummer bereitet hatte, im Gegenteil. Die Mädchen selber haben aber immer in der Angst gelebt, etwas falsch zu machen und dadurch die Liebe und Fürsorge ihrer Eltern zu verlieren. Sie lebten nach dem eisernen Grundsatz: anderen zu gefallen und kein Ärgernis zu erregen. Diese Mädchen scheinen nicht überzeugt zu sein von ihrer inneren Substanz und ihrem Wert, und sie setzen alles daran, dem Bild zu entsprechen, das andere von ihnen haben. Die ganze Kindheit der Mädchen, die schließlich magersüchtig werden, ist durchtränkt von dem Bedürfnis, andere zu übertreffen und das zu tun, von dem sie glauben, daß andere es von ihnen erwarten.«[37]

Nach dieser Beschreibung könnten die dritten tatsächlich

eine gewisse Disposition zur Magersucht haben. Der Wunsch, sich aus der Geschwisterreihe herauszuheben, verbunden mit einem unbewußten Kampf gegen die weibliche Rolle, wird hier zum Äußersten getrieben. Aber es muß nicht so dramatisch ablaufen. Der Wunsch, sich aus der Schwesterschar herauszuheben – zum Beispiel durch besondere Angepaßtheit –, hat natürlich Konsequenzen für die Schwesternbeziehung: Die ›Liebe‹ ist dann diejenige, die sich einschmeicheln will, und die dritte, so besonders zuwendungshungrig, muß dann ihr Verhalten auch auf die Schwestern ausdehnen, damit die ihr nicht übelwollen. Sie ist dann eben auch die Vermittelnde, Verbindliche, die treue Gefolgsfrau, wie Vera ihre dritte Schwester beschrieben hat:

>»Ich habe meine dritte Schwester vor Augen: still und begeistert. Und das war genau das, was ich brauchte. Die Antwort in ihrem Gesicht spiegelte immer Interesse, aber ich bin mir durchaus nicht sicher, ob sie wirklich immer zuhörte. Wahrscheinlich nicht. Sie war für mich die ideale Wand, um mich im Formulieren und Reden zu üben.«

Und Isa, die solchermaßen beschriebene, sagt dazu:

>»Vera hat mir die Welt erklärt – und ich habe ihr willig geglaubt. Sie war in meinen Augen jahrelang eine ›mächtige‹ Schwester: Sie war fast fünf Jahre älter als ich, sie war Vaters Lieblingskind, sie hatte häufig Krach mit meiner Mutter – was für mich einfach unvorstellbar war, wofür ich sie aber auch bewunderte! –, und sie hatte mich aus dem Kreis der Schwestern als ›Vertraute‹ erwählt! Das alles zusammen machte sie für mich eine Zeitlang zur Göttin: Was sie sagte, war der absolute Maßstab, was sie anregte, wurde gemacht, was sie schön fand, fand ich auch schön. Das ging so weit, daß ich erst als erwachsene Frau mir mal überlegt hab', warum ich eigentlich blaue Hortensien nicht mochte, die ich eigentlich sehr schön fand. Bis ich darauf kam, daß Vera mir als Kind gesagt hatte: ›Blaue Hortensien sind häßlich!‹«

Solche Koalitionen, das heißt besondere Bindungen innerhalb der Geschwister gibt es häufig, wenn mehr als drei Geschwister zusammen sind. Das bietet für die dritte auch die

Chance, nicht nur treuer Gefolgsmann zu werden wie Isa, sondern auch selber wieder zu führen.

Alexandra beschrieb schon, wie sie ihrer jüngsten Schwester gegenüber so eine Führerrolle übernommen hat. Bei Ruth war es genauso. Ruth ist mit ihrer Position als dritte recht zufrieden, sie hatte die Möglichkeit, dadurch, daß sie wieder eine Führerrolle der nächsten gegenüber übernahm, Eigenschaften zu entwickeln, die sonst für die ›lieben dritten‹ nicht typisch sind:

»Ich konnte gegen etwas angehen, was ich als ungerecht empfand. Ich habe mich gewehrt. Ich bin zum Beispiel nicht in die FDJ eingetreten, ich gehörte zur Jungen Gemeinde. Und an einer Demonstration zum 1. Mai kam der Direktor zu mir und sagte, ich müsse mein Abzeichen – ein Kreuz – abmachen. Ich habe mich dreimal geweigert, und da hat er gesagt: ›Dann verlassen Sie bitte die Demonstration!‹ Und ich bin hocherhobenen Hauptes gegangen und habe gedacht, alle meine Freundinnen aus der Jungen Gemeinde würden mitkommen. Es kam aber keine, die haben ihr Abzeichen eben abgemacht.

Ich glaube, daß mir die Position als dritte ein gutes Polster gegeben hat. Es trifft einen nicht die ganze Härte der ersten Erziehungsbemühungen der Eltern, und man wird nicht verzärtelt wie die Jüngste. Und durch die innerfamiliäre Einteilung in ›die beiden Großen‹ und ›die beiden Kleinen‹ hatte ich ja der Jüngsten gegenüber wieder eine Führungsposition. Bei meinen Freundinnen hab' ich immer bestimmt, was gemacht wurde, und bei den Freundinnen meiner kleinen Schwester gleich auch noch. Dadurch hab' ich auch Verantwortung gelernt.«

Die Gefahr, daß sich die dritten Schwestern aufgrund ihres schwachen Selbstwertgefühls anpasserisch und einschmeichlerisch verhalten, ist relativ groß. Bei einer größeren Anzahl von Schwestern aber können sie auch wieder Erfahrungen machen, die ihnen Selbstbewußtsein vermitteln – vorausgesetzt, die Eltern lassen das zu und ›verwenden‹ sie nicht als Musterbeispiel der ›Braven‹, was ihr persönlich und innerhalb der Schwesternbeziehung keinen Gewinn einbringt. Die ›Gefährdung‹ der dritten liegt in der Anpassungsleistung an die antizipierten Bedürfnisse der Umwelt – ein Verhalten, das bei uns ja als besonders weiblich gilt. Sensibilität für die Bedürfnisse anderer ist bestimmt eine Fähigkeit, die es lohnt, geübt und ausgebildet zu werden, aber nur, wenn gleichermaßen auch geübt wird, eigene Bedürfnisse zu erspüren und deutlich zu machen, und wenn man sich nicht ständig selber verkrüppeln muß, nur um die anderen zufriedenzustellen.

Kapitel 4

Die Jüngste: Die unglückliche Siegerin

Paula ist heute 44 Jahre alt. Sie lebt in einer großen Etagen-
wohnung mit Mann und zwei Söhnen mitten in einer
Großstadt. Sie ist nicht mehr berufstätig, seit sie verheiratet
ist. Ihre Söhne sind jetzt 14 und 15 Jahre alt. Ihr Mann ist
Arzt, er kommt jeden Tag zum Mittagessen. Paula ist die
jüngste von vier Mädchen. Die Allerschönste? Da muß sie
lachen:

»Nein, wir waren immer zwei Prachtbände und zwei
Volksausgaben. Die Schönen – das waren die Älteste und
die dritte, wir beiden anderen hatten es nicht so sehr mit der
Schönheit!
Ich hieß immer die ›Josefine‹, nach der Bibel: da war der
Josef, der jüngste der zwölf Brüder, doch auch ein
Tunichtgut. Meine Schwestern hatten alle so soziale Ticks
drauf, und ich hab' mich gedrückt, wo ich nur konnte, mit
aller Raffinesse. Also, wenn es hieß: ›Wir machen die
Betten, dann freut sich die Mutti!‹ oder: ›Wir holen die
Kohlen, dann freut sich die Omi!‹ – auf solche Ideen kam
ich nie! Ich fand das immer höchst überflüssig. Und dann
hab' ich Prügel bezogen von der dritten! Und kratzte und
biß wie ein Teufel zurück!
Ich hab' mich im Elternhaus wenig um allgemeine Dinge
gekümmert. Das wissen meine Schwestern alle besser als
ich. Ich war kleiner, wesentlich jünger, bin von den Eltern
immer sehr verwöhnt worden, und Dinge, die ich nicht
sehen wollte, habe ich nicht gesehen. Ich weiß von meinen
Schwestern – und aus einer Ahnung heraus –, daß meine
Mutter meinen Vater sehr viel betrogen hat. Ich selber
wollte das wohl nicht sehen und hab's verdrängt. Ich hab'
am liebsten ein ruhiges, fröhliches Familienleben, wo
gelacht wird, wo Menschen sich wohl fühlen. Meine älteste
Schwester ist wesentlich älter als ich – acht Jahre – da haben
wir wenig gemeinsame Kindheitserinnerungen. Aber sie
war wohl sehr – respekteinflößend, was *sie* sagte, hab' ich
gemacht, bei den anderen viel weniger! Mit der dritten

hatte ich das beste Verhältnis, obwohl wir uns halbtot geprügelt haben!

Ein Großteil der Erziehung ist natürlich über meine Schwestern gelaufen, die durch sehr viel Predigen einige Furchen gegraben haben. Meine Mutter war auch sehr nachsichtig. Einmal habe ich einige Ohrfeigen von ihr bekommen für sehr bewußtes Lügen, was berechtigt war, was ich aber natürlich nicht zugegeben habe! Und das ständige Reden zu Hause war: ›Die wird's im Leben mal schwerhaben, so wie sie ist!‹ Weil ich eben renitent war, faul, widerborstig, großmäulig. Ich hab's allerdings nicht schwergehabt. Ich bin immer verwöhnt worden, immer gut aufgenommen worden. Alle sind mir unheimlich nett begegnet.

Ich war sehr frech als Kind. Verlogen. Geklaut. Alles mögliche. Ungezogen. Die Familie bestohlen, wo ich nur konnte. Meine nächstältere Schwester hat mich immer gedeckt. Alle haben mich immer unterstützt, weil ich die Kleinste war. Die zweite hat Psychologie studiert, und als sie fertig war, hat sie mich geholt, weil sie mit mir zusammenarbeiten wollte und mein Beruf mir keinen Spaß machte. Die andere hat mich immer unterstützt, mich durchgefüttert, alle nahmen mich immer unter ihre Fittiche, alle drei hatten immer Beschützerfunktion, gaben mir ihre Kleider, wenn ich nichts hatte und ausgehen wollte. Es gab praktisch zwischen mir und den drei Größeren keine Probleme.

Ich hab' immer blindes Vertrauen zu diesen Schwestern gehabt. Wenn die mir was gesagt haben, habe ich ihnen geglaubt. Bin nie davon ausgegangen, daß mir eine von ihnen Böses wollte – wollten sie wohl auch nicht.

Also, als Jüngste hat man so ein paar Sachen drauf, zum Beispiel die Betteleien; bei uns konnte kein Gast ins Haus kommen, ohne daß ich sagte: ›Hast du mir was mitgebracht?‹ Auch als ich schon älter war. Als Kleinste bekommt man hier noch ein Bonbon, dort noch ein Eckchen Schokolade, das hätte sich keine meiner älteren Schwestern getraut. Ich war sicher ein bißchen verzogener als die anderen, aber die wurden auch sehr streng gehalten. Und meine Schwestern haben sich immer um mich gekümmert, und ich fand das eigentlich selbstverständlich. Ich hab' auch blindes Vertrauen, daß ich jederzeit bei jeder anrücken kann, bei jeder.

Ich war nie ein süßes Kind. Ich war ein vermeckertes, verheultes, kränkliches Kind. Vielleicht deswegen so verwöhnt. Ich lag fast immer. Ein Schwächling. Entsetzlich mager. Und wählerisch. Ich hätte immer lieber gehungert, als etwas zu essen, was mir nicht schmeckte. Trotz des Futterneides mit drei größeren Schwestern. Trotz der schweren Zeit. Ich bin dann woanders hingegangen zum Essen. Das war sicher alles eine Form der Rebellion. Kaum war ich aus dem Haus, habe ich von morgens bis abends klassische Musik gehört, bis ich sie pfeifen konnte. Aber erst dann, als meine Schwestern weg waren. Ich war wahnsinnig eifersüchtig, als die erste Enkeltochter ins Haus kam, da war meine Mutter 42 Jahre, da war ich verrückt vor Eifersucht. Ich war da plötzlich ›Neese‹. Ich hätte das Baby umbringen können. Da war ich 16. Ich hab' die Niveadosen fingerdick ausgeleert, damit die Kleine nichts mehr hat. Rasend eifersüchtig. Ich konnte auch nicht ertragen, wenn eine Schwester an Mutters Seite ging und ich nicht.

Meine Mutter habe ich über alles geliebt, keinerlei Zweifel je an meiner Mutter gehabt. Sie konnte auch sehr viel. Ich weiß bis heute nicht, wie sie das gemacht hat, aber sie hat jeder der vier Töchter das Gefühl gegeben, daß sie die geliebteste ist. Sie war wahnsinnig gerecht. Voller Zuneigung und Toleranz. Und trotz der Verhältnisse, die sie immer hatte, noch mit einem Gespür für den Anstand, den sie der Familie schuldig war. Sie hat meinen Vater nicht lächerlich gemacht. Und sie hat auch verlangt, daß wir in der Passionszeit nicht tanzen gingen, um des Vaters willen.

Jeder hatte irgendwas: Die Großen sammelten Kunstpostkarten von Michelangelo, die Älteste konnte Klavierspielen, die nächste kriegte ein Harmonium, Zieharmonika, die nächste spielte Geige, und ich hab' mit sechs Jahren angefangen zu malen. Das war in Ordnung, damit hab' ich mich ein bißchen abgesetzt. Ich bekam Malunterricht. Die anderen waren alle schon sehr früh durch unsere Mutter an klassischer Musik interessiert. Die ging mir auf den Geist. Ich rannte davon. Vielleicht auch, um mich abzusetzen. Aber ich gebe auch zu, daß ich faul bin. Ich spiele lieber Skat. Na, und da hatte ich eben so ein Stigma weg. Andererseits wurde ich eben auch immer wieder sehr verwöhnt. Vielleicht hatte die Erziehungsenergie meiner Eltern auch schlicht abgenommen. Ich durfte alles viel früher als die anderen.

Meine älteste Schwester lernte ich erst kennen, als ich

selber Abitur hatte, hierher nach B. kam, sie schon verheiratet war und zwei, drei Kinder hatte. (Sie hat übrigens selber auch wieder vier Töchter bekommen.) Ich ging zu ihr Kinderhüten, bekam dafür ein Abendbrot, und im Verlauf dieser drei Jahre, die das dauerte, hat sich etwas sehr Enges aufgebaut, sehr eng. Das hat sich dann auch gehalten, als ich geheiratet habe; ein Kind ist mein Patenkind, ich hab' zu dieser Familie ein sehr enges Verhältnis. Sie hat mir alle ihre Kümmernisse anvertraut. Ich wußte als erste, wenn sie wieder schwanger war, wenn sie Ärger mit ihrem Mann hatte, Probleme mit den Kindern. Ich war ja altersmäßig sehr nahe dran an ihren Kindern, und alles, was sie später in ihrer Ehe durchmachte, bekam ich sehr direkt und hautnah mit. Ich war immer da zum Mittragen und Anteilnehmen.

Das waren sehr gute Jahre. Sie hat mich viel gefragt, ich hab' ihr viel erzählt, ihr, der die Zeit so langsam davonschwamm. Ich war eben sehr viel jünger. Wir haben auch mal Urlaub zusammen gemacht, wo ich ihr bei den Kindern half. Wir haben die Abende viel allein verbracht und über alles geredet. Und es ist nie ein böses Wort zwischen uns gefallen. Nie.

Zu keiner meiner Schwestern hatte ich eine solch enge Beziehung. Die Zweitälteste sucht mich sehr, aber die ist eben auch sechs Jahre älter als ich. Mit der hatte ich Probleme, weil sie mir immer die dritte wegnehmen wollte, weil sie Probleme mit der Ältesten hatte. So sehe ich das jedenfalls. Ich hab' mich für sie nie so interessiert oder für ihre Männergeschichten. Jetzt erst, so in den letzten 15 Jahren, sprechen wir intensiver miteinander, früher kaum. Nun bin ich auch überhaupt nicht neugierig, ich würde nie fragen.

Ich hab' sehr spät angefangen, mich für Jungen zu interessieren. Nach Hause durfte sowieso keiner kommen, da war mein Vater streng. Wer nicht um unsere Hand angehalten hatte, betrat das Haus nicht. Ich hab' dann erst sehr spät, mit 20/21, mit einem Mann geschlafen, den ich sehr toll fand, ein Windhund, den hätte ich meinem Vater nie zeigen wollen. Verliebt war ich wohl öfters, aber – dann war da auch mal ein Seriöser dabei, Witwer, sehr viel älter als ich, der wollte mich heiraten, sah aber dann bald ein, daß ich zu jung war. Sonst gingen die Sachen nie sehr lange, nie sehr intensiv. Dann kam bald mein Mann.

Wir sind sehr wenig geschlagen worden. Von meinem

Vater hab' ich mit 18 Jahren die einzige Ohrfeige bekommen, die war berechtigt. Sonst nie.

Er wollte gerne *Frauen* um sich haben, und davon hatte er ja sieben: seine Frau, seine Töchter, seine Mutter, seine Schwiegermutter. Der Pastor mit seinem Harem. Aber er hatte keine Probleme mit uns, sondern wir mit ihm. Er war autoritär bis zum ›Es-geht-nicht-Mehr‹. Streng. Aber man konnte auch lachen mit ihm. Er war sehr geistvoll, klug und gebildet. Es gibt keine Frage, die ich von meinem Vater nicht beantwortet bekommen habe.

Ich hab' immer alle Männer an meinem Vater gemessen. Ob sie zu doof gewesen wären, inwieweit ich mich vor meinem Vater hätte schämen müssen! In geistiger Hinsicht war mein Vater für uns der absolute Maßstab. Da hat auch keine von uns ihm das Wasser reichen können. Alle nicht.

Heute möchte man ihn haben und mit ihm reden. Das ist nun nicht mehr möglich. Sicher hätte er lieber Söhne gehabt. Das erste Kind meiner Eltern war ein Junge und ist gestorben. Den hat er notgetauft, und der starb. Und dann kamen halt alles Mädchen. Eigentlich wollten meine Eltern sieben Kinder. Aber nach meiner Geburt wurde mein Vater zuckerkrank. Dann haben sie keine Kinder mehr gewollt, weil man nicht wußte, ob er am Leben bleiben würde. Aber er ist immerhin 64 Jahre alt geworden.

Das Wichtigste in unserem Leben waren Briefe von unserer Mutter! Wir fangen heute noch an zu heulen, wenn wir von unserer Mutter reden, heute noch! Alle. Wenn wir uns eine schöne Situation mit unserer Mutter vorstellen, wie wir in der Küche gebacken oder mehrstimmig gesungen haben. Und wenn der Vater weg war, haben wir uns ein schönes ›Käffchen‹ gemacht und 'ne Schnitte, das war absoluter Luxus. Und dann wurde so schön erzählt, wie sie selbst aufgewachsen war. Wie im Märchen. Oder sie fragte, wollen wir meinen Schmuck saubermachen, und dann haben wir uns ihn angesehen und erzählt. Und sie hat uns immer gedeckt, nie gepetzt.

Die letzten Jahre habe ich dann alleine mit einer Freundin zu Hause gewohnt. Dann starb meine Mutter, und der Haushalt löste sich auf. Da war ich 21.«

Paula, ›vermeckert, verheult‹, wie sie sagt, scheint dem Bild der strahlenden, schönen Jüngsten, die mit ihrem freundlichen Wesen die Wonne der ganzen Familie ist, gar nicht zu entsprechen. In der Familie hat die Jüngste – in den Augen der anderen Schwestern – das beste Teil erwählt: Sie bekommt die Wärme, Liebe und Zuneigung der Eltern, die oft *wissen*, daß dies ihr letztes Kind sein wird, und das noch einmal richtig genießen wollen. Bei ihr haben sich die Eltern vermutlich ›daran gewöhnt‹, daß es *wieder* ein Mädchen ist, sind insofern auch nicht allzu enttäuscht. Dazu bekommt sie die Liebe und Zuneigung der bis dahin wahrscheinlich schon größeren Schwestern, die sich, da Mädchen ›von Natur aus‹ so mütterlich sind, sicher auch sehr liebevoll um sie kümmern, und – sie braucht alles, was sie bekommt, niemals mehr mit einem plötzlich auftauchenden ›Nachfolger‹ zu teilen. Sie wird nie entthront, keiner wird sie verunsichern dadurch, daß er ihr plötzlich die Zuwendung der anderen streitig macht. Deshalb werden die Jüngsten auch meist sehr positiv geschildert – voller Selbstvertrauen in die eigenen Fähigkeiten, offen, zuversichtlich, freundlich, spontan... Jüngste von Schwestern scheinen es besonders gutzuhaben – oder?

Anja, jüngste von vier Mädchen und heute selber Mutter von zwei Kindern, faßt ihre Erfahrungen so zusammen: »Ich bin oder war immer begleitet von dem Gefühl des ›Fast-nicht-durchstoßen-Könnens‹ in die Rolle des Auch-Großseins. Ich ertappe mich heute noch bei dem Gefühl: ›Ich darf das schon‹. Manchmal habe ich das Gefühl, ich lerne es mit meiner Tochter, dieses: Ich darf das auch schon ganz alleine wollen! Und immer zu warten, bis jemand sagt, ich darf. Immer das Gefühl haben, da müssen erst noch Stimmen eingeholt werden.« Und eine andere sagt: »Ich habe mich mein Leben lang bemüht, in den Kreis der Großen aufgenommen zu werden.«

Viele Jüngste erleben die Familie, in die sie hineingeboren wurden, als besetzt – jeder hat seinen Platz gefunden, jeder seine Rolle – welches Feld für sie übrig ist, können sie nicht recht identifizieren. Das Jüngste von mehreren Kindern erlebt oft ganz andere Eltern als die anderen, das kann von Vorteil sein, was die größere Erziehungserfahrung oder die nachlassende Autorität angeht, es kann aber auch von Nachteil sein: »Spätere Kinder werden manchmal als Last betrachtet, und man schenkt ihnen weniger Aufmerksamkeit, etwa weil die Eltern stärker mit Arbeit belastet sind, so daß ihre

Persönlichkeitsentwicklung mehr von der Interaktion mit den Geschwistern als von der mit den Eltern abhängt«,[38] sagt Lucille Forer und an anderer Stelle: »Jüngste Kinder fügen sich so in das Netz der sozialen Beziehungen ein, wie sie von den älteren Familienmitgliedern behandelt werden... werden sie geärgert, grob behandelt und ausgelacht, dann kann es ihnen später an Vertrauen zu anderen Menschen fehlen.«[39] Nun gilt das vermutlich für alle Menschen, aber dadurch, daß die Geschwister, bewußt oder unbewußt, Erziehungsfunktionen übernehmen, bekommt das Jüngste oft auch nicht das, was es braucht – schließlich sind Kinder keine Eltern, und nicht alle großen Schwestern sind ›automatisch‹ gute Mütter.

Ein Beispiel dafür gibt Hannah, die als zweite von vier Mädchen sich zur Erzieherin der beiden jüngeren aufgeschwungen hat:

»An meiner jüngsten Schwester hab' ich mich wirklich versündigt – das war so ein Bählamm und hing ewig an Mutters Schürze. Ich hab' immer gedacht, ich wollte dieses Kind einmal in die Knie zwingen. Ich hab' das gehaßt, daß meine Mutter sie nicht abschnippelte, sondern sie immer hinterherlaufen ließ. Deren Verhältnis verschlechterte sich auch mit zunehmendem Alter meiner jüngsten Schwester. Meine Mutter heulte einmal am Tag wegen dieses Kindes, das ein Teufelchen war. Einmal waren meine Eltern weg. Und ich übernahm automatisch die Aufsicht, wenn meine Eltern weg waren, denn die Älteste, die war so katzig, daß meine jüngeren Schwestern sagten, auf die hören wir sowieso nicht, und ich konnte mich durchsetzen. Also, ich wollte dieses Kind mal zittern sehen – ich schäm' mich ja heute noch –, und da hab' ich ihnen ›Das kalte Herz‹ vorgelesen und anschließend das Brotmesser geholt und hab' mich über ihr Bett gestellt und gebrüllt: ›Ich bring dich um!‹, und das Kind fing an zu schlottern, und ich hatte eine unheimliche Befriedigung!«

Was zwischen Schwestern abläuft – manchmal ist es wahrscheinlich ganz gut, daß es die Eltern nicht wissen, aber manchmal tun die Eltern oder die Umwelt auch das ihrige dazu, um die Beziehungen zwischen den Schwestern aufs stärkste zu strapazieren.

Maria erinnert sich noch heute voller Bitterkeit, wie ihre jüngste Schwester behandelt wurde:

»Auf meine jüngste Schwester hab' ich mich zuerst sehr gefreut. Und dann wurde sie mehr und mehr zur Last: ›Maria, kannst du mal aufpassen‹ und so fort. Zunächst war das noch nicht so schlimm, obwohl ich sie auch damals schon hätte erwürgen können, manchmal, weil sie mir immer weggelaufen ist, als sie gerade so laufen konnte. Später habe ich regelrechte Haßgefühle ihr gegenüber gehabt, und je älter ich wurde und je mehr ich die unterdrücken wollte, desto schlimmer wurden sie. Bis ich so 20 war. Daran waren die Umstände schuld, sie selber weniger; sie hat das nur eiskalt ausgenutzt, was ja ganz menschlich ist.

Sie wurde so schrecklich verwöhnt, zum Teil von meinem Vater, aber noch mehr von meinem Onkel und meiner Tante im Haus, die keine Kinder hatten. Sie kriegte ein Fahrrad, und ich mußte sechs Kilometer zur Schule laufen und kriegte keins. Sie kriegte einen teuren Teddymantel. Und meine Mutter konnte sich gar nicht richtig dagegen wehren. Sie hat es manchmal versucht. Wir hatten alle bestimmte Gerichte, die wir nicht so mochten. Bei meiner ältesten Schwester war es die Linsensuppe, bei mir war es der Fisch. Im großen und ganzen wurde da auch Rücksicht drauf genommen. Aber wenn meiner kleinen Schwester irgendwas nicht paßte, dann ist sie eben zu Tante und Onkel zum Essen gegangen!

Heute hat sie sicher die größten Probleme von uns, sie ist einfach zu materialistisch erzogen worden, zu selbstsüchtig. Ich meine, wenn man erwachsen ist und man hat einmal einen Fehlschlag erlitten mit einem sehr viel älteren, verheirateten Mann, dann passiert das einem eigentlich nicht noch einmal. Und sie macht dasselbe noch mal, nur, weil ihr junge Männer nicht soviel bieten können. Ich finde, man heiratet ja schließlich nicht nur, um versorgt zu sein, und das ist bei ihr fast der einzige Gesichtspunkt. Zu Hause war es eben immer dasselbe: Wir mußten auf die Kleine Rücksicht nehmen, ob es ums Badezimmer ging oder ums Essen – immer die Kleine! Ich saß neulich mal mit meiner älteren Schwester zusammen, und wir hatten ein bißchen getrunken, und zum Schluß haben wir beide geheult darüber, wie schlecht es uns doch in unserer Kindheit gegangen ist. Weil mein Vater die Jüngste eben vorgezogen hat. Uns fehlen einfach fünf Jahre mit ihm. Die fehlen. Und ich hab' neulich mal zufällig sein Portemonnaie aufgemacht, da war ein Bild von der Jüngsten drin. Von uns Großen nicht!

Diese ›Ach-wie-niedlich‹-Haltung von Erwachsenen, da könnte ich noch rasend werden, wenn ich das bei Erwachsenen Kindern gegenüber merke. Diese Haltung prägt ein ganzes Leben. Ob's ums Abwaschen ging oder um große Dinge, meine kleine Schwester war einfach nicht greifbar, und die Tante fand das so süß. Im Grunde sind die Betroffenen ja gar nicht glücklich mit so einer Haltung, warum könnte meine Schwester sonst so schlecht Beziehungen knüpfen?«

Verwöhnt und nicht ganz ernstgenommen bestenfalls, unter Umständen aber auch ausgeschlossen aus dem Schwesternclan und verstoßen, weil sie immer das bekommen hat, was die anderen haben wollten: Verwöhnung und Zuwendung der Eltern oder, wie bei Marias Schwester, anderer Personen. Im späteren Leben haben jüngste Schwestern es oft nicht so einfach, weil sie zu wenig Frustrationstoleranz entwickelt haben. Sie erwarten immer sehr viel von der Umwelt, vom Leben, so, wie sie es von kleinauf gewohnt waren. Barbara sagt von ihrer jüngsten Schwester:

»Mein Vater hat sie immer ›Süßi‹ genannt, das fand ich zwar schrecklich als Name, aber, na gut. Die ist von meinem Vater nur verwöhnt worden, so fast als Hätscheltier, er hat sie einfach nur geliebt. Aber das, was ich mit meinem Vater hatte, die Gespräche oder auch mal ›So nicht!‹ oder ›Denke da noch mal nach, mach das mal anders!‹ – das hat sie nie erlebt, nur den verwöhnenden Vater.«

Und Ruth, Paulas nächstältere Schwester, sagt von ihr:

»Sie war natürlich das Nesthäkchen. Sie hatte gewisse Rechte bei meinem Vater, der wahnsinnig autoritär war, und sie war ihm auch sehr ähnlich. Sie hatte eine unverschämte Gosche, und sie hatte vor allem vor meinem Vater keine Angst! Wir anderen hatten alle ziemlichen Schiß vor ihm. Sie war frech meinem Vater gegenüber, aber ihm hat das eher geschmeichelt. Er mochte das. Bei ihr!«

Einerseits scheint es den Jüngsten gutzugehen, weil der Vater von seinem Schrecken verloren hat, den er für die älteren Schwestern noch hatte. Sie werden die Jüngste beneiden, sie braucht keine Angst mehr zu haben vor dem Gewaltigen. Andererseits spüren sogar die Großen, daß die Jüngste nicht mehr ganz ernstgenommen wird – ein Gefühl, das Jüngste wohl ihr Leben lang begleitet. Oder sie erleben weder den weniger strengen noch den verwöhnenden Vater, wie Alexandra es sagt:

> »Die, die weiter hinten kamen, die bekamen immer weniger Vater! Die Älteste hatte er am liebsten, die hat er immer angesprochen, stellvertretend für uns alle, mich hat er gar nicht mehr genau mitgekriegt, ich war ja nur eine von den Kleineren, aber bei meiner jüngsten Schwester war er völlig weg vom Fenster, irgendwie nicht mehr vorhanden.«

Viele Jüngste machen die Erfahrung, daß die Kraft, die Motivation, das Erziehungsinteresse der Eltern abgenommen hat. Haben sie die Älteste noch streng erzogen, sind sie bei der Jüngsten viel nachlässiger. Die Älteren sehen das oft mit Neid. »Die darf schon...«, »...als wir so alt waren...«, aber das ist nur die eine Seite der Medaille – die andere erleben die Jüngsten durchaus negativ

Anja, jüngste von vier Mädchen:

> »Für die Rolle der Jüngsten war bei uns wenig drin, obwohl meine Schwestern das wohl eine Zeitlang geglaubt haben – aber da hatte ich wenig. Und als meine Schwestern aus dem Haus waren, blieb meine Mutter morgens liegen, und ich machte mir selber mein Frühstück. Sie blieb im Bett und löste schwierige Mathematikaufgaben, das war ihr Hobby. Sie hat in irgendwelchen Welten gelebt, schöngeistigen von mir aus, hat aber ihre reale Arbeit nicht gemacht. Ich habe immer sehr viel helfen müssen. Verwöhnt worden bin ich in meinem Leben nie.«

Aus der Sicht der Jüngsten ist es ihnen gar nicht so gut gegangen, wie die älteren Schwestern immer glauben:

> »Und meine jüngste Schwester war immer die Schönste und die Beste und hieß immer die Krone der Schöpfung. Ich hab' immer so getan, als ob mir das egal wäre, aber es ist mir nicht egal.

Meine jüngste Schwester hat sich wohl, weil sie so clever ist und aus Selbsterhaltungstrieb, die Liebe meiner Mutter erworben. Die war pfiffig, die wußte immer, wo's was billiger gab, und das hat meine Mutter gebraucht. Und da bin ich geradezu verstoßen worden. Ich seh' mich als Kind immer auf einem großen Feld, ganz allein. Immer weggeschoben, nirgends hingehörend.«

So beschreibt Monika, wie sie von ihrer jüngsten Schwester ›entthront‹ wurde, wie sie, als mittlere von drei Mädchen, ihren Platz an die Jüngste verlor.
Jüngste Schwestern von mehreren scheinen oft ein ganz anderes Schicksal zu haben als die anderen. Sie haben zum Beispiel häufig mit ihren späteren Beziehungen viel mehr Probleme als die anderen, und das liegt oft daran, daß sie eine ganz andere Familie erlebt haben.
Hannah erzählt noch einmal von ihrer jüngsten Schwester:

»Ich war schon in Paris, da schrieb mir meine jüngste Schwester einen ganz verzweifelten Brief, daß die Eltern sie weggeben würden und daß sie mich brauche. Und schrieb mir auch ihre ersten sexuellen Träume, da war sie zehn. Und da entwickelte sich ein Verhältnis zwischen ihr und mir. –
Mit 18 bin ich dann ins Ausland gegangen, und zu diesem Zeitpunkt hat meine Mutter meine jüngste Schwester quasi aufgegeben, weil sie mit ihr nicht klarkam, und hat sie weggegeben. Nicht in ein Heim, das schickte sich ja nicht für bessere Familien, sondern man fand etwas Eleganteres, sie kam einfach zu meiner Tante, die fürchterlich adelig verheiratet war und kein zweites Kind bekommen konnte. Meine jüngste Schwester hat dann eben in der anderen Familie weitergelebt, wurde von allen weiterverwöhnt, kriegte von meinem Vater ein ›Schuldgeld‹ von DM 450. Mein Onkel mochte sie schon immer und hat sie noch mehr verwöhnt, um ihr zu zeigen, was für ein Glück sie doch gehabt habe. Das führte dann dazu, daß meine Schwester Studien anfing und schließlich in eine Frühehe mit einem Engländer flüchtete, den sie schon vor dem Abi kennengelernt hatte und mit dem sie schon immer von ihrer Samenvereinigung geträumt hatte. Ja, ja, und dann haben sie ihre Samen vereinigt, aber das arme Produkt, der kleine David, ist dabei auf der Strecke geblieben, denn die Ehe ist kaputtgegangen. Als die beiden erwachsen wurden, lief

dann nichts mehr. Und meine jüngste Schwester hat sich erst nach dieser gescheiterten Ehe entwickelt... Jetzt lebt sie allein und unterrichtet geistig zurückgebliebene Kinder.«

Hannah interpretiert ihre jüngste Schwester so:

»Es gibt Menschen, die sind konzipiert als Einzelkinder, weil sie unheimlich viel Zuwendung brauchen. Die sind vielleicht außen und innen besonders zart! Meine jüngste Schwester ist Jahrgang 45, und ich glaube schon, daß da die Schwangerschaft bei Kriegsende und das alles bei dem Kind sich niederschlägt. Sie hätte immer einen ganz besonderen persönlichen Schutz gebraucht, und den konnte ihr meine Mutter einfach aus Zeitmangel nicht geben.
Bei meinen Kindern geht mir das heute genauso. Für meine mittlere Tochter habe ich auch nicht soviel Zeit, wie sie eigentlich brauchte. Dazu kommt, daß mein jüngster Sohn ein außerordentlich zärtlicher Knabe ist, was weder die Mädchen noch mein Mann sind – und meine Mittlere war immer ein Kind, das einen nervte, das einen pausenlos beschäftigte, und sie bekommt sicher nicht genug Liebe und ist genauso ein verletzendes Menschenkind geworden wie meine jüngste Schwester. Und ich rede sie auch aus Versehen immer mit dem Namen meiner jüngsten Schwester an! Sie ist ihr auch sonst sehr ähnlich: Sie kann unheimlich gut parlieren, ist aber sehr schlecht in der Schule – sie kann sich sehr gut so geben, wie es von ihr erwartet wird, ist also keine feste Persönlichkeit, sondern ein schillerndes Wesen: mal ganz lieb, mal fromme Helene, mal Teufelchen, mal übersprühendes Temperament. Sie hat ein Gespür dafür, wie man sie gerne haben möchte. Nur, wie ich sie gerne hätte – das bringt sie nicht. Und genauso war es mit meiner jüngsten Schwester. Eine unheimliche Ähnlichkeit zwischen den beiden, bis zur Handschrift.«

Nicht viele Jüngste werden es so kraß erleben, daß die Einstellung der Eltern zur Familie sich geändert hat. Aber das Gefühl, von dem ›eigentlichen‹ Familienleben nichts mehr mitzukriegen, haben Jüngste oft: Die älteren Geschwister – und bei mehreren Kindern ist der Altersabstand zum Jüngsten dann schon relativ groß – sind noch mit den Eltern alle zusammen in Urlaub gefahren, jetzt, wo *sie* auch mitfahren können, haben die großen schon andere Pläne! Die Themen am Familientisch richten sich automatisch nach den Größeren – als *sie* so alt waren, wie die Jüngste jetzt, stellten sich die Eltern natürlich darauf ein! Die Feste und Familienfeiern werden zwar vielleicht noch eine Weile – der Jüngsten zuliebe – aufrechterhalten, aber die Ostereier werden nicht mehr mit dem gleichen Vergnügen versteckt, und der Nikolaus kommt auch nicht mehr persönlich – nein, der ganze Ablauf innerhalb der Familie paßt sich eher den Größeren an.

Eva ist die jüngste von drei Schwestern, ihre älteste Schwester Elisabeth hat ihre enge Beziehung zu ihr im Kapitel ›Die Älteste‹ beschrieben. Eva ist zehn Jahre jünger als Elisabeth, die Mittlere, Erika, ist genau dazwischen, im Abstand von fünf Jahren.

»Aus Erzählungen weiß ich«, sagt Eva, »daß Elisabeth früher mit meinem Vater unheimlich viel gemacht hat. Spaziergänge und so was, wofür meine Mutter nie Zeit hatte. Als sie dann so 17/18 war, weiß ich noch, daß die sich unheimlich viel gestritten haben, auch so beim Mittagessen. Das fand ich schrecklich. Wenn die sich so in der Wolle hatten, das war schlimm für mich. Über Politik oder wenn sie einen Freund hatte und zu spät kam. Aber so richtig hab' ich das auch nicht mitgekriegt, weil man versuchte, das vor mir zu verbergen.

Meine Mutter hat sich da rausgehalten und hat dann höchstens in der Küche bei mir so rumgebrummelt. Erika und mein Vater haben sich nie so gestritten wie Elisabeth und mein Vater. Mit Erika hat er so rumgealbert: ›Erik geht jetzt wieder Fußballspielen!‹ und ich – ich war die Kleine. Vaters Liebling, weil ich ihn noch angehimmelt habe, und da ich auch kleiner und zierlicher war, brauchte ich meist auch nichts zu machen. Früher fand ich das ganz schön, aber als ich älter wurde, hat's mich gestört, vor allem vor anderen Leuten, wenn er mich dann noch so mit Kosenamen anredete. Das konnte ich nicht ausstehen, dann hab' ich gesagt: ›Ich heiße Eva!‹

Ich hatte eigentlich schon immer ein sehr viel intensiveres Verhältnis zu meiner ältesten Schwester. Elisabeth war immer für mich ein Vorbild und auch – Mutterersatz, ich hatte sehr viel Vertrauen zu ihr, und was sie gesagt hat, war richtig. Das war klar für mich. Ich habe sie sehr geschätzt. Das war meine große Schwester, die hatte immer recht. Mit

der Mittleren war das nie so toll. Wir haben uns auch öfters
gestritten – wir haben eine Zeitlang in einem Zimmer
gewohnt, und da hat sie mich genervt, aber mit Sachen, die
mich bei Elisabeth sicher nicht gestört hätten! Erika war
mir oft zu rabiat. Sie hat mich auch öfters verkloppt, ihre
Kraft ausgenutzt, und das kam bei Elisabeth nie vor – die
hab' ich einfach anerkannt.
Ich weiß nicht, woher Elisabeth diese Wärme für mich
hatte – von meiner Mutter bestimmt nicht. Sie hatte wohl
ein ziemlich enges Verhältnis zu meinem Vater. Er war
auch unheimlich stolz auf sie... Auf seine Töchter
sowieso, und dann noch die erste! Der wurde alles beigebracht, und ihr hat er alles gezeigt, ihr alles erklärt. Ich will
nicht sagen, daß er sich um mich weniger gekümmert hat,
aber anders. Ihr hat er alles gezeigt, ihr alles erklärt, ihr
beigebracht, was man so entdecken kann, und ich war mehr
die Kleine, mit der er ein bißchen geschmust hat. Bei
Elisabeth war ihm wichtig, daß sie viel erfährt, mit Erika
hat er rumgeflapst, und mich hat er beschützt – aber davon
hab' ich nicht soviel gehabt.
Elisabeth war die Intelligente und Kluge. Erika war die
Praktische. Beispiel Mathematik: Wir sollten alle keine
Mathe können, aber Elisabeth – die ja. Diese Eingabe war
da: Du kannst keine Mathe, du bist für Sprachen besser,
also hab' ich mich auf Sprachen konzentriert. Erika war
burschikos und der Junge. Und ich war immer die Kleine,
die auch nicht alles wissen muß – das ist ja nicht so wichtig –
ah, das hat mich verrückt gemacht!«

Und dann beschreibt Eva aus ihrer Sicht das ›Schlüsselerlebnis‹ der Ablösung von ihrer großen, bewunderten Schwester:

»Dann kam der Urlaub mit Elisabeth und Jens, da fing's
mich echt an zu stören, immer die Kleine zu sein. Da war
ich so 18/19. Wir wollten eigentlich drei Wochen zusammen verreisen. Das haben wir früher oft gemacht. Und
nach einer Woche hatte ich's satt – also, ich kam mir dann
so klein vor: Ich sollte Sachen machen, zu denen ich im
Moment keine Lust hatte, abwaschen oder so, und das
wurde dann einfach bestimmt, und wenn ich dann was
gemacht hatte, kochen oder so, dann war das auch nicht
richtig. Ich war da auch unheimlich empfindlich. Dann
habe ich erst drei Tage nichts gesprochen, und dann hat
Elisabeth mir ins Gewissen geredet, und dann bin ich

abgehauen. Ich hab' mich da überhaupt nicht verstanden gefühlt, und die waren auch immer zu zweit. Und dann bin ich heimlich zurückgefahren, ohne was zu sagen. Also, als ich da im Bus zum Bahnhof gefahren bin, das war schrecklich, ich hab' so geheult. Ich war nicht nur sauer und hab' Wut gehabt, sondern ich hab' mich so schwach gefühlt, und das tat unheimlich weh. Und danach habe ich mich ein halbes Jahr überhaupt nicht mehr bei ihr gemeldet, obwohl wir doch in der gleichen Stadt waren ... Und das ist dann erst so ganz langsam wieder gewachsen. Aber danach habe ich gemerkt, wie gut mir das eigentlich tut, daß ich nicht mehr abhängig bin. Plötzlich konnte ich Entscheidungen für mich treffen. Ob ich mir ein Regal kaufe oder nicht. Oder der Kater! Den hab ich mir allein geholt, im Bus! Und ich weiß, sie hätte mir sofort angeboten, mich mit dem Auto hinzufahren, aber so – das war toll: Ich allein hab' mich darum gekümmert, daß ich den kriege, ich allein hab' ihn geholt – das war ein tolles Erlebnis.«

Und sie zieht Bilanz:

»Als Jüngste hat man den Vorteil, daß man die schwierigen Sachen nicht machen muß, aber der Nachteil ist, daß die anderen dann denken, das schafft die nie! Jetzt sehe ich gar keine Vorteile mehr, Jüngste zu sein. Denn was die anderen mir nicht zutrauen, trau ich mir auch nicht zu – oder ich überschätze mich, weil ich's ihnen beweisen muß.«

»Jüngste Kinder«, sagt Lucille Forer, »haben meist entspannte Beziehungen zu anderen Menschen, und wenn sie aus einer kleinen Familie stammen, dann sind sie an beruflichem Erfolg oft weniger interessiert als an der Aufrechterhaltung dieser Beziehungen. Manchen jüngsten Kindern, besonders Frauen, fehlt es an Selbstvertrauen, da sie nach außen hin beschützt wurden und sich im Wettbewerb mit älteren Kindern unterlegen fühlen.«[40]
Bei der Betrachtung der jüngsten Schwester ist es wahrscheinlich besonders entscheidend, ob die Familie aus zwei, drei, vier oder mehr Mädchen besteht. Bei zwei Mädchen – das wurde in dem Kapitel über die zweite schon angedeutet – finden beide noch am ehesten ihren Platz, weil die eine sich die Felder nehmen kann, die die andere nicht besetzt hat. Ist das dritte Mädchen auch das jüngste, wird es dadurch eine

gewisse Sonderstellung haben und muß sich nicht so sehr bemühen, durch Angepaßtheit und Freundlichkeit seine Umwelt zu erobern. Ist sie die jüngste von vier oder mehr Mädchen, wird sich das Familienklima wie es sich bis dahin hergestellt hat, besonders auswirken. »Die jüngste Schwester von Schwestern«, sagt Toman, »muß das Gefühl haben können, daß sie angehört wird und daß man auf sie eingeht. Wird sie falsch angefaßt, kann sie sich nachdrücklich und auch unsachlich widersetzen... merkt sie, daß sie manipuliert wird, reagiert sie halsstarrig... Erfolg macht sie überschwenglicher als andere, Mißerfolg entmutigt sie aber auch mehr als andere.«[41]

Saskia, vierte und jüngste aus einer Familie mit vier Mädchen, hat sehr einschneidende Erfahrungen gemacht:

Ich hatte immer das Gefühl, in diese bildungsbürgerliche Familie paßte ich wirklich nicht rein. Ich war die erste, die Bier trank, Skat spielte und mit Tränen in den Augen die Siebte von Beethoven anhören mußte. Man wußte immer, was gut und was schlecht war. Es wurde einem perfekt vorgesetzt.

»Ich glaube, daß ich als Kind und noch sehr lange Zeit später ziemlich starke depressive Züge hatte, und zwar mit dem Hintergedanken: ›Ich will mei' Ruh! Wenn ich jetzt sterbe, dann kann keiner mehr was von mir verlangen!‹ Seit ich 12/13 Jahre alt war, hatte ich nichts dagegen zu sterben. Ich wollte immer so gerne sterben, und zwar besonders dann, wenn ich gerade glücklich war. Ich finde den Gedanken, tot zu sein, einfach schön... Und den Gedanken habe ich sehr früh gehabt, weil ich mich immer bedrängt gefühlt habe von Forderungen, so oder so zu sein, aber nicht so, wie ich sein wollte.

Ich weiß noch genau, daß ich mir ab und an Mühe gegeben habe. – Meine Schwestern kamen zum Beispiel immer mal mit Blümchen an oder legten meiner Mutter einen Zettel auf den Nachttisch, und ich kam einfach nie auf so eine Idee. Und irgendwann hab ich's dann auch mal gemacht. Sie hat sich riesig gefreut, aber für mich war es eigentlich nur dieses, na, das kann ich auch. So von innen heraus Anwandlungen von Zärtlichkeit, liebevoll zu sein, fürsorglich, das hatte ich nie. Aber eben vielleicht auch nicht gelernt.

Ich habe dann angefangen, alleine zu leben in der Familie.

Das begann damit, daß ich sämtliche lyrischen Gedichte, die ich im Hause finden konnte, mit der Hand abschrieb undauswendig lernte. Und das wußte niemand! Und das hat zwei Jahre lang keiner gewußt. Und irgendwann kam's raus, und meine Mutter fiel fast vom Stuhl – und für mich war es der höchste Triumph!

Dann ging meine älteste Schwester weg, erst in die USA, dann nach Paris. Meine zweite Schwester mochte ich ja nicht, und meine dritte Schwester verlobte sich sehr früh – so daß ich dann eigentlich keine meiner Schwestern mehr so richtig erlebte. Das war dann die Zeit – das fällt mir jetzt erst auf –, wo ich langsam glücklicher wurde. Wo mich keiner mehr bedrängte, wo ich mich gegen keinen mehr durchsetzen mußte – das war meine schönste Zeit, da konnte ich auch lieb sein. Weil ich sonst immer das Gefühl hatte, daß ich gegen jede meiner Schwestern in den Augen meiner Eltern schlechter abschnitt: Gegenüber meiner ältesten Schwester war ich nicht so hübsch und nicht so manierlich, gegenüber der zweiten, war ich nicht so interessant, gegenüber der dritten, war ich nicht so liebevoll: Malen und musizieren konnte ich auch nicht. Dann war ich eben auch dick, ›ebenso breit wie hoch‹, ›abgeleckter Kirschkloß‹, ›ungebackenes Brötchen‹, was so Sprüche waren. Ich hatte eben außer meinen guten Schulleistungen nichts vorzuweisen. Deswegen bin ich auch leidenschaftlich gern zur Schule gegangen, vom ersten Tag an. Ich habe die Schule geliebt – das war mein Feld.

Aber ansonsten – diese ganze Bildungsbeflissenheit meiner übrigen Familie, die konnte mir gestohlen bleiben. Immer abends Balladen vorlesen oder Dramen mit verteilten Rollen – da war ich acht Jahre und kapierte natürlich nichts! Und dann diese endlose Fußlatscherei, spazierengehen, Pilze suchen, und mir taten bloß die Füße weh – was mir der Orthopäde nachher bestätigte: Ich hatte wirklich deformierte Fußknochen! – Aber es hieß immer nur: ›Na ja, *die* interessiert sich ja nicht für die Natur!‹

Im Grunde ist meine Schwesternbeziehung, wie ich sie aus meiner Kindheit kenne und erfahren habe, für mich irrelevant, vielleicht problematisch gewesen. Wenn sie problematisch war, habe ich das aber erst sehr spät erkannt, mit Hilfe meines Mannes, der mir mein stereotypes Reden über unsere ›ach so glückliche Familie‹ nicht mehr abnahm, als er von mir Einzelheiten hörte.

Ganz anders aber empfinde ich die Beziehung zu meinen

erwachsenen Schwestern. Da hat sich viel geändert gegenüber früher. Inzwischen habe ich all meinen Schwestern gegenüber längst kein Unterlegenheitsgefühl mehr. Ich finde, daß ich neben ihnen gut bestehen kann, sogar auch äußerlich. Dazu gehört vielleicht auch, daß ich maßlos gerne erwachsen geworden bin – ich habe immer lieber gelebt, je älter ich wurde.«

Saskia spricht sehr deutlich aus, wie jüngste Kinder die Familie erleben, wenn alle Felder besetzt sind und im Grund nur der Rückzug nach innen bleibt, wie er bei den mittleren auch schon beschrieben wurde. Saskia und Paula haben, so scheint es, den Wettbewerb mit den größeren Schwestern gar nicht erst aufgenommen: ›Wenn alle anderen so ›nette Mädchen‹ waren, dann waren *sie* eben die nicht so netten, und damit hatten sie auch wieder etwas Besonderes! Aus Saskias Schilderung spürt man, wie schwierig es für Eltern ist, aber vor allem für die Betroffene, aus einem aktiven, starken, robusten Kind ein zartes, mädchenhaftes Wesen zu machen – die depressiven Züge, die Saskia an sich bemerkt hat, entsprechen genau dem Produkt der ›psychischen Kastration‹, wie Elena Belotti es schilderte.

Der Nestwärme und Zuwendung, durch die Jüngste ihr stabiles und heiteres Wesen bekommen, steht das Gefühl, nie dazuzugehören, ›nicht durchstoßen zu können‹ zu den Großen entgegen. Jüngste Mädchen haben mit dem typischen Verhalten der ›Hilflosigkeit‹ und dem Gefühl, daß die andern dazu da sind, ihnen behilflich zu sein, wieder ein typisch weibliches Verhalten ›erlernt‹ – weigern sie sich, diesem Muster zu folgen, stellen sie sich damit oft auch außerhalb des Schwesternkreises. Kahn und Banks schildern eindrucksvoll die Behandlung einer jüngsten von vier Schwestern, die 29 Jahre alt, zu ihnen in die Therapie kam. Maureen war sehr depressiv, unzufrieden mit ihrem Beruf, unverheiratet und befürchtete, lesbisch zu sein. Ihre drei älteren Schwestern waren alle verheiratet und lebten in der Nähe, der Kontakt untereinander war locker, aber gut, wie sie sagte. Maureen war ein ›liebes, dickes‹ Mädchen gewesen, das nie Probleme gemacht hatte, sie hatte ein engeres Verhältnis zu ihrer Mutter als zu ihrem Vater, den sie eigentlich nie richtig erlebt hatte, da er immer ›sehr beschäftigt‹ war. Sie lebte im Grunde noch immer ihr Leben als Baby der Familie, sie hatte völlig passiv die Anschauung der Familie übernommen, daß sie ein liebes kleines Mädchen sei, das wenig erwartete und von dem wenig erwartet wurde. Als die Therapie nicht recht vorwärtsging, lud der Therapeut die Schwestern dazu. Zum ersten Mal sprachen die Frauen über ihre Schwesternbeziehung, und sie waren überrascht zu erfahren, wie Maureen sich die ganze Zeit gefühlt hatte – an den Rand gedrängt und unwichtig. Schließlich trafen sich die Schwestern auch außerhalb der Therapiesitzungen regelmäßig, und irgendwann gestand Maureen ihren Schwestern, daß sie fürchtete, lesbisch zu sein. Zu ihrem großen Erstaunen sagten die Schwestern, daß sie so etwas schon geahnt hätten – die große Verurteilung blieb aus, Maureen war ungeheuer erleichtert und fühlte sich zum ersten Mal richtig ernstgenommen.

In einer dramatischen Sitzung mit den Schwestern und den Eltern verhindern es schließlich die Schwestern, daß sich die Eltern hinter alten eingefahrenen Verhaltensweisen verschanzen, und zwingen den Vater, seine Gefühle seiner jüngsten Tochter gegenüber endlich einmal deutlich auszusprechen – etwas, das Maureen noch nie erlebt hatte. Ihnen allen wird klar, daß sie in ihrer Familie nie Gefühle ausgedrückt haben. Eine Schwester sagt: »Wir waren eine Familie von *Dingen*: Wir haben uns jahrelang unsere Liebe gezeigt, indem wir *Dinge* schenkten oder *Dinge* taten füreinander, aber niemals haben wir uns in die Arme genommen und gesagt: Du bist eine liebe Person, ich habe dich lieb, und wenn du mich brauchst, bin ich für dich da!« Maureen hatte durch die Therapie und den Verlauf zum ersten Mal das Gefühl, daß sie auch für die Familie etwas Wichtiges getan hatte – sie schöpfte daraus soviel Selbstvertrauen, daß sie einen anderen Beruf begann, ihrer lesbischen Neigung offen nachging und sich äußerlich und innerlich sehr zu ihrem Vorteil veränderte. Sie organisierte jetzt regelmäßig Treffen zwischen den Familienmitgliedern, und man konnte sich in ganz anderer Form auf sie verlassen. Sie hatte im Grunde die Anerkennung gefunden, die man ihr bisher versagt hatte – weil man gar nicht auf die Idee gekommen war, daß sie etwas vermißte.[42]

Schwesternbeziehungen – das wird hier deutlich – hören eben nicht auf, wichtig zu sein, wenn man das Elternhaus verläßt.

Im Gegenteil. Die Jüngsten müssen sich ihre Schwestern oft schon außerhalb der Familie suchen, weil die Großen das Elternhaus schon verlassen haben. Gerade dadurch erhalten diese auch eine wichtige Funktion für die Jüngsten. Stärker als für die anderen Schwestern können sie für die Jüngsten zum ›Welterklärer‹ und Berater werden und ihnen so das Gefühl vermitteln, daß man sich auf Schwestern – und Frauen – verlassen kann.

Teil III

Ob Töchter oder Schwestern –
Frauen sind sie alle

Schwesternerfahrungen sind immer *auch* Frauenerfahrungen. Zunächst und in erster Linie ist ein Mädchen eine Frau, unabhängig davon, ob es Schwestern hat oder nicht, und auch, wenn es dies selber erst spät begreift. Die Erfahrungen von heranwachsenden Mädchen, von Töchtern, von erwachsenen Frauen haben sehr viele prinzipielle Ähnlichkeiten, unabhängig davon, ob sie mit Schwestern und/oder Brüdern oder *nur* mit Schwestern groß wurden. Im Laufe der Jahre, in denen sie merkt, zu welchem Geschlecht sie gehört und zu welchem ihre Geschwister, macht das Mädchen ständig frauenspezifische Erfahrungen, die sich durch die Präsenz von Schwestern multiplizieren: Immer noch ist es ein wichtiges Merkmal für ein Mädchen, hübsch zu sein: Ist die Schwester hübscher? Wie fällt der, fast natürliche, Vergleich zwischen Geschwistern aus, wenn sie vom gleichen Geschlecht sind und daher doch *beide* das Attribut ›hübsch‹ brauchen, um Anerkennung durch die Umwelt zu finden? Immer ,noch ›braucht‹ ein Mädchen nicht so intelligent zu sein wie ein Junge – wie wird die Zuschreibung ›Intelligenz‹ unter Schwestern bewertet? Ich erinnere mich an eine Sache zwischen meiner älteren Schwester und mir: Sie fragte mich eines Tages, ob ich lieber wegen meiner Schönheit oder wegen meiner Klugheit weltberühmt werden wolle. Ich hatte darüber noch nie nachgedacht, aber ich wollte so gerne die ›richtige‹ Antwort geben, denn ich verehrte diese Schwester sehr und wollte von ihr anerkannt werden. Irgendwie fiel mir Marilyn Monroe ein, und ich sagte, ohne zu überlegen: »Wegen meiner Schönheit!« Ach, wie hat sie mich verspottet – *sie* wollte natürlich wegen ihrer Klugheit berühmt werden, und ich war sofort der Überzeugung, daß das auch viel besser sei. Im spielerischen Vergleich und Abwägen lernen Mädchen viel über sich und ihre Schwestern. Nicht, daß sie nicht auch selbstverständlich viel über Brüder lernen würden – aber die

Verbindung des gleichen Geschlechtes schafft Nähe, ja, erzwingt sie beinahe. Einem Bruder kann ich mich immer noch entziehen: Er versteht mich nicht so ganz – er ist ja schließlich ein Mann! Aber eine Schwester – die ist fast so wie ich selbst und dann wieder ganz anders. Schwestern bieten heranwachsenden Mädchen vielfältige Identifikationsmuster an, aber immer weibliche. Die Festschreibung auf die weibliche Rolle findet in Schwesternfamilien selbstverständlicher statt, auch wenn eine aus der Schwesternreihe als ›Junge‹ aus diesem Muster ausbricht. So sind Schwesternerfahrungen auch eingeschränkte Erfahrungen: Jungenspielzeug kommt kaum ins Haus, also kann ich damit keine Erfahrungen machen. Kein Bruder leidet mit Liebeskummer neben mir. Kein Junge bringt Spielkameraden ins Haus, sondern ›Freunde‹ kommen, die ›Interesse‹ für die Schwester haben, die etwas mit ›Liebe‹ oder zumindest mit ›Gefühl‹ zu tun haben. »Von kleinauf«, sagte eine Schwester, »hatte ich eine Beziehung zu Jungen wie eine Frau zum Mann.« Wie sollte sie auch anders – sie hat den Vater als einziges Modell für Männer und den Umgang zwischen Vater und Mutter als Modell für die Beziehung zwischen Mann und Frau – alles andere ist Ausnahme, ungewöhnlich, fremd. Schwestern erleben sich und die anderen Frauen der Familie positiv und negativ und mit allen Schattierungen dazwischen. Ihre Erfahrungen mit Verhaltensweisen von Frauen haben ein breites Spektrum – notwendigerweise werden sie aufmerksam und sensibel im Umgang mit Frauen. Männer bleiben lange ›Leerstellen‹, besetzt aus Erfahrungen mit dem Vater und Erzählungen von Schwestern und Freundinnen, aber ohne den Nährboden für selbstverständlichen Umgang: die alltägliche Erfahrung. Um so schwerer werden für die Mädchen aus Schwesternfamilien die ersten Versuche, Kontakte mit Jungen herzustellen, vor allem, wenn dem durch äußere Normen und Verhaltensregeln soviele Riegel vorgeschoben werden. Warum muß die ›Reihe hübscher Töchter‹ gehütet werden wie ›ein Sack voll Flöhe‹? Weil sie alle wegstreben, von Männern weggelockt werden – was für die Eltern offensichtlich ein schweres Problem ist. Gerade in der Pubertät wünschen sich viele Schwestern einen Bruder – mit dem man unverfänglich ausgehen kann, der Freunde ins Haus bringt,

Kontakte herstellt. Immer noch ist es der *Mann*, über den die ersten Versuche der Annäherung laufen, also ist die Frau darauf angewiesen zu warten. Immer noch. So erscheint in dieser Zeit der fehlende Bruder als Defizit, auch aus der Sicht der Schwestern.

Aber schließlich fügen sich die Schwestern, die Frauen in das herrschende Rollenbild ein: heiraten, bekommen Kinder und teilen damit wieder Enge und Nähe zu anderen Frauen, zu ihren Schwestern.

Eine Schwester zu haben, eine Schwester zu sein ist zunächst das Selbstverständliche, Natürliche. Schwestern lernen oft erst spät, daß ihre Schwestern *Frauen* sind wie sie selbst. »Vielleicht habe ich meine Schwester nie als Frau gesehen!« sagt eine Frau, die eine sehr enge Beziehung zu ihrer Schwester, aber eine problematische Beziehung zu Frauen hat. »Und dann war sie plötzlich nicht mehr einfach meine Schwester, da war sie eine *Frau*, mit der ich mich gut verstand!«, so beschreibt eine andere die sich wandelnde Beziehung zu ihrer ältesten Schwester, die erst gut und fest geworden ist, als beide Frauen schon eigene Familien hatten. »Selbst wenn ich dich als meine Schwester sehen wollte, ich müßte dich von nun an immer als Frau betrachten!« sagt die eine Schwester in dem Drama ›Bernarda Albas Haus‹ von Federico García Lorca zu der anderen, als sie erfährt, daß diese ihr den Mann weggenommen hat.

Männer als Störer der schwesterlichen Beziehung, das findet sich häufig in der Literatur und entspricht dem gängigen (Vor-) Urteil, daß Frauenfreundschaften nur so lange halten, bis der erste Mann auftaucht. Entspricht das wirklich der Realität? Oder finden sich nicht doch auch Hinweise auf Erfahrungen, daß zwischen Schwestern sich ein Gemeinschaftsgefühl herstellen kann, das so dauerhaft ist, daß es zum Grundmuster solidarischer Frauenbeziehungen werden kann?

Kapitel 1

»Sie war schlank, und ich war dick«: Schönheit und Rivalität

»In den alten Zeiten, wo das Wünschen noch geholfen hat, lebte ein König, dessen Töchter waren alle schön, aber die jüngste war so schön, daß die Sonne selber, die doch so vieles gesehen hatte, sich verwunderte, sooft sie ihr ins Gesicht schien...« So beginnt das Märchen vom Froschkönig in der Fassung der Brüder Grimm, und so oder ähnlich beginnen viele Märchen und Geschichten, in denen von Mädchen die Rede ist. Schönheit ist da das wichtigste und oft einzige Unterscheidungsmerkmal der Schwestern untereinander und – im Märchen jedenfalls – häufig genug die Ursache für das spätere Wohlergehen, sprich: Reichtum und Ehemann. Schönheit im Märchen geht aber auch oft einher mit vielen guten Eigenschaften, die eine Frau auszeichnen (sollten): »Es lebte einmal ein Kaufmann, der hatte drei Töchter, davon waren die beiden älteren stolz und hoffärtig, die jüngere aber, wenn sie auch ihre Schwestern an Schönheit bei weitem übertraf, bescheiden und sittsam. Sie kleidete sich einfach und hob so unbewußt ihre Schönheit mehr hervor, als jene durch kostbaren Putz es vermochten...« Oder: »Es war einmal ein armes altes Bäuerlein, das hatte drei Töchter, und die jüngste davon hieß Griseldele. Das Griseldele war so brav und fleißig, daß jeder Mensch sich darüber freute...« Das Griseldele erhält nach vielen unsinnigen Prüfungen durch ihren zukünftigen Mann (er nimmt ihr die Kinder weg, schickt sie zum Putzen, verstößt sie ›zum Schein‹) dann endlich den verdienten Lohn, weil sie alles immer so geduldig ertragen hat: Sie darf den Grafen nicht nur heiraten, sondern bis an ihr Lebensende bei ihm bleiben – und das nur, weil sie so demütig, schön und bescheiden war. Ob König, Kaufmann oder Bauer, die Schönheit der Töchter ist das Kapital der Väter, und wenn sie mit Bescheidenheit und Demut gepaart ist, dann hat so ein Mädchen alles, was sie für einen Mann erstrebenswert macht – und das ist ja das einzige Ziel ihres Lebens.

Im Märchen und in der Realität gehört Schönheit zu Frauen, über Jahrhunderte hinweg ist sie das einzige Kriterium gewesen, mit dem eine Frau sich auszeichnen konnte: die ›Demut‹ kam dann noch dazu, aber die ›Schönheit‹ war und blieb der Blickfang für den Mann. Es überrascht deshalb nicht, daß bei den Gesprächen über Schwestern irgendwann die Rede auf das Aussehen kam: »Ach die Locken, die Locken – das war's überhaupt«, sagt eine selbstbewußte Akademikerin, Mitte 40, als erstes, als ich sie nach ihrer Schwester frage. »Meine Schwester hatte dunkle Locken, was in unserer Kindheit eine große Rolle spielte, denn ich hatte blonde, glatte, langweilige Haare. Zur Taufe unserer jüngsten Schwester habe ich so lange geheult, bis meine Mutter mir Locken drehte, genau solche, wie sie der Ilse ganz selbstverständlich auf dem Kopf wuchsen! Diese Locken – das war mein sehnlichster Wunsch!« Aber diese Locken waren für sie vielleicht nur so erstrebenswert, weil alle Welt sie so niedlich fand. Schönheit – das ist für kleine Mädchen noch ein leerer Begriff, der erst durch die Reaktionen der Umwelt gefüllt wird: Aufmerksamkeit und Anerkennung gewinnt man offensichtlich durch ›Schönheit‹.

»Jeder Besuch flog auf meine kleine Schwester, die war so niedlich...« Und natürlich zieht man als Schwester, die das alltäglich mit ansieht, den Schluß, daß man selber nicht so gut bedacht wurde. Mädchen und schön – das gehört ja fast wie von selbst zusammen.«

»Zum Glück waren wir alle schön«, sagt die jüngste von vier Schwestern, als würde dadurch das ›Unglück‹ ein wenig wettgemacht, daß sie nur Mädchen waren. Und Cornelia, die Älteste, sagt: »Ich hatte das Glück, daß ich auch ein hübsches Kind war. Meine Schwestern auch, aber ich schien immer noch ein bißchen hübscher zu sein, und das schätzte mein Vater sehr! Er führte uns Töchter gerne aus, und wenn wir wie die Orgelpfeifen irgendwo auftraten, und dann jemand sagte: ›Gott, was haben Sie für hübsche Töchter!‹, dann war er glücklich, dann kam sein ganzer

Vaterstolz heraus. Aber eben nur auf dieser spezifisch weiblichen und nicht ganz ernst zu nehmenden Ebene.«

»Jahrelang haben meine Eltern nur meine älteste Schwester mitgenommen, wenn sie weggingen«, sagt Hannah, die dritte von vier Mädchen, »wahrscheinlich, weil sie die Älteste war, aber ich hab' natürlich gedacht, die lassen mich zu Hause, weil ich so häßlich bin!«

Und wie im Märchen wird die Schönheit, das Aussehen, auch mit bestimmten Charaktereigenschaften verbunden:

»Meine im Sommer geborenen Schwestern sind blond«, sagt Alexandra, »und die im Winter geborenen dunkel, was meiner Mutter auch immer die Möglichkeit gab, einzuteilen in: die Blonden und die Schwarzen. Und die Schwarzen waren dann natürlich auch die schwarzen Schafe! Es hieß dann immer so in bösem Ton: ›Die Schwarzen!‹ Die waren nämlich temperamentvoll, unberechenbar, die kleinen Hexen, und die Blonden waren so nordisch, so gemütvoll, ein bißchen bequem – und ein bißchen dröge!«

Eine ähnliche Einteilung gab es in Veras Familie: »Bei uns hieß es immer: die beiden Blonden und die beiden Dunklen, und das war eben doch mehr als die Bezeichnung der Haarfarben, es lag auch eine Charakterisierung drin: Die beiden Blonden, das waren die Aufrechten, Geraden, Sauberen, Tüchtigen, die immer die Wahrheit sagten. Und die beiden Dunklen waren die etwas Krummen, denen man nicht so ganz trauen konnte, die mit Tricks oder auch Charme arbeiteten, aber insgesamt eben eher etwas verdächtig!«

Die Eltern, die so eine Einteilung einführen, mögen das mehr als Scherz verstehen, aber es schwingt dann auch etwas mit, was für die heranwachsenden Schwestern unter Umständen eine Bedeutung hat: »Wenn mir meine dunkelhaarige Schwester etwas erzählt, dann kann ich ihr nicht so ganz trauen ...« oder so ähnlich, und so etwas kann dann kleine, stetige, unsichtbare Gräben schneiden in eine entstehende Schwesternbeziehung. Die Bewertung durch die Eltern wird ja von den anderen übernommen, ehe sie sich selbst ein Bild machen können – und dadurch auch verstärkt: Es ist nicht das gleiche, ob meine Mutter mir erzählt, ich sei häßlich, oder ob meine Mutter *und* meine drei Schwestern das immer wieder durchblicken lassen! Ehe man es selber gemerkt hat, ist man drin in der elterlichen Schublade, und es braucht oft Jahre, bis man selber merkt, daß man dort eigentlich gar nicht hineingehört!

Schönheit ist sicher nur *ein* Faktor, um sich von den anderen Schwestern zu unterscheiden, aber er ist ein zentraler: Schönheit ist gleichbedeutend mit Weiblichkeit und Erfolg – die Kosmetik- und Modeindustrie, die Frauenzeitschriften und die Werbung machen uns allen dies Tag für Tag klar. Und machen damit deutlich, daß die vorherrschende Rolle der Frau immer noch die als Sexualobjekt ist.

Es erscheint zunächst fast selbstverständlich, daß der Vater mit der Schönheit seiner Töchter besser umgehen kann als die Mutter. Für Väter zeichnen sich weibliche Wesen eben durch Schönheit aus, und wenn es seine Töchter sind, um so besser – zumindest solange kein männlicher Konkurrent in der Nähe ist. Er schmückt sich mit ihnen und zeigt sich gerne mit ihnen, und die Tatsache, daß sie als Töchter in einer bestimmten Weise sein Produkt und von ihm abhängig sind, verstärkt sicher sein männliches Selbstwertgefühl. Für ihn wird die Sache erst kritisch, wenn die ersten Freunde auftauchen und ihm seine Töchter ›wegnehmen‹. Solange er der einzige und wichtigste Mann im Leben seiner hübschen Töchter ist, findet er die Welt in Ordnung.

Für die Mutter ist es schwieriger zu akzeptieren, daß ihre heranwachsenden Töchter zu Frauen werden, zu *schönen Frauen*, und damit ihre Rolle als künftige Partner für Sexualität deutlichmachen. Einerseits freut sich sicher jede Mutter, wenn sie hübsche Töchter hat, andererseits erinnern sie sie auch überdeutlich an die Tatsache, daß sie jetzt die *Mutter* dieser hübschen Mädchen ist und daß die Zeit endgültig vorbei ist, als sie so jung – und so hübsch – war. Trauer und Melancholie steigen auf, vielleicht auch negative Erinnerungen und das Nachdenken über die entgangenen Möglichkeiten – je nachdem, welche Erfahrungen die Mutter mit ihrer eigenen Sexualität, ihrer eigenen Weiblichkeit machen konnte.

Anja, die jüngste von vier Mädchen, rothaarig, sehr feminin, erzählt:

»Meine Mutter ist eine sehr schöne, auch sehr weibliche Frau, mit sehr langen, schönen Haaren. Aber diese Weiblichkeit hatte ganz bestimmte Grenzen: Zum Beispiel durften wir uns nie schminken, das war grundsätzlich verboten. ›Was den Menschen hübsch macht, ist allein sein Charakter!‹, das waren so kleine Sprüche, hinter denen sich eiserne Regeln verbargen. Und noch heute sagt meine Mutter, wenn sie mich sieht (und ich bin dann meist geschminkt): ›Ach, du wärst ja eine so hübsche Frau ohne diese Schminke! Aber ich lieb' dich auch so!‹ Wir durften ganz klar nicht reizvoll sein. Wir wurden ganz eindeutig *gegen* unsere Geschlechtsrolle erzogen. Auch was Kleider angeht: Meine Mutter hat uns immer nur aufgezählt, was wir alles *nicht* tragen sollten – aber sie hat uns nie gesagt, was uns eigentlich steht. Das hab' ich mir alles mühsam und in kleinen Schritten selbst aneignen müssen. – Es war zum Beispiel absolut verboten, Hosen zu tragen. Meine älteren Schwestern trugen nur solche Wander-Kniebundhosen. Das kann man sich heute gar nicht mehr vorstellen – das war immerhin 1955! Und meine Schwester hatte mal heimlich auf eine Klassenfahrt Jeans mitgenommen. Und da hat meine Mutter die Lehrerin angerufen und hat sie gefragt, ob ihre Tochter Jeans trüge, und dann sollte sie sie unbedingt ausziehen! Ihr Arm reichte eben sehr weit.

Meine Mutter war 39, als ich geboren wurde, sie war eine relativ alte Mutter und hatte für so was kein Verständnis. Für Kleider oder Kosmetik durfte kein Geld ausgegeben werden. Ich hab' meiner Mutter mal einen Lippenstift geschenkt, aber sie war stolz darauf, daß sie ihr Leben lang nichts anderes für ihre Schönheit gebraucht hatte als Wasser und Seife.

Ich fand meine Mutter nie schön, obwohl sie objektiv eine schöne Frau war. Aber diese offene Härte, die sie jeden Morgen praktizierte: Jeden Morgen kalt duschen und dann mit harten Handtüchern abreiben! Gebadet wurde prinzipiell nicht, immer nur geduscht – und kalt! Nie gab es eine Form von Sich-pflegen-, Sich-verwöhnen-Dürfen! Heute betreibe ich das mit einem geradezu luxuriösen Aufwand und *gern*! Ich hab' das lange Zeit nur mit schlechtem Gewissen gemacht: mir Löcher in die Ohrläppchen machen lassen oder 'ne neue Bluse kaufen, wo ich doch schon eine habe! Oder gar Formen zu zeigen – oh, Gott! Büstenhalter waren dazu da, etwas wegzudrücken und daß es nicht wackelt unterm Pullover, und es durfte nicht zu spitz sein! Diese Einkäufe waren eine Qual! Dabei hat sicher auch die Kriegserfahrung eine Rolle gespielt, und das Ergebnis war dann diese Haltung: sparsam sein, keine Ansprüche haben, dankbar sein und alles verwerten. Ich hab' ja auch immer nur geerbte Kleider getragen, solange sie noch nicht durchgeschlissen waren. Deswegen mußte man auch immer gute Qualität kaufen. »Wir sind nicht arm genug, um billig einzukaufen«, hieß es immer. Nie kauften wir bei C & A ein, das war zwar modisch, aber nicht gediegen. Wir kriegten immer diese entsetzlichen Bleyle-Sachen, so dunkelblau, zeitlos und strapazierfähig. Im Grunde hieß das alles: Du darfst nicht schön sein, du darfst nicht attraktiv sein und vor allem: Du darfst nicht attraktiv sein *wollen*! Und das heimliche Gebot: Sei bitte auch so geschlechtslos wie deine Schwestern!«

Etwas Ähnliches hatte auch Alexandra beschrieben, deren Mutter ihren heranwachsenden Töchtern gegenüber eine ähnliche Haltung einnahm: intelligent – ja, schön – nein! Sie sagt:

»Wir waren zwar alle schön, aber in dieser Familie durfte man nicht dazu stehen. Weil man nämlich ausgelacht wurde. Und eitel war. Und das durfte man ja nicht. Ich weiß genau, wenn ich in die Tanzstunde ging oder mit Jungen ausging, dann ging es bis unter die nächste Laterne, dann wurde der Spiegel rausgezogen, wurden die Nylons angezogen, der Goldgürtel umgeschnallt und die Lippen rot gemacht, das Kopftuch entsprechend gebunden, so die Zipfel noch mal um den Hals, die Augen schwarz gemalt. Das ging alles zu Hause nicht. Das wurde nicht verboten, das wurde lächerlich gemacht. Meine Mutter hatte wohl Angst, daß wir zu selbstbewußt oder sogar verführerisch werden könnten. Das wäre ja unheimlich gefährlich geworden. Das durfte nicht sein. Wir sollten lieber Latein und Griechisch lernen. Das war ungefährlicher. Meine Mutter war eine sehr schöne Frau, etwas knabenhaft und herb. Sie hat uns einen Chic beigebracht, so mit Hosen und so, etwas männlich-intellektuell. Ich war eines der ersten Mädchen, die immer nur mit Hosen rumliefen, das war meiner Mutter nur recht, so knabenhaft, das war gut.«

Im Grunde ist das Verbot des Lippenstifts das Verbot der Suxualität. Und damit wird die Unsicherheit der Mädchen in bezug auf ihre eigene Person verstärkt. Nancy Friday: »Mode und Kosmetikindustrie haben die Unzufriedenheit der Frauen mit ihrem Körper nicht geschaffen. Die Wirtschaft beutet nur eine bereits erworbene Unsicherheit aus und klebt ein Preisschild vor die Hoffnung, daß wir eines Tages etwas finden werden, das uns gut riechen, gut schmecken und in bezug auf uns selbst gut fühlen läßt ... Warum geben wir soviel Geld für Kleider aus, warum verwenden wir zuviel Zeit auf Kosmetik? Weil wir nicht glauben können, daß uns irgend jemand so, wie wir sind, haben möchte.« Sie führt dieses Gefühl auf unsere Körpervorstellung zurück, die Vorstellung, daß die Vagina und die Menstruation etwas *Häßliches* sind. Sie zitiert Paula Weideger, die sagt, »daß absolut jede Frau, egal wie sie aussieht, glaubt, etwas an ihr sei häßlich, verbunden mit der Vorstellung, daß mit ihr etwas *im wesentlichen* nicht stimmt.«[43]

Und die Mütter tun nichts, *können* wahrscheinlich nichts tun, um diese Vorstellung abzubauen, weil sie ja ihrer eigenen Überzeugung entsprechen. Indem sie den heranwachsenden Töchtern verwehren, sich als *Frauen* zu zeigen, indem sie sie solange wie möglich genauso geschlechtslos halten, wie es die Mütter selber sind, können sie die Phase der Nähe verlängern – glauben sie. Denn sie selber haben die Rolle der *Frau* aufgegeben, als sie Mutter wurden. Viele Mütter haben sie sogar nie gehabt, weil sie sich immer eher als *Mütter* verstanden haben denn als Frauen.

Die Erkenntnis, daß die Töchter erwachsen werden, ist für jede Mutter schwer. Und wenn sich diese Erkenntnis potenziert, dadurch, daß es mehrere Mädchen sind, wird sie ihre Anstrengungen verdoppeln, um sie *alle* von diesem ›gefährlichen‹ Stadium so lange wie möglich fernzuhalten. Töchter, die tanzen gehen wollen und sich mit Freunden verabreden, signalisieren der Mutter, daß sie erwachsen werden und die Zeit nahe rückt, daß sie sie verlassen werden.

Dazu kommt, daß Mütter erleben, wie ihre Töchter ihre ersten Flirtversuche am Vater ausprobieren und damit die Konkurrenz mit der Mutter deutlich und ungeniert aufnehmen.

Elisabeth, älteste von drei Schwestern, erzählt:

»Ich glaube, daß es meinem Vater einfach in seiner Männlichkeit schmeichelte, sich mit seinen hübschen Töchtern zu schmücken, mit ihnen auszugehen. Er schmückte sich sowieso gerne und war ein sehr dynamischer Mann, und ich war immer sehr stolz auf ihn und fand ihn toll. Ich fand nur immer, daß meine Mutter gar nicht zu ihm paßte! Ich bin auch immer mit meinem Vater losgezogen, auf politische Versammlungen, weil sich meine Mutter dafür nicht interessierte. Sie war sicher eifersüchtig auf mich. Wenn die beiden sich stritten, was nicht selten vorkam, hab *ich's* immer hinterher nochmal von ihr abgekriegt, das war übel. Mein Vater hat sicher vieles, was er an Zärtlichkeit bei seiner Frau nicht mehr anbringen konnte, auf mich und meine Schwestern übertragen.
Und als ich dann 16 war, da habe ich ganz dolle Auseinandersetzungen mit meinem Vater gehabt – da fand ich ihn auf einmal unmöglich, so ein Chauvinist und Patriarch und widerlich, wie er sich meiner Mutter gegenüber verhält. Ich dachte, ich müßte jetzt mal solidarisch mit meiner Geschlechtsrolle werden! Ich fand ihn einen richtigen Haustyrann: Er lag auf dem Sofa, und wenn er nachts um elf sagte: ›Ich hab' jetzt Hunger‹, wetzte meine Mutter in den Keller und wühlte in der Tiefkühltruhe und kochte und machte und meckerte, aber machte! Und ich bin dann hin zu ihm und hab' gesagt: ›Wenn du was essen willst – mach's dir selber!‹ Aber meiner Mutter war das nur peinlich!«

Wahrscheinlich hat Elisabeths Mutter jahrelang die enge Beziehung zwischen ihrer Tochter und ihrem Mann gesehen und sich niemals eingestehen können, was *sie* eigentlich dabei empfand. Hat sie sie als Feindin, als Konkurrentin, als Rivalin betrachtet? Welche Mutter würde so etwas tun? Da ist es einfacher, möglichst von vornherein zu verhindern, daß die Töchter zu hübsch werden, dann ist die Gefahr nicht so groß.
Hannah sagt:

»Meiner Mutter und meiner ältesten Schwester verdanke ich meinen Minderwertigkeitskomplex, den ich wohl bis zum Ende meines Lebens mit mir herumschleppe! Meine große Schwester hat immer zu mir gesagt: ›Wenn ich so häßlich wäre wie du, hätte ich mich schon längst vom Balkon gestürzt!‹ Dafür habe ich mich dann gerächt, als ich schon mit elf meine Tage bekam und sie sie mit 15 immer noch nicht hatte! Aber im Grunde habe ich meine große Schwester immer beneidet! Vielleicht habe ich sie als so wunderschön empfunden, weil sie mir immer eingeredet hat, ich sei so häßlich! Ich hab' sie sogar einmal überreden wollen, sich an einer Miß-Wahl zu beteiligen, obwohl sie eigentlich gar nicht so gut aussieht: In meinen Augen war sie wunderschön! Schlank und groß, blond und blauäugig – und ich war immer klein und drall und dunkel! Meine Mutter hat sich aber auch insofern an mir versündigt, als ich immer ihre Kleider tragen mußte, weil ich mit zwölf Jahren schon 120 Pfund wog. Sie sagte: ›Du bist ein Dirndl-Typ‹, und so wurde ich in Dirndl und Haferl-Schuhe gepreßt, bekam eine Dauerwelle verpaßt und war wirklich todunglücklich in meiner Haut! – Und fand meine älteste Schwester einfach toll!

Später, als ich als au-pair-Mädchen in England war, hat mich die Hausfrau dort überredet, was aus meinem Typ zu machen: Ich hab' abgenommen, mir neue Kleider gekauft, mir die Haare abgeschnitten und kam dann stolz nach Hause! Aber die Familie war empört. Ich entsprach nicht mehr ihrer Vorstellung von dem ›Dirndl‹ – nur meine jüngste Schwester fand mich toll! Und das tat mir gut.«

Schwestern scheinen die Schönheit der einen oder anderen viel leichter zu akzeptieren, als sie ihnen von den anderen eingeredet wird: Wenn sie sich gegen eine Schwester verbünden, tun sie das meist auf einen unbewußten Auftrag der Mutter hin. Wenn sie sich ihre eigene Meinung über die anderen Schwestern bilden dürfen – und kein Klima von Konkurrenz auf allen Gebieten die Familie beherrscht –, stellen sie die körperlichen Vorzüge der anderen sachlich und ohne große Neidgefühle fest:

Marion: »Meine große Schwester war der Star im Dorf – wir hatten Chorgesänge unterm Fenster. Sie war der große Schimmel, ich der kleine. Aber eifersüchtig war ich nie – ich bekam ja von dem Glanz auch noch was ab!«

Und Saskia: »Ich mochte meine nächstältere Schwester sehr gern, an ihrem Erfolg habe ich partizipiert – ich glaube, daß sich auf dem Gymnasium Jungen zum Teil nur deswegen für mich interessierten, weil *sie* meine Schwester war aber ich war nicht neidisch auf sie – im Gegenteil, ich war stolz darauf, eine so hübsche, bewunderte, verehrte Schwester zu haben!«

Frau-Sein definiert sich hierzulande nicht unbedingt durch BHs und Lippenstifte wie in den USA, wo die heranwachsenden Mädchen viel stärker auf den Erfolg bei Jungen bzw. Männern programmiert werden. Die Diskussionen der Mädchen – mögen sie nun Schwestern oder Freundinnen sein, sind stärker von anderen Themen bestimmt. Äußerlichkeiten spielen immer weniger eine Rolle.

In einer repräsentativen Untersuchung über die 15 bis 19jährigen Mädchen heute, die 1982 vom Deutschen Jugendinstitut durchgeführt wurde, spielt das Aussehen nur eine sehr untergeordnete Rolle: Fragen der Berufswahl, der Umwelt, des politischen Engagements und natürlich der Partnerwahl stehen im Vordergrund, aber daß Mädchen schön sein müssen, damit sie einen Mann bekommen, dieses unausgesprochene Ziel, das die heute 40jährigen oft noch unterschwellig von ihren Müttern auf den Lebensweg mitbekommen haben, hat sich heute sehr relativiert.

Der Vergleich vor dem Spiegel ist für Schwestern nicht nur wichtig, weil sie überlegen, wer wohl bei Jungen die größeren Chancen hätte. Der Vergleich entspringt dem Wunsch, bei aller Ähnlichkeit eben auch die Verschiedenheiten auszuloten. Und vieles, was auf den ersten Blick wie Neid, Konkurrenz und Rivalität aussieht dient nur dem Herausfinden der Unterschiede und der familiären Platzsuche. Bist du blond, na gut, *ich* bin eben dunkel – du bist groß, *ich* bin klein, und meine Kleinheit kann ich ja nur feststellen im Vergleich zu den anderen.

Elisabeth Fishel schreibt in ihrem Buch ›Schwestern‹: »Rivalität gehört zu ihrer lebenslänglichen Aufgabe, getrennte Individualitäten zu finden, sie ist paradoxerweise der Nährboden für ihre Individualität.

Wie das zentrale Problem zwischen Müttern und Töchtern das Bedürfnis nach Abhängigkeit beziehungsweise der Drang nach Unabhängigkeit ist, so ist das Problem zwischen Schwestern das Ausleben ihrer Ähnlichkeit beziehungsweise das Bedürfnis nach Verschiedenheit. Einerseits ist es so bequem und vertraut, ähnlich zu sein: sich ähnlich zu sehen, mit gleicher Stimme zu sprechen, die gleichen Dinge zu mögen. Andererseits – und teilweise als Abwehr dieser Ähnlichkeit, die schließlich nur durch den Zufall der Geburt zustandegekommen ist – besteht ein tiefverwurzeltes Bedürfnis nach Verschiedenheit: verschiedene Wertsysteme und Stile zu entwickeln, verschiedene Talente und Freunde zu haben verschiedene Stärken und Schwächen. Auf diese Weise fördert Rivalität den Differenzierungs- und Individualisierungsprozeß und ist daher im Grunde genommen keine Schranke der Freundschaft, sondern in vielen Fällen ein notwendiger und natürlicher Teil davon.«[44]

Das, was ich mit meiner Schwester teile, ist die Ähnlichkeit, die aus unserer gemeinsamen Herkunft stammt, die uns verbindet, weil wir aus der gleichen Familie kommen. Und das fängt bei Kleinigkeiten an – etwa, daß man die dunklen Randstücke am Zuckerkuchen am liebsten mag – und geht bis zu den großen Gemeinsamkeiten – etwa, daß man sich in ähnliche Männer verliebt. Aber das, was sie trennt, hat den Vorteil, daß es jeder ganz alleine gehört, etwas Eigenes ist, von dem sie sicher sein kann, daß es eben nicht ein zufälliges Produkt einer gemeinsamen Erziehung ist, sondern ein Produkt ihrer eigenen Entwicklung. In den unterschiedlichen Lebensphasen von Schwestern mag es unterschiedlich wichtig sein, das Verbindende oder das Trennende in den Vordergrund zu schieben. Die Schönheit oder das Aussehen ist jedenfalls in vielen Fällen nur äußerlicher Anlaß für darunterliegende andere Probleme der schwesterlichen Auseinandersetzung, vielen wird dies nicht problematisch.

Johanna, 36 Jahre alt, hat mit ihrer ältesten Schwester im Augenblick ganz große Probleme und seit Jahren keinen Kontakt mehr mit ihr. Aber daran ist nicht ihre Schönheit schuld, im Gegenteil. Sie sagt:

»Mein Vater war immer hingerissen von seinen schönen Töchtern, und meine älteste Schwester hat sich, glaube ich, auch gerne mit mir geschmückt. Sie hat mich immer überall mit hingenommen, zu ihren Freunden, in ihre Wohnung und mich immer mit den Worten vorgestellt: ›Das ist meine kleine schöne Schwester.‹ In dieser Hinsicht gab es auch gar keine Konkurrenz zwischen uns in den Jahren, in denen wir uns gut verstanden haben. Ich habe mir das auch gerne gefallen lassen. Und ich habe sie restlos bewundert. Wir haben uns damals aber auch ganz toll verstanden. Wir sind immer über andere Leute hergezogen, über andere Männer, und haben da einen phantastischen Austausch gehabt. Damit haben wir auch meine Mutter geärgert, daß wir immer so gut miteinander klönen und reden konnten, und sie war dadurch draußen. Sie ist richtig eifersüchtig gewesen.«

Schönheit, so könnte man sagen, ist zwischen Schwestern kein Problem, wenn es nicht von den Eltern zu einem gemacht wird, wenn es nicht hochstilisiert wird als äußeres Zeichen einer inneren Bevorzugung, auf die dann die anderen Schwestern verständlicherweise mit Angst, Neid und Rivalitätsgefühlen reagieren.

Eine 75jährige Frau erinnert sich an ihre schöne Schwester: »Sie hatte blonde, lange Haare, war kühl, schön und schmeichelte sich immer bei unseren Eltern ein. Ich hieß immer nur ›die Tartersche‹ – die Tartarin, weil wir damals in Odessa lebten –, ich war klein, wild, schwarzhaarig und ungebärdig. Meine Eltern hatten sicher an Sonja mehr Freude, aber wir anderen Mädchen haben sie aus tiefstem Herzen gehaßt. Weil sie es schamlos ausnutzte, der Liebling der Eltern zu sein – und ich hab' immer die Prügel gekriegt. Wenn mein Vater uns mit dem Stock in der Hand zur Rede stellte, weil wir was angestellt hatten, war sie ganz still. Wenn er fragte: ›Habt ihr das getan? Sagt die Wahrheit, dann bekommt ihr keine Schläge!‹, und ich so dumm war, mich darauf zu verlassen und die Wahrheit zu sagen – und es dann natürlich prompt abkriegte –, sagte sie kein Wort und lächelte nur still vor sich hin. Ich habe sie gehaßt. Jedes Jahr fuhr meine Mutter mit *ihr* in Urlaub, und jedes Jahr hieß es: ›Sieh mal, Sonja ist doch die Ältere!‹ Sie war eben auch die Hübschere, und deshalb hatte meine Mutter sie lieber!«

Und Nina E., 37 Jahre alt und von Beruf Journalistin, beschreibt in dem Buch von Barbara Frank ›Ich schau in den Spiegel und seh meine Mutter‹, wie die Schönheit ihrer Schwester ihr zum Problem wurde: »Ich erinner' mich so an eine Szene, da war sie mal mit mir bei einer Familie zu Besuch, ich schätze, da war ich so 13. Und da erzählte sie dann, zu Hause habe ich noch eine Tochter, eine hübsche, richtig schöne blonde Tochter. Ich hab' die damals ja selbst hübscher gefunden, finde ich auch heute noch. Aber das hätte sie doch zumindest nicht so sagen müssen, sie hat bestimmt gewußt, daß ich in einer Zeit voll Pickel und Minderwertigkeitskomplexen steckte. Das war für mich das Allerschlimmste, daß sie mich nach außen verraten hat.

Meine Mutter hat meine Schwester immer schöner gefunden. Die ist blond, und meine Mutter ist dunkel. Meine Schwester ist groß, meine Mutter eher klein, und ich kam mehr auf sie raus. Es war für sie wohl einfach ein Traum, ein blondes großes Mädchen zu haben... Ich habe meine Schwester unbewußt gehaßt, und das Allerschlimmste ist, daß sie jetzt, wo wir älter sind und darüber reden können, sagt, daß sie mich, ohne es sich ganz klarzumachen, genauso gehaßt hat. Daß sie ihre Rolle satt hatte, schön, aber eben gleichzeitig dumm zu sein. Die hat nämlich einmal in der Schule versagt, ist sitzengeblieben, und da war das ganz klar, daß sie sie vom Gymnasium genommen haben. Da steckte so dahinter, das schöne Mädchen – Mittelschule tut's auch. Da kommt sowieso ein Prinz und nimmt die Schöne mit. Sie sagt heute, was meinst du, wie ich dich gehaßt habe, daß du klug bist. Es ist doch völlig wurscht, ob du eingeredet gekriegt hast, du kriegst keinen Mann. Viel schlimmer ist, immer nur zu hören zu kriegen, du bist schön und sonst hast du nichts.«

Und sie beschreibt weiter, wie sie selbst erstaunt war, wenn es mal Fotos gab, auf denen sie gut aussah. Sie hat eben von Eltern und Geschwistern zunächst die Meinung übernommen, daß sie nicht schön sei. Sie sagt:

»Es ist vielleicht nicht so, daß meine Mutter mich stinkhäßlich gefunden hat, aber sie findet ganz einfach andere viel schöner. Freundinnen, die mir in keiner Weise im Typ ähnlich waren, das waren immer die, die mir als schön vorgehalten wurden. Immer, immer eben blonde. Mein Vater hat dann immer zu mir gesagt, ich sei klug, und in der Schule lief auch alles problemlos, und ich bin dadurch auf die Linie geraten, schön bin ich nicht, ich bin die Kluge, die andere ist die Schöne.«[45]

Offensichtlich müssen die Karten unter Schwestern aufgeteilt werden: Ist die eine schön – ist die andere klug, und diese Zuschreibungen der Eltern bleiben nicht nur oft ein Leben lang erhalten sondern verhindern auch schwesterliche Loyalität. Auf dem Gebiet der Schönheit konkurrieren Schwestern untereinander offenbar weniger als Freundinnen – Schwestern kennt man zu genau, ihre Fehler und Schwächen, ihre Unzulänglichkeiten und Unzufriedenheiten. In Wirklichkeit geht es ja weniger um Blond oder Schwarz, Dick oder Dünn, Groß oder Klein – es geht um die Bewertung durch die Eltern oder andere wichtige Personen. Es geht darum, von den Eltern geliebt zu werden oder eben nicht – oder nicht so sehr. *Darum* entsteht Rivalität, wenn sie entsteht. Und wenn die Schwestern älter sind, geht es um die Summe der wichtigen Attribute, das heißt im Grunde um die Frage, wer das Leben besser meistert, wer anerkannter ist, wer mehr Freunde hat, letztlich auch wieder, wer die geliebtere ist. Rivalität entsteht nur, wenn man sich unsicher ist, ob einem auch genug Liebe – und das heißt hier zunächst elterliche Liebe – zuteil wird.

»Glücklich ist der, über dem die Sonne der mütterlichen Zuwendung strahlt, und unglücklich der, der das mitansehen muß!«[46] sagt der Psychologe Friedrich Graumann. Und *hier* genau liegen die Wurzeln der vielzitierten Geschwisterrivalität, wenn sie über das ›übliche Maß‹ des Vergleichens, Abwägens und Erkundens der Fähigkeiten des anderen hinausgeht. Graumann fährt fort: »Für manche Geschwister bleibt das miteinander Rivalisieren eine Durchgangsphase ihrer Entwicklung. Anderen bestimmt Rivalität lebenslänglich ihr Verhältnis zueinander; wenn nicht überhaupt ihr Verhältnis zu anderen gleichgeschlechtlichen und etwa gleichalten Mitmenschen immer dann den Charakter der Rivalität annimmt, wenn es um begehrte und geliebte dritte geht. Hier ist Rivalität Schicksal geworden oder, um es nüchterner auszudrücken, neurotischer Zwang zu rivalisieren.«[47]

Rivalität, definiert Graumann, ist Wettbewerb um die Gunst eines dritten und schließt die Vergleichbarkeit ein – mit jemandem, der ganz anders ist als ich, kann ich nicht rivalisieren. Deshalb scheint auch die Rivalität in gleichgeschlechtlichen Geschwisterreihen so bedeutsam zu sein. Rivalität ist – im Gegensatz zu Wettbewerb und Konkurrenz – personenzentrierter Wettbewerb und nicht leistungsorientierter. Erst wenn ich durch meine Leistung eine *Person* gewinnen will, wird die Konkurrenz wieder zur Rivalität. Dies scheint zunächst eine überflüssige Unterscheidung zu sein, aber sie erscheint mir wichtig: Frauen werden im allgemeinen personenorientierter erzogen als Männer – sie geraten deshalb auch leichter in rivalisierende Situationen. Männer lernen leistungsbezogenen Wettbewerb von kleinauf; wenn sie unterliegen, brauchen sie das nicht so *persönlich* zu nehmen wie Frauen. Kleinen Mädchen wird der Wettbewerb systematisch abtrainiert, aber sie werden dazu angehalten, Personen und Beziehungen wichtig zu nehmen.

Rivalität unter Schwestern ist das zentrale Thema von Aschenputtel, dem Märchen, das es in Hunderten von Variationen auf der ganzen Welt gibt. Die Beliebtheit des Märchens leitet sich wahrscheinlich daraus her, daß es eine zentrale Situation schildert, der sich jedes Kind irgendwann einmal ausgesetzt sieht. Bruno Bettelheim, der in dem Buch ›Kinder brauchen Märchen‹ das Märchen ausführlich psychoanalytisch deutet, schreibt: »Solange das Kind noch klein ist, beschützen es seine Eltern gegenüber der zwiespältigen Haltung der Geschwister und den Anforderungen der Welt. Im Rückblick hat das Kind das Gefühl, daß dies paradiesische Zeiten waren. Dann plötzlich machen sich diese älteren Geschwister es sich zunutze, daß es jetzt weniger Schutz genießt. Sie stellen Anforderungen; sie und die Mutter üben Kritik an dem, was das Kind tut. Hinweise auf seine Unordentlichkeit und vielleicht auf seine schmutzigen Angewohnheiten bewirken, daß es sich abgelehnt und schmutzig vorkommt; dagegen hat es den Eindruck, daß seine Geschwister ein herrliches Leben führen. Aber ihr gutes Benehmen ist nach Ansicht des Kleinen reines Getue, nichts als Heuchelei und Falschheit. Das genau ist das Bild der Stiefschwestern in ›Aschenputtel‹.«[48] Das Kind kann sich mit dem Ende des Märchens trösten: Zuletzt ist das arme Aschenputtel die Siegerin, und die bösen Stiefschwestern gehen leer aus!

Und er schreibt weiter: »Trotz der Bezeichnung ›Geschwisterrivalität‹ hat diese elende Leidenschaft nur gelegentlich etwas mit wirklichen Brüdern und Schwestern zu tun. Die wirkliche Quelle des Gefühls sind die Gefühle des Kindes seinen Eltern gegenüber... Erfährt ein anderes Kind eine besondere Zuwendung, so sind die Geschwister nur dann gekränkt, wenn sie das Gefühl haben, daß die Eltern im Gegensatz dazu von *ihnen* nicht viel halten oder sie gar ablehnen. Diese Angst ist schuld daran, daß eines der Geschwister oder auch alle miteinander zu einem Dorn im Fleisch werden können. Die Furcht, man könne im Vergleich zu seinen Geschwistern die Liebe und Achtung der Eltern nicht für sich gewinnen, entzündet die Geschwisterrivalität.«[49]

Das heißt, die Ursache aller Rivalität – im Märchen wie in der Realität – ist die Angst, abgelehnt, nicht geliebt zu werden. Wo ein Kind Urvertrauen aufbauen konnte, ist Rivalität nur ein vorübergehendes und notwendiges Gefühl, um sich von den anderen zu unterscheiden und zu lernen, wer man selber ist. Wo kein Urvertrauen zustande kam, ist der Vergleich mit den anderen etwas Bedrohliches, der das ganze Leben durchziehen kann.

Als Gabriele über ihre Schwester Ilse zu sprechen begann, erwähnt sie als erstes die schönen Locken, und der nächste Satz ist: »Die war ein schönes Mädchen, die Ilse!« Aber im Verlauf des Gesprächs stellte sich heraus, daß das nur der Aufhänger war für eine tiefgehende Rivalität, die viele Ursachen hatte, sicher aber nicht das unterschiedliche Aussehen der beiden. Eine der Ursachen war die unterschiedliche Verarbeitung der Kriegserlebnisse, die wohl beiden Kindern keine Chance bot, Urvertrauen zu entwickeln.

Gabriele sagt:

> »Ich bekam meine Macke durch eine frühe Operation und durch den Ausbruch des Krieges. Dadurch wurde für mich die Welt zu einer ausgesprochen unerfreulichen Veranstaltung – was ursprünglich nicht so war. Ich war wirklich ein unheimlich fröhliches Kind. Aber mit zwei Jahren hat man mich an einem Nabelbruch operiert, nicht wissend, was das für ein heikles Alter ist, und ich kam aus dem Krankenhaus gar nicht mehr raus – ich bekam sämtliche Krankheiten, die es im Krankenhaus gerade gab – das dauerte sechs Wochen, natürlich ohne daß meine Mutter mich besuchen durfte – und schließlich hat meine Mutter das nicht mehr mit ansehen können und holte mich raus. Das war für mich der absolute Schock, der Einbruch einer feindlichen, mich vergewaltigenden Männerwelt – es waren ja alles Ärzte!

Und als ich dann nach Hause kam, war ich innerlich verändert. Ich wußte jetzt – die können dich gar nicht schützen – die Welt ist eigentlich ganz fürchterlich. Und das hätte sich vielleicht wieder verwachsen können, weil das Familienklima schon recht gut war, nur, zwei Monate später brach der Zweite Weltkrieg aus, und in Essen ging es ja gleich rund, und das paßte dann irgendwie in mein Weltbild: Jetzt kam das oben vom Himmel, das Feuer, und die Kirche, wo man sonntags im Gottesdienst war, brannte lichterloh, und dadurch war mein Urvertrauen gewisser- maßen zerstört. Während meine Schwester seelenruhig in den Keller ging. Und wenn meine Mutter sagte: ›Kinder, fürchtet euch nicht, ich bin ja da!‹, dann war das für *die* ein Trost, während ich das alles schon durchschaut hatte: daß das zwar gut gemeint war, daß da aber nichts zu machen wäre; daß dieses Mutterwort gar keine weitere Wirkung zu haben brauchte! Und das führte zu einer regelrechten Angstpsychose. Ich zog mich nicht mehr aus, damit ich gleich losrennen konnte, und ich fragte dann auch nicht mehr nach meiner Familie! Ich guckte überall, wo ich hinkam, zuerst nach dem Bunker. ›Wo ist hier der Keller?‹ war immer meine erste Frage, und wenn ich nicht genau wußte, wo der Keller war, wo ich hinkonnte im Notfall, dann drehte ich durch. Als ich fünf oder sechs war – ich muß schon in der Schule gewesen sein –, spielte ich auf dem Balkon unseres Hauses, meine Mutter war in der Stadt, das Hausmädchen war da und putzte das Wohnzimmer, vor dem dieser Balkon war, und weil sie den Boden wischte, hatte sie die Balkontür zugemacht. Und sie ging raus, um den Wischeimer auszuleeren. Und in dem Moment merkte ich, die Balkontür ist zu, ich kann jetzt nicht sofort in den Keller – dabei war natürlich gar kein Alarm! Aber ich war wie verrückt, denn wenn jetzt ein Alarm kommen würde, könnte ich nicht sofort in den Keller rennen! Und da habe ich sofort blindlings mit beiden Fäusten diese Glasscheibe zerschlagen, und als das Mädchen zurückkam, saß ich rittlings auf der Holzbrüstung des Fensterrahmens in der Tür, blutete wie ein Schwein aus den Händen und Beinen und schrie wie verrückt! Meiner Schwester machte das alles überhaupt nichts – die glaubte das alles noch! Sie brauchte sich nicht zu fürchten.

Meine Mutter hatte schon irgendwie Verständnis für mich, aber es ging ja auch über ihre Kraft, denn schließlich hatte sie vier kleine Kinder zu der Zeit und immer mit den Babys und Sack und Pack in den Keller, und dann hat sie eine, die da gellend schreit und wie eine Wilde tobt! Also, die hat mir dann eine gescheuert – und ich war sofort totenstill –, aber da fielen dann natürlich sofort sämtliche Rolläden runter. Das hat ganz, ganz lange gedauert, bis das einigermaßen vernarbt war. Dabei hatten wir nur eine westdeutsche Flucht hinter uns. Im Januar 1945 von Bad Kreuznach nach Westfalen, in der schon zurückströmenden Westfront und mit Tieffliegerbeschuß – und es fuhr ja nichts mehr, und mein kleiner Bruder bekam einen Brechdurchfall – und dieser Tieffliegerangriff, wo mein Vater aus dem Abteil rannte und seine Familie da drin zurückließ – natürlich hatte er auch Angst – aber da war mein Vaterbild endgültig hin. Meine Mutter schob uns unter die Bänke und legte sich selbst drüber und beruhigte uns immer: ›Habt keine Angst!‹ Und ich dachte immer nur: ›Lieber Gott, ich will gleich tot sein.‹ Es war das Ergebnis dieses Syndroms, daß ich bis zu meinem zwölften Lebensjahr jeden Abend betete: ›Lieber Gott, nun laß mich doch endlich sterben! Ich halte das hier nicht aus, ich will das nicht, die Sache wird zurückgegeben!‹ Ich wollte natürlich nicht gerade auf eine ganz fürchterliche Weise sterben, aber ich wollte schön schnell weg sein, ich wollte nicht leben! Und bei diesen Angriffen dachte ich immer, es ist ja gar nichts dagegen einzuwenden, bloß nicht in die Beine schießen, die waren so lang und dünn und guckten überall heraus – das erschien mir das Allerschrecklichste! Und ich war schon 16 Jahre alt, da waren Bahnhöfe mir immer noch so schrecklich, daß ich, wenn ich abends vom Chor nach Hause fuhr, auf dem nächtlichen Bahnhof heimlich den Kantor am Mantel faßte, das war so die Angst, ich mußte jemanden anfassen – und ich konnte doch nicht sagen: ›Ich hab auf Bahnhöfen Angst!‹ Aber so was gibt Narben für immer!

Ich hab bis heute ein resignatives Bild vom Leben. Ich halte mich hier nur auf! Ich finde alles so schrecklich, das ganze Leben. Und das ist ein wesentlicher Unterschied zwischen meiner Schwester und mir. Sie ist ja auch nicht umsonst in der Sozialarbeit, während ich die Welt für nicht verbesserbar halte. Sozialarbeit ist ein Bereich, der mich nie und nimmer hätte interessieren können! Ich hatte keine Kraft zum Abgeben, ich brauchte alle Kraft, um überhaupt leben zu können. Meine Schwester hat da viel mehr Energien, die hat drei Kinder und hätte gern noch mehr gehabt und

Pflegekinder und hat mit Ende 30 dann das Abitur nachgemacht.

Diese unterschiedliche Verarbeitung der Kriegserlebnisse ist bis heute sicher einer der Hauptunterschiede zwischen meiner Schwester und mir in der Lebensperspektive, denn ich konnte meine an sich resignative und negative Lebenseinstellung nur über den Kopf überwinden, ich ironisierte alles, machte mich zum Kasper, aber sie war und ist ein Täter.«

Ilse sagt:

»Ich erinnere mich an eine traumatische Situation: Wir mußten immer in den Hauptluftschutzkeller gehen, der war in einer Schule, und draußen war Schnee, und wir sind losgezogen, und da habe ich erlebt, was man sonst nur im Traum erlebt – daß ich nämlich nicht mehr gehen konnte! Meine Mutter hatte die Kinder an der Hand, an einer Seite die Große und an der anderen die Kleine, der Haushaltslehrling hatte das Baby, ja, und ich hatte keinen – und da bin ich auf allen Vieren einen nicht endenwollenden Weg gekrabbelt durch den Schnee, und das war so entsetzlich, diese Panik, daß das wieder passiert, daß alles um mich herum einstürzt und keiner ist da, der einen anfaßt und mitnimmt ... und das war für diese Kriegsjahre symptomatisch. Ich konnte mir das auch nicht holen, es war nichts übrig, und ich mußte alleine krabbeln! Ich konnte das eben nie so artikulieren wie meine Schwester, daß ich Angst hatte, ich hatte auch fürchterliche Angst, bloß, meine Schwester, die wurde dann hysterisch und aufgeregt und forderte damit die Mutter total – dadurch konnte ich nicht mehr, dieser Weg war mir versperrt – wenn einer das eine macht, macht man selber meistens das andere. Mir blieb also nichts anderes übrig, als mich stumm unter meine Decke zu kauern und mich zu fürchten, und meine Mutter guckte dann wohl mal so drunter, aber – das sagte sie neulich gerade wieder – ich habe mich dann wie ein Tier totgestellt, und sie hat mich gefragt: ›Hast du Angst?‹, und ich hab' gesagt: ›Ja, ich hab' Angst, aber ich denk' dann schnell an was anderes‹, und damit hat sie sich auch zufriedengegeben. – Klar, mit drei Kindern hätt' ich das wahrscheinlich auch. Aber aus meiner Sicht blieb im Grunde genommen überhaupt nichts mehr übrig für mich, außer, daß ich da stumm und zusammengekauert hockte.«

Aus Gabrieles und Ilses Geschichte wird deutlich, daß es nicht beliebige Äußerlichkeiten sind, die Rivalität zum Schicksal werden lassen, sondern schlichte Überlebensangst: Für kleine Kinder ist die Zuwendung der Mutter lebensnotwendig, instinktiv versuchen sie, soviel wie nur irgend möglich davon zu erlangen. Bei Gabriele und Ilse kam die reale Bedrohung durch den Krieg hinzu. Die Mutter hatte einfach keine Kraft mehr, inmitten von Bombennächten und Flucht, vier kleinen Kindern Urvertrauen zu vermitteln. Verständlich, aber eben auch tragisch, denn diese frühen Defizite sind bei Gabriele zumindest nicht mehr auszugleichen. Und dann setzt sich fort, was unbemerkt und verhängnisvoll begonnen hat. Dann ist die eine eben immer still, obwohl sie genausoviel Angst hat wie die andere, und das bleibt ihr ›Merkmal‹. Daraus ergeben sich andere ›Eigenschaften‹, und flugs hat jede ihre Rolle weg.

Ilse:

»Ich hatte dann bald die Rolle der selbstlosen, altruistischen Ilse, die, wie das Wort sagt, eben auch kein ›Selbst‹ hat. Ich war in dieser Rolle sehr anerkannt. Solange ich fromm und lieb war, wurde ich gelobt und vielleicht auch geliebt. Aber eben nur diese Schiene. Und außer meiner sozialen Rolle hatte ich nichts Attraktives. Ich wurde dann immerzu weggeschickt: zur Erholung, ins Krankenhaus, zu Verwandten. Ich glaube, meine Familie hat gespürt, daß sie mir Unrecht taten, nicht bewußt natürlich. Ich wollte doch gar nicht viel von ihnen, ich wollte nur schlicht und ergreifend ein bißchen Zuwendung und Anerkennung haben, aber als ›Ich‹ und nicht als dieses soziale Etwas.
Meine Eltern haben eine sehr glückliche Ehe geführt – sagt man. Ich weiß nicht, wo sie ihre Konflikte eigentlich gelassen haben, aber letzten Endes haben wir sie austragen müssen. Wenn meine Eltern gelernt hätten, daß man Konflikte austragen kann, daß man sich zanken kann, dann hätten sie das nicht ihren Kindern übertragen müssen. Die sich dann wie die Geier behacken müssen, stellvertretend für die Eltern!
Ich habe immer gedacht, meine Schwester bekommt alles, weil sie es sich holen kann, weil sie sagen kann: ›Ich will das aber haben!‹ Daß sie letzten Endes auch nicht viel mehr bekommen hat als ich, das habe ich erst sehr spät gesehen.

Ich muß wahrscheinlich«, sagt Ilse zum Schluß, »von der Vorstellung Abschied nehmen, daß ich die Zuneigung meiner Mutter jemals erringen kann. Und das ist einfach ein schmerzhafter Trauerprozeß!«

Mit kleinen Bemerkungen fängt es an, aber aus dem ›Du-bist-aber-eine-Niedliche« kann eine zerstörerische Flut werden, gegen die man ein Leben lang ankämpfen muß. Und die sich auch auf anderen Gebieten auswirkt.

Ilse:

»Im Grunde habe ich Angst vor der Nähe anderer Frauen. Mir macht es physische Probleme, wenn Frauen mir zu nahe kommen. Das hat sicher mit der Beziehung zu meiner Schwester zu tun. Ich habe eigentlich keine Frauen-Freundschaften. Wenn es enger wird zwischen einer Frau und mir, kommt es zu dramatischen Situationen, wo ich mich dann zurückziehen muß. Ich arbeite auch lieber mit Männern zusammen. Aber ich habe ja auch noch keine positiven Erfahrungen mit Frauen machen können. Weder mit meiner Schwester noch mit meiner Mutter. Auch meine jüngste Schwester konnte daran nichts ändern. Ich war eben so auf die ältere fixiert.«

Frauen, hierzulande immer noch stärker auf die Gefühlsrolle verpflichtet und deshalb stärker und empfindlicher auf Rivalität reagierend als Männer, leiden unter solchen Situationen wahrscheinlich auch mehr. Frauen erleben soziale Beziehungen immer als die wichtigeren, zentraleren und erstrebenswerteren Beziehungen als etwa Leistung, Erfolg oder individuelle Fähigkeiten. Deshalb sind Verletzungen auf dem sozialen Feld tiefer und empfindlicher. Schönheit und Rivalität: das hat im Grunde wenig mit der schmalen Taille und den ersten Jeans zu tun. Es geht um das Heranwachsen von Menschen, die Mädchen waren und Frauen werden und während dieses Prozesses merken, daß sie wenig erhalten haben, um ein positives Selbstwertgefühl auszubilden – diese Grundvoraussetzung für ein menschliches Wesen mit aufrechtem Gang. »Die Herzen gehen mich nichts an, aber ich will eine schöne Fassade und Einigkeit in der Familie, verstanden?« sagt die Mutter ihren fünf Töchtern in dem Drama ›Bernarda Albas Haus‹ von Federico García Lorca. Für diese schöne Fassade opfert sie sogar das Leben ihrer Töchter. Heute geschieht das vielleicht nicht mehr so spektakulär mit Dolch oder Gift. Aber das Prinzip scheint immer noch zu gelten. Und die heranwachsenden Schwestern, vor allem, wenn sie im Alter dicht beieinander sind, können noch wenig dagegen tun.

Kapitel 2

»Du weißt nicht, wer Adorno ist?«:
Klugheit und Konkurrenz

Daß Klugheit im Märchen einem Mädchen zugeschrieben wird, geschieht selten – und wenn, gereicht es ihr meist zum Nachteil (abgesehen von slawischen Märchen, in denen das Bild von der klugen Zarentochter häufig zu finden ist). Im europäischen Raum aber sollen Mädchen nicht klug sein. In dem Märchen vom König Drosselbart wird die Königstochter für ihr unangepaßtes Verhalten bestraft: Sie findet an jedem Mann, der sie heiraten möchte, etwas auszusetzen, so daß ihr zorniger Vater (!) sie schließlich an den ersten besten, einen armen Spielmann, verheiratet – der in Wirklichkeit der verkleidete König Drosselbart ist. Erst als der Spielmann sie erniedrigt und gedemütigt hat – und sie daraufhin das angemessene Verhalten einer Frau zeigt, gibt er sich zu erkennen und sie darf ihn nun, abhängig und unterwürfig, wie sich ein Mann seine Frau wünscht, heiraten. Damit hat das Märchen sein gutes Ende gefunden.

Auch in einem anderen Märchen wird ein Mädchen für seine angebliche Klugheit bestraft: die kluge Else. Als ihr zukünftiger Verlobter sie bei ihren Eltern besucht und sie Wein aus dem Keller holt, erblickt sie dort einen eisernen Haken. Bei der Vorstellung, daß dieser einmal herunterfallen und dann womöglich ihr Kind erschlagen könnte, bricht sie in Tränen aus. Ihr Verlobter ist ob soviel ›Klugheit‹ so zornig, daß er sie sofort verläßt und sie ohne Mann sitzenbleibt. Nein, im Märchen ist Klugheit nichts für Mädchen. Frauen erwerben sich Klugheit bestenfalls durch lange Lebenserfahrungen und erst, wenn sie alt sind: als Hexen oder Zauberinnen.

Wenn, wie so häufig, Schönheit und Klugheit unter den Schwestern ›verteilt‹ werden, dann hat die Zuschreibung der Klugheit oder Intelligenz meist weitreichendere Folgen als die Zuschreibung der Schönheit oder des Aussehens. Ob ich schön bin oder häßlich – da kann ich immer noch den Spiegel befragen. Ich kann auch mit ein paar Mittelchen versuchen, ein bißchen nachzuhelfen. Bei der Intelligenz ist das schon schwieriger. Man muß nicht erst die Intelligenzforschung bemühen, um sich vorzustellen, daß gerade in diesem Bereich die self-fulfilling-prophecy tragische Folgen hat. Wenn mir jemand einredet, ich sei nicht intelligent, dann habe ich wenig Möglichkeiten, dies nachzuprüfen, weil mich diese Vorstellung ja schon am Nachdenken darüber hindert. Und da man Frauen über Jahrhunderte und mit wissenschaftlicher Akribie eingeredet hat, daß sie weniger intelligent seien als Männer, ist es kein Wunder, wenn unter Schwestern der Vergleich der intellektuellen Fähigkeiten keine so herausragende Rolle spielt. Allerdings gibt es jemanden, der diese Frage entscheidend beeinflußt: der Vater.

Waren Lippenstifte, Jeans und Petticoats noch eindeutig dem Zuständigkeitsbereich der Mutter zuzuordnen, so tritt bei der Frage nach der Intelligenz – und das heißt in jedem Fall: Schulbildung, Ausbildung und Beruf – der Vater auf den Plan. *Er* entscheidet – und oft in selbstherrlicher Einsamkeit – über die Ausbildung seiner Töchter und damit über ihren Lebensplan. Und in den meisten Fällen sind die Töchter ohne Unterstützung der Mutter oder der älteren Schwestern gezwungen, diesen Plan zu akzeptieren. Dabei muß man sehen, daß der Vater sicher oft nach bestem Wissen und Gewissen handelte: Ausbildung für Mädchen, die ja doch einmal heiraten, ist ja noch nicht lange etwas Selbstverständliches, ist es auch heute noch nicht für alle. Sicher glaubte ein Vater, das Beste für ein Mädchen zu tun, wenn sie im Haushalt der Mutter sich auf ihre künftige Rolle als Ehefrau und Mutter vorbereitete. Oft war es auch schlicht eine Frage des Geldes. Solange die Ausbildung dauerte, kosteten die Mädchen, anstatt daß sie etwas zum Haushalt beitrugen.

Trotzdem, auf dem Ausbildungssektor haben sich in den letzten Jahren für die Mädchen die größten Veränderungen ergeben, wenn auch solche Veränderungen, da sie die Vorstellungen und Werte der Eltern unmittelbar betreffen, sehr langsam vor sich gehen.

Eine heute 70jährige Frau schildert ihren Ausbildungsgang und den ihrer Schwestern folgendermaßen:

»Mein Vater war Heizer von Beruf und ist später Ziegel-
meister geworden, meine Mutter versorgte Haus und
Garten, und wir Mädchen – wir waren fünf – halfen, so
gut wir konnten. Zeit zum Spielen hatten wir eigentlich
immer nur, wenn es zu dunkel zum Arbeiten war. Es
waren ja schwere Jahre, ich bin 1913 geboren. Da kam
dann der Weltkrieg, die Inflation, dann wurde mein Vater
schwerkrank. Aber wir sind immer satt geworden. Die
nächste Schule war vier Kilometer entfernt, da sind wir
hingelaufen. Wenn es stürmte, sind wir noch vor der
Schule in den Wald gegangen, um das heruntergefallene
Holz aufzusammeln, und nach der Schule haben wir es
nach Hause gefahren. Nachmittags haben wir beim Bau-
ern auf dem Feld geholfen, Rüben verziehen oder Kartoffeln buddeln, oder wir haben im Wald Himbeeren gesammelt und auf dem Markt verkauft. Dafür haben wir
1,50 Mark am Nachmittag bekommen. Meine Mutter hat
immer gesagt, sie hat eigentlich nie gesehen, daß wir
Schulaufgaben gemacht haben, trotzdem war ich eine gute
Schülerin.
Meine erste Stelle hatte ich im Nachbardorf, da war ich
neun. Da habe ich einer Frau das Baby gehütet und den
Haushalt gemacht. Die Frau war – na ja, gemütskrank
würde man heute sagen. Man mußte immer die Streich-
hölzer vor ihr verstecken, und einmal hat sie sich auf dem
Dachboden erhängen wollen, ihr Mann hat sie gerade
noch rechtzeitig gefunden. Und als sie dann im Krankenhaus war, habe ich den Haushalt allein gemacht, nach der
Schule. Zum Schlafen bin ich aber immer nach Hause
gelaufen.
Als ›Lohn‹ für diese Arbeit habe ich dann zu meinem
Geburtstag eine Haarschleife bekommen! Das hat mich
aber doch geärgert, dann bin ich nach einem weiteren
halben Jahr nicht mehr hingegangen. Verreist sind wir nie,
und wir haben auch nie Urlaub gemacht. Wenn wir in der
Schule Sport hatten, haben wir uns beurlauben lassen, um
zu Hause auf dem Feld zu arbeiten. Ich habe aber eigentlich
immer gerne draußen gearbeitet.
Meine älteste Schwester ist dann Schneiderin geworden.
Ich war die zweite, aber für mich langte das Geld nicht
mehr. Ich bin dann, wie alle meine anderen Schwestern, ab
meinem 14. Lebensjahr arbeiten gegangen. Im Haushalt.
Mit 16 bin ich zu einem Rechtsanwalt gekommen, da war
es sehr schön. Da bin ich dann sechs Jahre geblieben. Meine

Schwestern haben später in einer Fabrik als Näherinnen gearbeitet.«

Auch in den sogenannten ›besseren‹ Kreisen war es zu dieser Zeit, um 1920 herum, noch nicht viel besser, was die Ausbildung der Mädchen anging. Da fehlte zwar nicht das Geld, aber die Einsicht, daß das etwas Gutes sein könnte.

»Mein Vater sagte immer, seine Töchter sollten ›Scheuerlappenpolitik‹ machen«, erzählt eine alte Dame, die heute über 70 ist, »und das hieß, wir sollten nicht studieren, sondern richtig kochen und saubermachen lernen. Er fand, eine Frau gehört ins Haus, und er hat das auch bei seinen Töchtern erreicht. Meine Schwester wollte Kindergärtnerin werden und ich Gymnastiklehrerin, und so konnten wir beide auch in dieselbe Schule gehen. Wir wohnten dann zusammen im selben Zimmer in einer Großstadt, so brauchte sich mein Vater auch keine Sorgen zu machen, weil wir ja immer zusammen waren. Und wir wurden oft zu den Offiziersbällen eingeladen, das war eine wunderschöne Zeit.
Wir wollten auch beide nicht studieren, obwohl meine Schwester eine gute Schülerin war. Früher war es ja nicht so, daß die Tochter studieren mußte. Bei einem Sohn, da war es klar, daß er Abitur machen mußte und studieren, aber wir Mädchen – das fand mein Vater nicht nötig. Wir bekamen damals schon immer sehr schöne Sachen für unsere Aussteuer geschenkt: Tischdecken, Servietten und Handtücher – das kostete ja auch. Und dann die Pensionate, wo man kochen und bügeln lernte. Und Reisen haben wir auch gemacht, ans Meer oder so – das hat er alles mit Freuden bezahlt, aber Studium – nein, das wollte er nicht. Und wir beide waren mit dieser Entscheidung sehr glücklich.«

Aber es gab um diese Zeit auch andere Beispiele. Leonore, heute 74 Jahre, erzählt ihren beruflichen Werdegang – und es ist vielleicht eine sehr typische ›Frauenkarriere‹:

»Wir waren alle künstlerisch begabt: meine älteste Schwester wollte Schauspielerin werden, aber zunächst kam sie auf eine Frauenfachschule, da lernte sie Ställe ausmisten und Schweine füttern, und meine Mutter hat das sehr gefreut, daß sie endlich mal zupacken lernte. Schließlich hat sie aber meine Eltern überredet, daß sie wenigstens

Putzmacherin werden durfte, wenn schon nicht Schauspielerin, und das ging dann sehr gut. Meine mittlere Schwester wollte Sängerin werden, aber sie hat Stimmknötchen gekriegt, so wurde sie Krankengymnastin.

Ich war die einzige, die von Anfang an wußte, daß sie die Schule durchmachen würde. Ich war zwar eine sehr schlechte Schülerin, aber ich wußte, daß ich Medizin studieren wollte (wie mein Vater!). Dann durfte ich nicht studieren, weil der Hitler mich an den Kochtopf geschickt hat. 1934, da hab' ich bei Opel angefangen, bin dann durch viel Glück Direktionssekretärin geworden. 1938 hab' ich gehört, daß man nicht mehr den Arbeitsdienstnachweis für die Zulassung zum Studium brauchte, und da wollte ich anfangen zu studieren, aber dann wollte mein Vater nicht. Da hab' ich gesagt, dann zahl' ich's selbst. 1939 hab' ich angefangen zu studieren, bin dann nach München gegangen und hab' in einem Trimester praktisch schon mein ganzes Geld ausgegeben. Weil mein Vater eingezogen wurde und kein Geld hatte, hab' ich Fleißprüfungen machen müssen, aber das hat mir gut getan. Dann hab' ich in Frankfurt weiterstudiert und nach dem Physikum meinen Mann geheiratet, 1943. Nach dem Staatsexamen hab' ich das erste Kind bekommen, dann in der Zeit bis zur Approbation noch zwei Kinder. Dann habe ich's zum ersten Mal aufgegeben und angefangen, Psychologie zu studieren – aber da hat mein Kindermädchen nicht mitgespielt, und da war's aus. Wir wollten nämlich nach Südfrankreich gehen, in ein Haus, da sollte sie die Kinder hüten und ich wollte meine schriftliche Arbeit machen, und da gefiel es ihr nicht, und nach acht Tagen wollte sie zurück. Damit hörte mein Psychologiestudium auf.

Dann bin ich 1972 zum ersten Mal mit viel Schwierigkeiten zu einem Fortbildungskurs nach Davos gegangen, und anschließend hab' ich zu meinem Mann gesagt: ›Die Medizin ist so schön – ich möchte wieder in die Medizin!‹ Da hat er gesagt: ›Das kannst du nicht tun – das kannst du nicht machen!‹ Und ich hab' gesagt: ›Ich gehe!‹ Er hat alle seine Freunde gefragt, und alle haben gesagt: ›Laß sie gehen!‹ Vor allem meine Schwestern haben mir sehr zugeredet. Ich bin immer eine verhinderte Ärztin gewesen und durfte das nie ausüben, weil ich immer was anderes machen mußte, und jetzt haben sie gesagt: ›Jetzt mach's!‹ Und ich hab's gemacht! Mit 54 Jahren bin ich endlich

fertig gewesen! Ich arbeite heute noch, und es macht mir
jeden Tag wieder solchen Spaß!«

Fast 40 Jahre hat Leonore gebraucht, um ihren Berufswunsch
durchzusetzen: erst gegen den Vater, der zwar selber Arzt
war, der aber trotzdem die Vorstellung nicht ertragen konnte,
seine *Tochter* als Ärztin zu sehen, dann gegen die Politik und
die gesellschaftlichen Verhältnisse und dann wieder gegen
ihren Ehemann. Sie hat es geschafft – aber wie viele hätten
zwischendurch die Waffen gestreckt! Wieviel Energien hat sie
allein dieser Kampf gekostet, Energien, die sie viel früher und
nutzbringender schon ihren Patienten hätte zukommen lassen können?
Gehen wir 40 Jahre weiter. Was hat sich geändert? Ruth, die
dritte von vier Mädchen, ist in einem Pfarrershaushalt aufgewachsen, in einer kleinen Stadt, die heute in der DDR liegt.

»Eigentlich waren wir sogar sieben Frauen, denn die
Mutter meines Vaters und die Mutter meiner Mutter lebten
auch noch bei uns. Das war ein richtiger Weiberklüngel –
da mußte man als Mann schon richtig ... also, er hatte uns
alle in der Hand! Und die weibliche Rollenerwartung hatte
er voll drauf: Er verabscheute ausgebildete Frauen. Frauen,
die von sich aus einen Anspruch an Ausbildung stellten! Er
hätte uns zum Beispiel nie Theologie studieren lassen.
Denn eine Frau gehört nicht auf die Kanzel. Die gehört
nicht hierhin, die gehört nicht dahin, die gehört letzten
Endes in die Küche. Wir sollten zwar alle Abitur machen,
aber studieren – nein! Das war bei ihm ein echter Kurz-
schluß. Er hat sich sicher einen Sohn gewünscht, der hätte
dann Theologie studieren sollen! Mein Vater war ein sehr
kluger Mann, sehr belesen, ein Mann, dem man zwar nicht
gut mit Fragen kommen konnte, aber wenn er eine Frage
interessant fand, *dann* bekam man eine sehr ausführliche
Antwort. Mein Problem war dann, daß ich automatisch
unterstellt habe: Männer sind klug, Männer sind mir
überlegen, Männer kann ich fragen. Das ist sehr verhängnisvoll für mich gewesen, denn einen so umfassend gebil-
deten Mann wie meinen Vater habe ich nie wieder gefunden in meinem Leben. Trotz seiner schrecklichen Arroganz und seiner ungeheuerlichen Autorität habe ich immer
Männer gesucht, die ihm gleichen. Ein sehr überhöhtes

Bild vom Mann, bis heute. Verstand ist mir – bei Männern – ungeheuer wichtig.«

Ruth möchte auch gerne, daß ihr Sohn Theologie studiert wie ihr Vater.

Der ›kluge‹ Vater, der nicht zuläßt, daß seine Töchter studieren, weil sie Mädchen sind, sorgt dadurch dafür, daß sie die Vorstellung beibehalten, daß Klugheit eben etwas für Männer ist. Die heute 40jährigen Frauen – wie viele haben studiert? Wie viele durften die Ausbildung machen, die sie wollten? Ist 1960 wiederum das Geld der ausschlaggebende Faktor bei der Berufsausbildung der Mädchen, oder haben sich schon andere Wertvorstellungen verbreitet?

Marion, die mittlere von drei Mädchen, 44 Jahre alt:

»Meine älteste Schwester wollte gerne Textilingenieurin werden, sie hat sich sehr dafür interessiert. Aber da hat mein Vater gesagt, das geht nicht, du hast jetzt schon einen Freund und heiratest ja doch bald. Berufsausbildung muß sein, aber nicht so ein Firlefanz. Ich hab' drei Töchter und muß ihnen ungefähr das gleiche bieten! Und das hat er dann auch gemacht. Sie wurde in eine Lehre gesteckt. Vorher gab's noch einen Riesenkrach, weil sie nicht wollte, und mein Vater hat sie verprügelt, und meine Mutter hat immer nur geschrien: ›Aber nicht auf den Kopf!‹, und ich armes Hascherl durfte sie dann in die chemische Fabrik bringen, weil meine Eltern sicher sein wollten, daß sie auch wirklich hinging. Ich meine, ich hätte nichts machen können, wenn sie nicht gewollt hätte, weil sie sowieso stärker war als ich, aber sie ist dann gegangen, und ich mußte mir nur den ganzen Weg ihr Geschimpfe anhören.

Bei uns zu Hause war immer klar: Die Älteste war die Kluge, ich war fürs Arbeiten da und die Kleinste zum Verwöhnen. Ich hab' mit meiner Mutter zusammen am Waschbrett gestanden, ich hab' mit ihr auf dem Feld gearbeitet nach der Schule, ich hab' die Kohlen in den Keller geschöpft. Ich war einfach fürs Arbeiten zuständig. Ich mußte immer mehr tun als meine große Schwester. Die ging ja zur Schule. Zum Teil hat's mich geärgert, wenn sich die anderen gedrückt haben, aber manches habe ich auch gerne gemacht. Nur wenn meine Tante meiner ältesten Schwester die Kartoffeln aus der Hand nahm und sagte: ›Du machst dir die Finger schmutzig, du mußt morgen wieder in die Realschule – laß das mal die Marion machen!‹, da wird man schon bitter!

Als ich in die erste Klasse ging, habe *ich* morgens vor der Schule das Feuer angemacht, meine große Schwester konnte das nicht – angeblich. Aber dafür mußte sie mir die Aufsätze schreiben, weil ich ungern geschrieben hab'. Ich hab' lieber gerechnet. Sie ist auf die Realschule gegangen, ich hab' die Hauptschule gemacht. Natürlich habe ich lange geglaubt, daß meine große Schwester klüger ist als ich, und habe mich damit abgefunden. Ich bin dann auf die Schwesternschule gegangen. Und da merkte ich auf einmal, daß ich, obwohl ich die Jüngste war, durchaus mithalten konnte, auch theoretisch. Ich bin dann nach Hause gefahren und hab' mit Fremdwörtern um mich geworfen, das war toll – das trägt natürlich zum Selbstbewußtsein bei.

Heute sehe ich das nicht mehr so, daß meine Schwester klüger ist, und hübscher bin ich auch. Und ich bin schlanker!«

Der Vergleich auf dem Gebiet der Schönheit verwächst sich mit den Jahren im wahrsten Sinn des Wortes, das Stigma der ›Dümmeren‹ oder – nett verbrämt – der ›Praktischen‹ bleibt länger haften und beeinflußt unter Umständen das gesamte Leben.

Heutzutage findet man sicher zunehmend seltener, daß sich ein Mädchen nur irgendwie die Zeit bis zur Hochzeit vertreibt, aber auch heute noch wird Beruf und Ausbildung von Mädchen im Hinblick auf die Heirat möglichst schnell und unkompliziert hinter sich gebracht.

»Meine älteste Schwester«, erzählt Hannah, 43 Jahre alt, die zweite, »wurde von meinen Eltern gezwungen, nach der mittleren Reife abzugehen und zu Hause zu bleiben, um meiner Mutter zu helfen. Sie bekam zehn Mark Taschengeld. Eigentlich wollte sie Musik studieren, aber es hieß: ›Abitur? Du bist wohl verrückt!‹ Dabei ist mein Vater Akademiker und meine Mutter Lehrerin. ›Brotlose Kunst, Quatsch, kommt nicht in die Tüte! Du bleibst zu Hause und hilfst Mutti. Zehnte Klasse. Schluß.‹ Von den zehn Mark hat sie sich dann einen Buchhaltungskurs erkämpft und hat gesagt: ›Dann will ich wenigstens im Büro arbeiten!‹ Aber das wurde dann auch verboten. Bei mir wollte mein Vater dann, daß ich Betriebswirtschaft studiere, aber ich wollte Schauspielerin werden und hab' auch die Aufnahmeprüfung bei der Folkwang-Schule gemacht. Mein Vater jedoch hat Kopf gestanden und gesagt: ›Kommt nicht in Frage.‹ Dann bekam man kein Geld und kuschte eben – heute würde man wahrscheinlich prozessieren.

Meine nächstjüngere Schwester wollte immer gerne was mit Menschen machen und mit ihren Händen – aber das gab's für meinen Vater nicht. Entweder Studium, hieß es jetzt, oder gar nichts. Sie wollte Kinderkrankenschwester werden, mein Vater schlug ihr vor, Medizin zu studieren, aber das wollte sie nicht. Sie bekam dann in der Oberprima ihre Depression. Die Ärzte meinten damals, die Depression käme auch daher, daß sie nun meinen Vater allein ertragen mußte denn wir Großen waren schon aus dem Haus, und die Jüngste hatten meine Eltern ja weggegeben. Dazu muß man wissen, daß mein Vater ein richtiger Albtraum-Vater war, der, solange ich ihn kannte, immer nur geschrien hat. Wahrscheinlich ist er mit den ganzen Kriegswirren und den Belastungen mit Familie und Betrieb nicht fertig geworden, denn im Grunde ist er ein feiger, weicher Typ. Aber als Mann zeigt man so was ja nicht. Und als dann die jüngste Tochter geboren wurde, fing es an, daß er sich mit Schreien Luft machte: Er kam nach Hause und fing an zu brüllen.

Nachdem meine nächstjüngere Schwester von ihrer Depression geheilt war, durfte sie ihre Ausbildung als Krankengymnastin machen. Aber das ging nur in S., und mein Vater erlaubte das nur, wenn ich mitging. Er hatte da unheimlich Vertrauen zu mir. Und da haben wir beiden Schwestern unwahrscheinlich harmonische Jahre zusammen verbracht. Wir haben uns da erst entdeckt. Früher – da hatte ich nur Wut auf die Älteste und pflegerische Neigungen für die Jüngste und immer das Gefühl, die dritte war so ein sonniger Typ, die brauchte mich nicht. Aber als wir dann so in S. zusammenlebten und ab und an meine kleinste Schwester auf Klassenfahrt dazukam, da fing es an, so richtig gutzuwerden mit uns. Da haben wir dann noch meine älteste Schwester mit reingeholt und zum Beispiel mal richtig schön zusammen Weihnachten gefeiert…

Eigentlich bin ich nur unglücklich, daß ich die Möglichkeiten, die in mir sind, nicht entwickeln konnte. Ich bin so gerne kreativ, mach' gerne was mit den Händen und empfinde es heute schon als kreative Leistung, wenn ich die Hosen meiner Kinder so geschickt verlängere, daß keiner was davon merkt. Und die Schauspielerei hätte mir so gelegen! Ich hab' so gerne Regie gemacht in der Schule, wir hatten da eine Theatergruppe in der Schule und einen Lehrer, der mich unheimlich förderte.

Und wenn ich heute down bin oder wenn ich unter Druck bin, muß ich mir was Kreatives suchen. Neulich zum Beispiel ging alles drunter und drüber, ich hatte einen dringenden Termin und schaffte alles nicht, da bin ich auf den Boden geklettert und habe, was längst fällig war, den Kuschelbär meines Sohnes repariert – danach ging's mir wieder gut, und nach zehn Minuten war alles tipp-topp und ich obenauf!«

Geblieben sind wenig Möglichkeiten, kreativ zu sein, nach all den guten Ansätzen aus ihrer Kindheit und Jugend, die sie nicht verfolgen durfte. Nicht jeder hat die Kraft, sein ganzes Leben lang zu kämpfen für eine Ausbildung, die sich manch ein Junge selbstverständlich nimmt. Und sie ist ganz zufrieden so, sagt sie – bleibt ihr etwas anderes übrig?

Die Verteilung der Ausbildungschancen, so erscheint es den Mädchen oft und so ist es wahrscheinlich auch – bringt dann zutage, was die Eltern ihren Kindern *wirklich* zutrauen. Hier zeigt sich deutlich, in welcher Beziehung die Werte Schönheit und Klugheit zueinander stehen. Ungerechtigkeit auf dem Gebiet der Klugheit = Ausbildung kann ein Leben lang nachwirken und die Verteilung von Chancen und Lebensglück nachhaltig beeinflussen. Denn zusätzlich zu dem Selbstwertgefühl, das durch solche Zuschreibungen verstärkt oder vermindert wird, werden auch Faktoren wie Unabhängigkeit und Selbständigkeit gegenüber einem späteren Partner dadurch beeinflußt.

Für Karla zum Beispiel, die die dritte von vier Schwestern ist, ist die ungleiche Verteilung der Ausbildungschancen unter den Schwestern bis heute ein Stachel im Fleisch.

»Für meine jüngste Schwester, die so schön und so klug war, da war die beste Ausbildung noch nicht gut genug, und ich machte halt irgend etwas. Ich durfte kein Abitur machen, worüber ich noch heute sehr unglücklich bin, sondern ich mußte auf die Haushaltungsschule. Sie durfte auf die Handelsschule, sie durfte ins Ausland. Ich mußte Krankenpflege machen, weil ich halt früh Geld verdienen

mußte. Meine Mutter bekam nur bis 18 Rente für uns, und bei meiner jüngsten Schwester halfen die Verwandten aus. Im Nachhinein sehe ich das zwar positiv, weil ich dadurch selbständiger geworden bin und zur Not auch mit meinen drei Kindern allein zurechtkäme, aber mein Selbstbewußtsein hat dadurch einen ganz schönen Knax gekriegt. Ich bin auch einmal sitzengeblieben und kam dadurch mit meiner jüngeren Schwester in eine Klasse. Das hat mich schrecklich gewurmt, aber ich habe zu niemandem etwas gesagt. Es hat zehn Jahre gedauert, bis ich mal darüber gesprochen habe. Weil mir das als persönliches Versagen vorkam.
Dann war ich bei einem Zahnarzt in der Lehre, und der sagte immer: ›Spucknäpfe leeren kann ja wohl nicht Ihr Lebensinhalt sein – aber was anderes bringen Sie wohl nicht!‹ Das verfolgt mich im Grunde bis heute!«

Zunächst durch die Eltern, unbewußt verstärkt durch die Schwestern, die sich lange keine eigene Meinung über ihre anderen Schwestern bilden können, und durch die Umwelt, wird alles getan, um das Selbstwertgefühl eines heranwachsenden Mädchens kaputtzumachen. Es ist schon fatal, wenn Eltern immer wieder ihre Töchter in Kästchen stecken müssen – aber am fatalsten ist es im Hinblick auf die Intelligenz: denn die ›bestimmt‹ die Schullaufbahn, die Berufswahl und damit das Selbstbild und die Unabhängigkeit, die man sich aufbauen kann.
Gabriele sagt:

»Bei uns war die Rolleneinteilung durch meine Eltern durchgängig: Ich war das Blondchen, sie das Braunchen, ich trug Rosa, sie Hellblau, ich war die Intellektuelle, sie der Gemütsmensch – und diese Rolleneinteilung haben wir komplett übernommen.«

Folgerichtig darf die eine studieren und die andere macht ›was Soziales‹.
Gabriele:

»Ich fing an zu studieren, während sie in dieser Schwesternschule sehr streng gehalten wurde. Und ich trampte durch die Welt und kam nach Hause und sagte: ›Ja, und Adorno sagt...‹ Und sie fragt: ›Wer ist Adorno?‹ Und ich, natürlich sehr von oben herab: ›Das weißt du nicht...‹

Und dann entstanden unheimliche Probleme, weil meine Schwester meinen Eltern vorwarf, daß sie ihr überhaupt keinen anderen Weg erlaubt hätten!«

Und Ilse dazu:

»Ich hatte immer das Gefühl, ich müsse meinen Vater unheimlich enttäuscht haben, denn so gescheit wie die Gabriele war ich ja nicht. Ich war einfach der Meinung, daß ich dumm war und daß ich deswegen nichts zu bieten hatte, denn ein Junge war ich ja auch nicht. Ich hätte mir so gewünscht, eine Beziehung zu ihm zu haben, aber ich hatte immer den Eindruck: Ich war nicht so toll in der Schule, ich konnte nicht so gute Aufsätze schreiben wie Gabriele, ich hatte einfach nichts zum Angeben. Und genau das habe ich immer wieder erfahren, speziell von meiner Schwester: etwa, wenn wir eingeladen waren und ich hatte mal wieder nichts Kluges gesagt. Oder es gab einen Bildband von jemandem, den ich nicht kannte, und meine Schwester regte sich dann künstlich auf: ›Was, den kennst du nicht, das darf ja wohl nicht wahr sein ...?‹ Das heißt, man hat mich einfach nicht akzeptiert, allenfalls wenn ich ›sozial‹ war. Und daß ich dann, als ich schon verheiratet war und selber Kinder hatte, noch mein Abitur nachgemacht habe, hat sicher was mit meiner Familie zu tun: Ich wollte denen zeigen, daß ich auch was konnte, schließlich war ich die einzige, die nicht studiert hatte. Und als ich dann das Abitur hatte, bin ich definitiv in der Achtung meiner Schwester gestiegen. Die hatte jetzt einen ganz anderen Tonfall, wenn sie mit mir sprach. Und mein Vater hat das sogar deutlich ausgesprochen, als ich nach dem Abitur auch berufstätig werden sollte. Da hat er gesagt: ›Aber warum denn, du hast uns ja jetzt gezeigt, daß du es kannst!‹ Ich glaube, inzwischen würden sie sich wohl nicht mehr wundern, wenn ich Bundeskanzler werden würde, denn nun kann ich in ihren Augen alles – seitdem ich ihnen gezeigt habe, daß ich mehr kann als kochen und waschen!«

Nicht alle haben die Möglichkeit oder die Gelegenheit oder auch die Motivation, das, was ihnen an Bildung in der Kindheit vorenthalten wurde, als Erwachsene noch nachzuholen. Noch einmal: Warum muß der Kuchen unter den Schwestern *aufgeteilt* werden? Warum dürfen die Mädchen nicht schön *und* intelligent sein? Oder: wenn intelligent –

warum darf es nur *eine* unter den Schwestern sein? Oder: wenn alle intelligent sind, warum dürfen sie das nicht nutzen? Warum ist die Intelligenz immer, explizit oder implizit, den Männern vorbehalten?

»Das hat mich als Kind ungeheuer gekränkt«, sagt Cornelia. »Wenn ich mal eine gute Arbeit schrieb dann sagte meine Mutter: ›Das hast du vom Vater!‹ Das war nicht *meine* Leistung, das war *seine* Begabung, die da mal für einen Moment durchgeschlagen hatte, und ich brauchte mir da nichts drauf einzubilden, das hatte nichts mit mir zu tun! Und was mir meine Mutter immer vermittelte: Männer – ja, *die* sind intelligent, das sind wir Frauen nun mal nicht! Das war wirklich fürchterlich!«

Für den einen Vater ist es am wichtigsten, daß die Töchter schön sind. Für den anderen, daß sie intelligent sind, offenbar machen sich wenig Eltern die Mühe, herauszufinden, wie ihre Töchter *wirklich* sind – vor allem, weil man mit den Töchtern ja ganz bestimmte Ziele verfolgt. Und so kann die von den Eltern vermittelte Wertehierarchie und Zuschreibung eine Schwesternbeziehung so beeinflussen, daß sie gar nicht zustandekommen kann.
Lisa ist die Älteste von drei Mädchen. Ihr Vater ist Akademiker.

»Mein Vater wollte, daß alle seine Töchter Abitur machen und studieren und auch Akademikerinnen werden. Aber ich war eher handwerklich begabt, ich wollte höchstens auf den technischen Zweig der Realschule – aber das gab's nicht. So hab' ich mit Hängen und Würgen das Gymnasium bis zur 10. Klasse gemacht. Eigentlich wollte ich was mit Grafik machen, aber als mein Vater mit mir zur Lette-Schule fuhr und die Leute dort mit den langen Haaren und den verschmuddelten Kitteln sah, da hat er's mir einfach verboten. Und ich hab' halt nicht die Kraft gehabt, mich durchzusetzen. Vielleicht, wenn mir einer geholfen hätte. Mein Vater hat uns so … abhängig erzogen. So bin ich als Notlösung sozusagen auf die Haushaltungsschule, aber ohne Freude. Ich hab's halt durchgezogen. Und mein Vater spottete immer: ›Da lernste ja doch nur Wasserkochen!‹ Und meine Schwestern gingen auf die Schule, und wenn ich am Wochenende nach Hause kam, lagen meine Schwestern

da rum und sagten: ›Du kannst mal hier ein bißchen saubermachen, du hast das ja gelernt!‹ Also, ich hab' das Gefühl gehabt, daß meine Schwestern von meinem Vater bestärkt wurden, weil *sie* ja so intelligent waren und aufs Gymnasium gingen. Ich fühlte mich da sehr allein. Und ausgeschlossen. Ich wurde immer mit meinen Schwestern verglichen. Meine Schwestern haben dann auch weitergemacht, und dadurch kam dann die Klassifizierung zustande. Mein Vater hat meine Ausbildung nie anerkannt, ich meine, richtig anerkannt. Ich hab' dadurch Jahre hindurch ein so minimales Selbstbewußtsein gehabt. Mein Vater hat immer gesagt: ›Du kannst nichts, du taugst nichts, du kannst nur Eier kochen und sehen, daß das Wasser nicht anbrennt!‹
Und durch diese Klassifizierung habe ich auch nie ein gutes Verhältnis zu meinen Schwestern gehabt. Die fühlten sich auch immer bestärkt durch meinen Vater, weil sie angeblich – oder auch wirklich – die Klügeren waren. Dadurch bin ich in so eine Außenseiterposition geraten. Meine jüngste Schwester hat mir auch mal sinngemäß gesagt, daß wir keine Basis für Gespräche hätten! Sicher, sie studiert, ich hab' Familie, hab' gewisse Pflichten, kann mit ihr nicht über Mathematik reden, aber wenn man will ... Sie wohnt zum Beispiel hier in der Stadt, aber ich weiß nicht wo, seit sie umgezogen ist. Ich hab' sie immer wieder eingeladen und gesagt, komm doch mal, ich koch' auch für dich, aber sie hatte ja immer so viel zu tun. Irgendwann habe ich dann mal gesagt, also, ich lauf' ihnen auch nicht mehr hinterher, und es ist mir egal. Aber das ist gelogen.«

Warum können sich Schwestern gegen die von den Eltern vermittelten Klassifizierungen so schwer durchsetzen? Warum können sie sich nicht ihr eigenes Urteil bilden?
»Im heutigen Zeitalter«, sagt Dreikurs, »herrscht zwischen dem ersten und zweiten Kind gewöhnlich ein starker Wettstreit, der jedes in gegensätzliche Richtung drängt. Diese Konkurrenz wird noch mehr betont, wenn die Eltern ein Kind gegen das andere ausspielen, in der irrtümlichen Vorstellung, sie damit zu größeren Bemühungen anzureizen. Sie erreichen das Gegenteil: jedes Kind räumt gegenüber den erfolgreichen Geschwistern das Feld und schlägt die Gegenrichtung ein. Wo immer das erste Kind Erfolg hat, betrachtet das zweite diese Tätigkeit als hoffnungslos und wendet sich

einem völlig verschiedenen Gebiet zu.«[50] Hier hat die zweite offensichtlich die erste erfolgreich aus dem Feld geschlagen, und der Vater hat sie darin tüchtig unterstützt. Die Familienatmosphäre der Konkurrenz färbt auch die schwesterlichen Beziehungen, und die Jüngeren sind wahrscheinlich froh, ein Feld gefunden zu haben, auf dem ihnen der Vater entgegenkommt. Mädchen, durch vielfältige Mechanismen nur mit einem schwachen Selbstwertgefühl ausgestattet, sind wahrscheinlich ungeheuer darauf angewiesen, in irgendeiner Form sich die Bestätigung zu holen, auch wenn sie dabei die Schwester ›drangeben‹ müssen.

Ob Intelligenz und Schulleistungen eine Schwesternbeziehung zerstören oder nicht, hängt davon ab, ob die Schwestern sich lieben durften, bevor sie überhaupt diesen Faktoren Wichtigkeit zumessen. Wenn sich Schwestern mögen und gut verstehen, können sie unterschiedliche Erfahrungen in der Schule auffangen und sich gegenseitig helfen und trösten. So war es bei Nina und Nele, zwei Schwestern, die sich eigentlich von kleinauf geliebt haben. Aber für Nina, die Ältere, war die Schule eine Qual, während Nele damit gar keine Probleme hatte.

Nina:

> »Unsere Lehrer waren für meine Eltern Götter! Meine Eltern waren immer auf ihrer Seite: ›Der Lehrer wird schon wissen . . .‹ Und so hab' ich mich in meiner Schulzeit immer in der hintersten Bank verkrochen und mich hinter meinem Vordermann versteckt, damit mich ja keiner drannahm. Ich hatte solche Angst! Und das die ganzen Jahre! Und dann wollte ich mit mittlerer Reife abgehen und Kindergärtnerin werden, und da haben meine Eltern gesagt: ›Du bist wohl verrückt! Du machst Abitur und studierst und fertig.‹ Und da hab' ich gedacht: ›Na ja, dann mußt du's eben noch ein bißchen aushalten und warten, bis du 18 bist.‹ Und zwei Tage nach meinem Geburtstag hab' ich gesagt: ›So, jetzt geh' ich nicht mehr zur Schule!‹ Da hat mein Vater mich verprügelt, aber wie! Und da ist Nele gekommen und hat gesagt: ›Ich hol' die Polizei‹ – und da hat er sie auf den Boden geschmissen und auch noch verdroschen! Mein Vater, der ist so. Ich versteh' ihn sogar irgendwie, denn er war unheimlich enttäuscht. Schon bevor ich geboren war, hatten meine Eltern ja beschlossen,

daß ich Lehrerin werden sollte, genau der Job, vor dem ich solchen Schiß hatte!
Dieses feige Getue meiner Eltern vor den Lehrern – dabei war meine Mutter selber eine Lehrerin – hab' ich ihnen unheimlich übelgenommen. Da hab' ich mich so verlassen gefühlt von denen. Da hatte ich das Gefühl, ich hab' jetzt nur noch mich und Nele.«

Nele ist gut durch die Schule gekommen und steckt mitten in ihrem Abschlußexamen für Soziologie. Nina hat zwei Kinder, lebt auf dem Land und hat gar keine Ausbildung.

Nina:

»Daß Nele jetzt studiert, macht mir überhaupt nichts aus. Ich bedaure sie höchstens wegen dem Streß. Aber wenn sie das möchte, soll sie das tun. Ich will nur nicht, daß von mir jemand verlangt, ich solle je wieder in die Schule gehen. Das will ich nicht. Nie wieder! – In den Augen meiner Eltern hat Nele natürlich viel mehr geschafft als ich – für sie ist Nele natürlich *der* Typ, mit Studium und Examen und so 'nem Düdel. Erst vor vier Wochen hat mein Vater mir mal wieder vorgehalten, ich würd' ja doch nur Scheiß machen – aber das ist mir egal. Ich kann da nicht mal wütend werden drüber, ich lach' da nur. Obwohl ich auch noch Angst hab' vor ihm, das muß ich zugeben.«

Und Nele sagt dazu:

»Ich glaube, Nina findet das nicht gut, daß ich studiere und Examen gemacht hab', weil sie diese Leistungsgesellschaft sowieso ablehnt. Aber ich versuche ihr zu vermitteln, daß ich das doch gut finde, daß ich auch für mich sehr viel dabei gelernt habe. Aber sie findet mich völlig verrückt, daß ich mir diese Mühe mache.«

Der Vergleich auf dem Gebiet der Leistung und der Intelligenz muß nicht etwas Deformierendes haben, wenn die Schwestern auf andere Weise ein Selbstwertgefühl entwickeln konnten. Dann kann man sich darüber auseinandersetzen, ob es besser ist, zu studieren oder eine andere Ausbildung zu machen. Aber Nina brauchte auch eine ganze Menge Kraft – und die Unterstützung ihrer Schwester –, sich gegen diesen Vater zu behaupten.
Im allgemeinen sind Mädchen formbar: Wenn der Vater will,

daß sie ein Handwerk lernen, dann lernen sie es – wenn er will, daß sie studieren, tun sie es. Und wenn sie ihren eigenen Willen durchsetzen, müssen sie in Kauf nehmen, sich dadurch von der übrigen Familie zu trennen. Erst nachdem Nina von zu Hause abgehauen war – und nur Nele wußte, wo sie sich aufhielt –, durfte sie selber bestimmen, was sie weiter machen wollte.

Nicht, daß es dieses Problem nicht auch für Jungen gäbe. Väter fühlen sich nun mal für die Ausbildung ihrer Kinder zuständig. Aber es ist auch heute noch nicht selbstverständlich, daß Kinder ihre Ausbildung selber bestimmen dürfen. Töchter trifft es auch hier wieder doppelt: Indem sie lernen, was der Vater bestimmt, und nicht, was ihren Neigungen entspricht, lernen sie auch, von ihrem Vater abhängig zu sein, und übertragen diese Abhängigkeit auch auf ihren späteren Partner. Durch das Vorbild ihrer Mutter haben sie meist deutlich vor Augen, daß es einfacher ist, sich den Geboten des Vaters (oder Ehemannes) nicht zu widersetzen. Die Abhängigkeit vom Vater bereitet sie indirekt wieder vor auf die Abhängigkeit vom Ehemann.

Natürlich gab und gibt es immer auch Väter, die sich für die Ausbildung ihrer Töchter engagieren, und dies nicht nur, weil sie einen persönlichen Ehrgeiz befriedigen wollen, sondern weil sie es für sinnvoll halten, daß ihre Töchter einen Beruf haben, in dem sie selbständig sind und dadurch unabhängig.

Elisabeth sagt:

> »Mein Vater fand es unheimlich schlecht, wenn Frauen keine Ausbildung machten, ›weil die ja doch heiraten‹! Er hat uns Töchtern eingebleut, daß wir uns ja nie auf so 'ne Hausfrauenrolle einlassen sollen. Deswegen hat er auch immer so darauf geachtet, daß wir 'ne gute Schulbildung kriegen, damit wir uns nie aus Frustration im Beruf dann doch in einem Haushalt verstecken. Und er hat uns das nicht nur so gesagt, sondern er hat uns auch tatkräftig dabei unterstützt, so daß wir alle gern in die Schule gingen und es uns Spaß gemacht hat!«

Elisabeths zehn Jahre jüngere Schwester Eva sieht das allerdings etwas anders:

»Mein Vater – na ja. Bevor ich in die Schule kam, hatte ich
ein ganz gutes Verhältnis zu ihm. Er war für mich immer
der große Vater, aber ich hatte keine Angst vor ihm. Und
als ich in die Schule kam, fing er an, meine Hausaufgaben
zu kontrollieren, und da hab' ich Angst vor ihm bekommen. Er hat zwar nicht sehr geschimpft, aber er hat mich
nur so angesehen – und dann mußte ich schon weinen. Er
hat mich nie geschlagen, aber meine Mutter hat sich dann
reingehängt und gesagt: ›Also, *die* Arbeit zeigen wir dem
Vater mal lieber nicht...‹ Da hab' ich dann einfach Angst
gekriegt.«

Im Positiven wie im Negativen ist der Vater für die Heraus-
bildung der schulischen Leistungsfähigkeit die entscheidende
Person – offensichtlich haben die Mütter eben auch gelernt,
das Feld der Schulleistungen lieber den Männern zu überlassen. Und wenn ein gutes Vater-Tochter-Verhältnis besteht,
dann wirkt sich das eben auch hier aus:
Vera erinnert sich:

»Mein Vater war eigentlich der Mensch, dem ich meine
geistige Entwicklung verdanke. Ich habe immer viele Leute
gehabt, die meinen Sachverstand und mein Sachinteresse
gefördert haben, aber von all diesen war mein Vater der
erste und wichtigste.«

Aber trotzdem sagt sie auch:

»Es ist mir fast wichtiger, wenn *Frauen* meine Leistung
anerkennen als Männer. Denn bei Männern denke ich
immer: Na, so ganz beurteilen können die das ja nicht.
Denn Männer beurteilen immer *deine* Leistung, *dich* und
die Leistung. Frauen beurteilen eher die Leistung an sich,
wenn sie von Frauen kommt. Das Lob einer kompetenten
Frau ist mir wichtiger als das Lob eines kompetenten
Mannes, weil ich mir bei dem nicht sicher sein kann, ob er
wirklich die Leistung meint oder im Grunde mich. Und bei
Männern spüre ich auch immer so ein bißchen die *Über-
raschung* darüber durch, daß tatsächlich mal eine *Frau* was
geleistet hat. Fürchterlich.«

Frauen haben sich zwar die Möglichkeit geschaffen, studieren
und sich bilden zu dürfen, aber immer noch schwingt – häufig
– die Sorge mit, dadurch unweiblich zu sein. Die Über-

raschung der Männer, wenn eine hübsche und charmante Frau *auch* intelligent ist, zeigt das erschreckend deutlich. Hierzulande ist zwar die Verleugnung der weiblichen Intelligenz nicht so ausgeprägt wie in den USA – wo Mädchen ab einem gewissen Alter bewußt schlechte Schulleistungen bringen, damit sie bei den Jungen besser angesehen werden[51] –, aber ein Körnchen dieser Haltung finden wir auch hier immer noch. Jungen lernen von kleinauf, ihre Kräfte zu entfalten, vielfältige Erfahrungen zu sammeln, Niederlagen und Erfolge hinzunehmen – und sie werden dabei ständig ermutigt. Mädchen lernen, Personen zu *gefallen* und nicht durch Konkurrenzkampf zu verletzen. Frauen haben Angst, durch Konkurrenz und Leistungsorientiertheit die Zuneigung anderer Personen zu riskieren. Deshalb lehnen sie es ab, zu konkurrieren, ihre Leistungen zu entwickeln und zu vergleichen. Mädchen erwerben sich leicht so eine Haltung, die die jüngste von vier Mädchen, so beschreibt: »Es ist dieses: ›Sag mir, wie du mich haben willst, und dann werde ich so – ich schaff' das schon!« Und dann versuchen sie die Vorstellungen ihrer Umwelt ausfindig zu machen, um sich entsprechend zu verhalten. Anpassungsfähigkeit, das oberste Erziehungsziel für Frauen, trägt hier schlechte Früchte. Die Bildungsmöglichkeiten für Frauen haben sich zu ihren Gunsten verändert. Heute ist es weniger der Vater, der über den zukünftigen Beruf der Tochter entscheidet – die Mädchen wählen selbständiger. Dafür ist es heute die Arbeitsmarktsituation: Immer noch finden mehr Jungen *ohne* Hauptschulabschluß eine Lehrstelle als Mädchen *mit!* »Im Bildungsbereich stehen den Mädchen die Türen offen«, heißt es in der ›Brigitte‹-Untersuchung 1982, »auf dem Ausbildungs- und Arbeitsmarkt werden sie wieder zugeschlagen.«[52] Und immer noch müssen sich Mädchen entscheiden zwischen Beruf *oder* Familie. Für Mädchen von heute steht zwar fest, daß sie alle einen Beruf brauchen und haben wollen, aber immer noch haben viele auch das Idealbild der Frau vor sich, die zu Hause bleibt und ihren Mann und ihre Kinder versorgt – so, wie sie es von ihren Müttern sehen: Nur 15 Prozent der Mütter der heute 15- bis 19jährigen Mädchen sind voll berufstätig, also lernen auch nur 15 Prozent der Mädchen das Kunststück, Haushalt und Familie miteinander zu verbinden.

Schwestern – was bewirken sie für die Intelligenz, für Schulleistung und Berufsausbildung? Im allgemeinen wenig, denn wenn die Mädchen zu nahe im Alter beieinander sind, lassen sie sich von den Eltern führen, wohin auch immer. Aber sind die älteren Schwestern schon aus dem Haus, versuchen sie schon mal, die Vorstellungen ihrer jüngeren Schwestern zu beeinflussen.

>Meine älteste Schwester«, sagt Marion, »hat mir immer wieder deutlich gemacht, wie wichtig es ist, einen Beruf zu haben, damit ich nicht so abhängig werde wie sie!«
»Meine ältere Schwester«, sagt Isa, »ist im Grunde ›schuld‹ daran, daß ich überhaupt noch Abitur gemacht und studiert habe. Ich hab' meine Kinder sehr früh bekommen, als *sie* noch studierte. Und später, als meine Kinder älter wurden, hat sie mir ständig in den Ohren gelegen, ich müßte noch was machen. Und da sie selber auch Abitur nachgemacht hatte, konnte sie mir da sehr gut helfen. Sie hat mir gezeigt, wie ich eine Bibliothek benutze und eine richtige Quellenangabe mache. Aber vor allem hat sie mir immer wieder eingebleut, daß ich vor den anderen Studenten keine Minderwertigkeitskomplexe haben müßte, weil ich ›Hausfrau‹ wäre – im Gegenteil! Ich hab' das zwar dann auch ziemlich schnell gemerkt, aber ich glaube nicht, daß ich die Schwellenangst vor einer Universität überwunden hätte, wenn *sie* nicht gewesen wäre!«

Zwei Aussagen von über 40: Im Grunde nutzen Schwestern ihre Möglichkeiten, der anderen auf diesem Feld gegen die Widerstände der Umwelt behilflich zu sein, noch viel zu wenig.

Kapitel 3

»Aufklärung – ih! das gab's nicht!«: Körpererfahrung, Sexualität und das ›Bild vom Mann‹

»Es war einmal ein Mann, der hatte eine große Reise vor, und beim Abschied fragte er seine drei Töchter, was er ihnen mitbringen sollte. Da wollte die älteste Perlen, die zweite Diamanten, die dritte aber sprach:›Lieber Vater, ich wünsche mir ein singendes, springendes Löweneckerchen (Lerche).‹ Der Vater:›Ja, wenn ich es kriegen kann, sollst du es haben‹, küßte alle drei und zog fort.« So beginnt das Märchen vom singenden, springenden Löweneckerchen der Brüder Grimm. Dieses Motiv findet sich in vielen Variationen wieder: Ein Vater von mehreren Töchtern zieht fort und möchte jeder etwas Schönes mitbringen. Immer wünschen sich die älteren Töchter etwas ›Richtiges‹, und nur die jüngste hat einen ganz ausgefallenen Wunsch, den zu erfüllen den Vater in arge Verlegenheit bringt: eine Rose im Winter, einen Haselnußzweig, einen Vogel: Im Märchen vom singenden, springenden Löweneckerchen bringt der Vater sich in große Gefahr: Die Lerche, die er fangen will, gehört einem Löwen, und er kommt nur mit dem Leben davon, weil er dem Löwen verspricht, das erste, was ihm zu Hause begegnet, soll ihm gehören. Er verspricht es aus Angst, wohl wissend, daß es seine jüngste Tochter sein könnte, denn »die hat mich am liebsten und läuft mir immer entgegen, wenn ich nach Hause komme«. So ist es denn auch und obwohl der Vater sich über sich selber grämt, beruhigt ihn seine Tochter und geht freiwillig – und weil der Vater nun mal sein Wort gegeben hat – in den finsteren Wald zu dem Löwen. Dort stellt sich heraus, daß der Löwe ein verwunschener Königssohn ist, der nur am Tag seine Löwengestalt hat, in der Nacht aber ein schöner, junger Mann ist. Als ein Lichtstrahl auf seine Menschengestalt fällt, verwandelt er sich in eine Taube, und seine Frau muß ihn sieben Jahre suchen gehen. Erst nach etlichen Prüfungen kann sie ihn erlösen und mit ihm in seiner richtigen Gestalt zusammenleben bis an ihr seliges Ende.

Die Märchen vom Tierbräutigam, die es in vielen Kulturen der Welt gibt, sagen zwar wenig über Schwesterrnbeziehungen aus, aber viel über Sexualität, Liebe und Reife. Fast immer ist es eine Zauberin, die den Mann in ein häßliches Tier verwandelt hat, und fast immer ist es ein schönes Mädchen, das aus Liebe zum Vater sich diesem häßlichen Tier anvertraut und schließlich mit ihm glücklich wird. Bettelheim sagt: »Märchen sprechen zu unserem Unbewußten, und wir haben das Gefühl, daß sie uns etwas Wichtiges zu sagen haben ohne Rücksicht auf unser Geschlecht und das des Helden. Trotzdem sollte man doch darauf hinweisen, daß in den meisten westlichen Märchen das Tier männlichen Geschlechts ist und nur durch die Liebe einer Frau entzaubert werden kann... Man darf annehmen, daß die Erfinder dieser Märchen glaubten, daß eine glückliche Vereinigung nur zustande komme, wenn der weibliche Partner seine Ansicht überwindet, daß Sexualität etwas Ekelerregendes und Tierisches sei...

Es ist die Liebe und Hingabe der Heldin, die dem Tier seine menschliche Gestalt zurückgibt. Nur wenn sie dazu gelangt, es wirklich zu lieben, wird es wieder entzaubert. Damit das Mädchen seinen männlichen Partner vollkommen lieben kann, muß es fähig sein, seine frühere infantile Liebe zum Vater auf ihn zu übertragen.«[53]

Frauen haben wegen der bei uns herrschenden Moralvorstellungen immer große Probleme gehabt, ein natürliches Verhältnis zur Sexualität zu entwickeln – und wahrscheinlich können wir uns aufgrund unserer kulturellen Überformungen gar nicht mehr vorstellen, was ›natürlich‹ in diesem Zusammenhang heißt. Hier haben es Mädchen, die nur mit Schwestern aufwachsen, sicher besonders schwer. Geschwisterbeziehungen – und darin liegen ja die großen Chancen – sind quasi ein Übungsfeld für spätere Verhaltensweisen – im geschützten Raum der Familie. Wenn nun die eine Hälfte der Menschheit – das männliche Geschlecht – aus diesem Erfahrungsraum ausgeschlossen ist, entstehen einfach Lücken im Verhaltensrepertoire. Andererseits, so könnte man sich vorstellen, ist der ›geschützte Frauenraum‹ einer Familie, die nur aus Müttern und Töchtern besteht und in denen der Vater aus der sogenannten Intimsphäre ausgeschlossen bleibt, auch ein gutes Feld, um eine freie und ungezwungene weibliche Sexualität zu entwickeln und zu erproben. Aber da, wo die Gemeinschaft der Frauen am dichtesten und verbundensten sein könnte, weil sie durch das gleiche Geschlecht verbunden sind, weil sie einen großen Teil der Empfindungen, Ängste, Erfahrungen und Bedürfnisse teilen oder teilen werden, da wird es am schwierigsten und problematischsten.

»Aufklärung gab's natürlich überhaupt nicht«, erzählte eine 76jährige Frau, die mit drei Schwestern groß geworden ist. »Ich habe meine Eltern natürlich auch niemals nackt gesehen. Als ich das erste Mal meine Tage kriegte, glaubte ich, ich hätte mich bei einem Nachbarmädchen angesteckt, denn die hatte uns erzählt, daß ›so was‹ anstekkend sei!«

Aber noch bevor man am eigenen Körper erfährt, daß sich etwas verändert, bemerkt man früher oder später, daß es noch Menschen gibt, die anders aussehen.

»Ich muß ungefähr vier gewesen sein«, erinnert sich eine älteste von vier Mädchen, »als wir bei meinem Onkel, der ein etwas verrückter Künstler war, einen Besuch machten. Da lief die ganze Familie im Garten nackt herum, und ich hatte so was noch nie gesehen. Als mein Onkel mir nun gegenüberstand und ich ihm die Hand geben wollte, hing da vor meinen Augen ein merkwürdiges Etwas, das mir zwar ungewohnt war, aber irgendwie passend – kurz gesagt, statt nach seiner Hand zu fassen, griff ich mir seinen Pimmel, schüttelte ihn und sagte ›Guten Tag, Onkel Hans!‹ Also ich muß sagen, es spricht irgendwie für die Verklemmtheit meiner Familie, daß *keiner* der anwesenden Erwachsenen zu lachen anfing, sondern alle den Vorfall stillschweigend und wohlerzogen übergingen. Verrückt so was!«

Ein nackter Mann ist etwas Geheimnisvolles vor allem, wenn der Vater sich verweigert.
Lotte, 51 Jahre alt und die älteste von drei Schwestern, sagt:

»Ich war 20, als ich zum ersten Mal einen nackten Mann gesehen hab'. Vorher hab' ich zwar immer mal versucht, durch die Löcher in den Wänden der Umkleidekabinen im Freibad zu schielen, aber da war ich nie so erfolgreich!«

Und Vera, die zweite von vier sehr prüde erzogenen Mädchen, heute 46 Jahre alt, erzählt:

»Einmal habe ich meinen Vater im Bad beim Pinkeln überrascht, aber er wollte nicht, daß ich reinkam und zuguckte, lachte verlegen und schickte mich wieder raus. Ich hätte das so gern mal gesehen, wie das eigentlich aussah! Ich war sehr ärgerlich, daß er mich nicht zugucken ließ und daß er jetzt in mir ein Schamgefühl hervorrief, denn dadurch wurde es mir plötzlich peinlich, daß ich reingekommen war! Ich wollte immer wissen, wie Männer eigentlich aussehen, und hab' nie einen erwischt. Immer mußte ich mich mit Reiterstandbildern trösten! Ich habe als kleines Mädchen immer gedacht: ›Hoffentlich krieg' ich später mal einen Sohn, dann kann ich endlich mir mal ganz genau ansehen, wie die eigentlich aussehen! Daß ich das auf dem Wege dahin vielleicht schon erfahren könnte, das war mir sogar als Teenager noch nicht klar!
Als ich zehn Jahre alt war, war ich in der Schweiz, da war ich mit einer Freundin im Wald, und da kam ein Exhibitionist, der stand etwas weiter weg und onanierte. Meine Freundin hat dort in der Nähe bei ihm ihre Strickjacke vergessen, und da habe ich sie angestachelt, sie solle ihre Strickjacke holen und sich dabei das mal genauer angucken und mir dann sagen, wie das aussieht! In welche Gefahr sich das Mädchen begab, war mir natürlich überhaupt nicht klar! Später hab' ich dann versucht, im Garten mir mit Garnröllchen usw. einen Penis zu konstruieren, da war ich so etwa neun und habe mir die tollsten Sachen ausgedacht und vorgestellt – ich habe die tollsten Phantasien gehabt, immer ums Glied, weil ich das nie gesehen hab' und das unbedingt wissen wollte. Später hab' ich das total verdrängt. Als Teenager war ich von einer geradezu peinlichen Zurückhaltung. Aber als Kind – ich hab' meine Puppen mit unter die Bettdecke genommen, damit die mich wenigstens ansehen konnten, wenn ich schon keinen angucken konnte. Ich hab' auch nie ein schlechtes Gewissen gehabt dabei, aber onaniert hab' ich nie.«

Barbara, die in dem Kapitel ›Die Koalition‹ das Verhältnis zu ihrem Vater beschrieb, war auf so etwas nicht angewiesen. Sie sagt:

> »Ich war so neun Jahre alt, da hab' ich mal zu meinem Vater gesagt, daß ich es Quatsch fände, daß die Kirche einem verbietet, Männer nackt zu sehen, daß man damit warten muß, bis man verheiratet ist, und dann hab' ich ihn gefragt, warum ich ihn eigentlich nie sehen dürfe, denn im Bett trug er ja immer einen Schlafanzug! Das hat ihn ziemlich verlegen gemacht, aber als er das nächste Mal in der Badewanne saß, bin ich einfach zu ihm ins Wasser gestiegen, und er hat nichts dagegen gesagt. Das ging so lange gut, bis meine Mutter mich mal erwischt hat, wie ich ins Bad ging, obwohl mein Vater drin war, und es hat einen Riesenkrach gegeben, wie ungehörig das sei und so, und ich hab' nur gedacht, wenn das ungehörig ist, kann mein Vater mir das ja sagen! Er war da sicher in einem großen Zwiespalt.«

Nicht alle Mädchen haben soviel Glück, einen solch verständnisvollen Vater zu haben. Der Vater hat ja auch seine Probleme mit seiner Rolle in bezug auf seine heranwachsenden Töchter. So, wie der Mutter keiner sagte, wie sie sich den werdenden Frauen, die ihre Töchter sind, gegenüber zu verhalten habe, so wenig wissen die Väter darüber und sind vielleicht in einer noch schwierigeren Situation: auf der einen Seite eine geliebte kleine und unbewußt lockende Frau, die die eigene Tochter ist, auf der anderen Seite die eigene Frau und vielleicht viele zwiespältige Gefühle, die er sich selber nicht eingestehen darf.

Ulla, zweite von drei Schwestern, ebenfalls aus einer sehr zurückhaltenden Familie stammend, hat ›Glück‹ gehabt, wie sie lachend sagt:

> »Ich war mal in einem Kinderheim, da war ich vielleicht sechs Jahre alt und schlief neben einem kleinen Jungen, der vielleicht so zehn Jahre alt war – und dem durfte ich abends immer beim Onanieren helfen...«

Und Hannah:

»Unsere Mutter hatte uns toll aufgeklärt, sie hatte nur gesagt: ›In fünf Minuten hast du ein Kind‹ und ich dachte: ›Na, wenn man sich die Männer anguckt, wie gierig die sind‹ – und mit dieser Einstellung bin ich bis 21 Jungfrau geblieben. Aufgeklärt wurde ich dann von meinem Mann, der daran interessiert war, mehr als fünf Minuten mit mir zu verbringen! Das Sexualleben meiner Eltern war auch schrecklich. Mein Vater forderte meine Mutter ständig, auch wenn er sie gerade fürchterlich angebrüllt hatte. Das fand ich widerlich, vor allem weil ich schon sehr früh empfand, daß das eigentlich was sehr Schönes sein könnte, denn ich bin ein sehr sinnlicher Mensch. Freunde hatte ich keine, ich kriegte immer die Ableger meiner Schwester oder meiner Freundin, aber ich hab' keinen an mich rangelassen. Mich hat ein Flirt gereizt, aber sie durften mich bloß nicht vereinnahmen wollen! Oder gar mit mir leben wollen! Ich hatte auch so einen Tick, daß ich ständig einen gepackten Koffer hatte, um ganz schnell weggehen zu können.«

Im großen und ganzen sind die Mädchen, die jetzt erwachsene Frauen sind, sehr prüde erzogen worden und haben in puncto eigene Weiblichkeit und Geschlechtlichkeit nichts lernen dürfen. Aufklärung gab's bestenfalls heimlich aus Büchern.

Johanna:

»Es gab bei uns so ein Buch, das hieß ›Die deutsche Mutter und ihr erstes Kind‹, ein perverses Buch, dadurch hab' ich mich aufgeklärt. Und ich hab' eine ganz perfekte Art gehabt und über lange Jahre eingeübt, Bücher so ganz auf die schnelle Art durchzulesen mit Focus auf ganz bestimmte unanständige Dinge. Und dann gab es noch ein sehr hochnotpeinliches Gespräch, bevor ich mit 13 mit der Klasse ins Schullandheim fuhr, das lautete dann so: ›Wenn da so was ist, liebes Kind, halte dich zurück!‹«

Marion, 44 Jahre, mittlere von drei Schwestern:

»Na ja, sexuelle Aufklärung – das war ein Witz für heutige Verhältnisse. Aber für meine Klassenkameradinnen war ich trotzdem total versaut, weil ich die einzige war, die die Geschlechtsorgane mit Namen zu nennen wußte. Da gab's so ein Buch bei uns, das hatten meine Eltern vom Führer zur Hochzeit gekriegt und das wurde immer versteckt vor uns. Meine älteste Schwester hat es dann immer für uns geklaut, und dann haben wir uns das fasziniert angeschaut!«

Und noch einmal Vera:

»Mit elf oder zwölf fiel mir mal ein Aufklärungsbuch in die Hände, für Kinder geschrieben, und ich fand das alles hochinteressant. Und dann erwischten mich die Leute damit, und es gab ein Riesentrara: ›Das erzählen wir deiner Mutter, du Schwein, gib sofort das Buch her!‹ Und ich hatte schreckliche Angst, daß sie es wirklich meiner Mutter erzählen, und sie haben's dann auch getan, aber da war meine Mutter wieder ganz toll und hat gesagt, da fände sie gar nichts dabei. Ich glaube, sie war im Grunde sogar ganz froh, daß sie auf diese Art und Weise drumherum gekommen war, mir das selber zu erzählen!«

Viele der Schwestern, die jahrelang das Zimmer teilten, haben die Körperlichkeit ihrer Schwestern bewußt nie wahrgenommen, können sich nicht erinnern, ihre Schwestern nackt gesehen oder mit ihnen unter einer Decke gelegen zu haben. Sie haben auch nie gemerkt, wenn eine ihre Periode hatte – die Tabuisierung dieses Vorgangs ging bis in die Bade- und Schlafzimmer hinein. Unter welchem Druck müssen Mütter – und Töchter – stehen, wenn sie diese natürliche Manifestation von Weiblichkeit derart geheimhalten, daß sie nicht Teil der schwesterlichen Verbundenheit werden kann. Schwestern helfen sich untereinander nicht – wenn eine ihre Tage bekommt, geht sie zur Mutter, nicht zur Schwester. Und die Skala mütterlicher Reaktionen auf die Tatsache, daß die kleinen Mädchen nun zu ›Frauen‹ geworden sind, ist groß:

Alexandra:

»Als ich das erste Mal meine Periode kriegte, hatte ich überhaupt keine Ahnung. Ich war auf einer Jungenschule und nur mit einigen Mädchen im Turnen zusammen, da fehlten dann manchmal einige unter mysteriösen Andeutungen. Aber ich hatte nie was mitgekriegt. Und als ich nun das erste Mal meine Periode hatte, sagte meine Mutter nur mit einer gewissen Tragik in der Stimme: ›Ach, du Arme, jetzt ist es auch bei dir soweit!‹ Das klang so nach: ›Du bist geschlagen für dein Leben damit, daß du nun leider, leider, leider eine Frau bist! Jetzt geht dein Leidensweg los.‹ Das war zum Kotzen, wirklich. Bis zur Pubertät war mein Leben schön, mit Toben, Rollschuhlaufen, Fröhlichsein – aber nun, nun kommt die Sexualität – nun ist alles aus. Und dann hatte ich auch immer einen ziemlich kleinen Busen, und meine Mutter meinte immer, die Männer wollen gerne Busen, so, als wären die irgendwelche fremden Wesen von anderen Sternen. Also hab’ ich mir voller Scham und Schuldgefühle Watte oben reingemacht, obwohl ich ja mit diesen Männern überhaupt nichts zu tun haben wollte.«

Und Alexandras älteste Schwester bestätigt das:

»Aufklärung – ih, das gab’s nicht. Als ich das erste Mal meine Tage hatte, sagte meine Mutter sinngemäß: ›Das kriegst du jetzt alle vier Wochen, und sieh zu, daß du dich wäschst.‹ Das war’s dann. Der Rest lief über Freundinnen, Schule und so.«

Eine auf den ersten Blick andere Erfahrung hat Kerstin, 42 Jahre alt und dritte von vier Schwestern:

»Als ich das erste Mal meine Periode hatte, fing meine Mutter ganz feierlich an mit Kerzen und so – na, da war ich schon weg und hab’ gesagt: ›Du brauchst das gar nicht, ich weiß schon alles!‹ Das stimmte natürlich überhaupt nicht, aber ich hab’ eben genau gespürt, wie gekünstelt das alles war.«

Die Mädchen spüren in jedem Fall die Unsicherheit der Mutter, die ja auch selbst meist sehr wenig positive Erfahrungen mit weiblicher Sexualität machen konnte. Und die auch auf den Druck der Umwelt reagiert. Eine Schwester zitiert den immer wiederkehrenden Ausspruch ihrer Mutter: »Man faßt da unten nicht hin!« Nancy Friday schreibt dazu: »Wenn eine Mutter unsere Hand von der Stelle zwischen den Beinen fortnimmt, wenn sie uns später durch Blick, Ton und Haltung zu verstehen gibt, daß so etwas nicht nett ist, dann ist sie nach Ansicht der Gesellschaft eine gute Mutter. *Sinn und Zweck der ganzen Sache ist, uns von unserem Körper abzutrennen!* Und dazu ist jedes Mittel recht.«[54] Aber das Fatale ist, daß mehr geschieht, als uns von unserem Körper abzutrennen, denn unser Körper ist mit uns untrennbar verbunden und was mit ihm geschieht, geschieht auch mit uns ›als Person‹.

Anja:

»Ich habe zum Beispiel nie mitgekriegt, wenn eine meiner Schwestern ihre Tage hatte. Dabei war ich doch die Jüngste. Das war nie Thema. Und das ist auch ein Zeichen, wie isoliert wir waren. Im Klassenverband war das ein Thema. Wenn man da plötzlich eines Tages nicht mehr mitturnen konnte, dann gehörte man zu den ›Großen‹ und war stolz.

Und als ich dann das erste Mal meine Tage hatte, hatte ich ein richtiges Glücksgefühl dabei, weil wir an dem Tag Turnen hatten, und ich malte mir aus, daß ich dann endlich auch auf die Bank zu den Großen konnte. Und dann hat meine Mutter mir einen Strich durch die Rechnung gemacht, indem sie mir verbot, zur Schule zu gehen, kommentarlos. Das hat mich so gedemütigt. Ich hatte das Gefühl, das einzig Positive daran hatte sie mir vermiest. Denn daß das ein Leben lang so bleiben sollte, konnte ich mir natürlich überhaupt nicht vorstellen. Die ersten Schritte mit dieser Binde zwischen den Beinen, entsetzlich, und ich dachte: ›Kein Mensch kann so leben‹, und ich wollte auch nicht so leben. Schwierig war für mich auch das Gefühl: Meine Mutter sagt's heute abend meinem Vater – es wurde eben nichts offen gehandelt. Und nie hätte eine von uns gesagt: ›Du, mir geht's heute nicht gut, ich hab' meine Tage!‹ Undenkbar so was.«

Das war so um 1950 in einem ›aufgeklärten‹ Mittelschichthaushalt, und diese Beschreibung steht sicher für viele. Aber es gibt auch heute noch viel brutalere Methoden, ein Mädchen auf ihre Weiblichkeit ›vorzubereiten‹:

Beate, 24 Jahre alt, Arzttochter und älteste von drei Schwestern:

»Das erste, was ich in puncto Aufklärung hörte, war, wenn man sich Kinder wünscht, muß man beten, und wenn man sich sehr Kinder wünscht, dann muß man noch mehr beten. Und irgendwann hab' ich mal gesagt, daß ich mir das nicht so vorstellen kann, daß man nur vom Beten Kinder bekommt. Ich meine, wir sind ja sehr katholisch, aber trotzdem. Und da sagte meine Mutter: ›Warte mal‹, ging aufs Klo und führte mich dann auch zum Klo. Sie hatte da gerade ihre Tage, und zwar sehr stark, jedenfalls war das

ganze Klo voller schwarzer Blutklumpen, und dann sagte sie: ›Siehst du, das bekommt eine Frau jeden Monat, weil sie nicht befruchtet worden ist.‹ Und dann sagte sie noch was davon, daß man sich einem Mann hingeben müsse. Und damit war ich dann aufgeklärt. Da war ich zwölf und wußte noch nicht mal, daß ich da unten überhaupt einen Eingang habe, außer zum Urinlassen. Na ja, sieben Jahre später wollte ich dann die Pille, mit 19, da war dann erst recht die Hölle los. Dabei war mein Vater Arzt. Aber als ich das gesagt hatte, durfte ich gar nicht mehr weg. Immerzu wurde rumgeschnüffelt, meine Unterwäsche inspiziert. Noch als ich 20 war, mußte ich während der Woche um neun zu Hause sein, samstags durfte ich bis elf bleiben. Und daran mußte ich mich halten, sonst bekam ich Prügel. Ohrfeigen, voll ins Gesicht, mit dem Handrücken. Von meiner Mutter. Mein Vater hat sich rausgehalten. Aber in den letzten Jahren habe ich zurückgeschlagen. Wenn ich mal um acht noch zu 'nem Bier rauswollte, kam sie mit dem Kleiderbügel und wollte auf mich los. Da habe ich ihr den Bügel weggenommen und sie bedroht: ›So nicht mehr – das kriegst du zurück!‹ Und dann ist sie heulend zu meinem Vater, und der kam dann und sagte: ›Nun reiß dich zusammen!‹ Und ging wieder.
Freunde hatte ich nie, was soll man auch mit einer, die schon um neun zu Hause sein muß – da geht die ganze soziale Anerkennung flöten. Und als ich dann weg war von zu Hause, habe ich noch zwei Jahre gezittert bei dem Gedanken, meine Mutter ruft an.
Mit 22 Jahren wollte ich mal über Silvester mit einem Freund zum Skilaufen, da bin ich mit: ›Ich hasse dich, du Hure, ich hasse dich!‹ aus dem Haus gejagt worden. Aber ich muß jetzt versuchen, damit fertig zu werden und meine Schwestern davor zu bewahren, und ihnen Kraft geben und sagen: ›Überwindet die Angst.‹ Denn Angst haben die beiden auch, nur nicht so schlimm wie ich, weil sie's so schlimm nicht erlebt haben. Ich habe solche Angst vor Männern, obwohl ich sehr attraktiv aussehe. Ich habe immer Angst, Menschen fressen mich auf, wenn sie mir zu nahe kommen, wenn sie mich berühren. Und Schuldgefühle, weil ich meine Gefühle nicht zeigen kann. Das geht mir bei meinen Schwestern auch so.«

Wieviel Angst muß eine Mutter vor der erwachenden Weiblichkeit ihrer Tochter haben, wenn sie so reagiert. Vielleicht

hat sie keine Vorstellung davon, was sie bei ihrer Tochter
kaputtmacht. Beate geht seit einem Jahr in eine Therapie, um
ihre Berührungsängste zu überwinden und ihre Sexualität zu
entdecken.

Dann ist es sogar besser, wenn die Mutter sich ganz raushält,
so wie bei den Schwestern Nina und Nele, heute 26 und 24
Jahre alt.

»Aufgeklärt hat sie uns kaum, das haben wir selbst
gemacht, Nina, unsere Freundin und ich. Und weil Nina
die Älteste war, haben wir dann irgendwann beschlossen,
daß sie zuerst mit 'nem Typ schlafen müsse. Und dann sind
wir losgezogen in die Discos und haben einen ausgewählt
für sie. Und dann hat es auch in der Reihenfolge geklappt,
und wir haben uns natürlich ausgetauscht hinterher, wir
haben sie gelöchert mit Fragen: ›Nun sag doch mal, wie
war's denn, wie sieht das denn so aus...?‹ Und sie, ganz
überlegen: ›Na ja, also...‹ Und ich war nun die letzte, die
dran war, da war ich 15. Das war ein Typ, den kannte ich
schon lange, und Nina hat mir immer zugeredet und hat
gesagt: ›Nun los, nun mach doch mal, nun probier das
mal!‹ Und das war furchtbar! Ich hab' geblutet wie ein
Schwein. Ich war eben noch überhaupt nicht bereit dafür
und hab' ihm natürlich auch nicht gesagt, daß ich noch
Jungfrau war, ich war ja immerhin schon 15. Mit dem war
ich noch anderthalb Jahre befreundet, und dann ging's
auch jedesmal besser. Und dann habe ich 'ne Zeitlang
durch die Gegend gebumst – da war das für mich nichts
Angenehmes, aber auch nichts Unangenehmes, manchmal
hab' ich's über mich ergehen lassen, weil ich den Typ
behalten wollte, und manchmal fand ich's dann auch ganz
nett. Allerdings – als ich dann meinen ersten Orgasmus
hatte, hab' ich nachts um zwei Uhr meine Mutter angerufen und hab' gesagt: ›Du, stell dir vor – es hat geklappt!‹ Na
ja, die war total verpennt, aber sie wußte gleich, was los
war, und hat gesagt: ›Ich freue mich für dich, mein Kind –
aber jetzt würde ich gerne weiterschlafen!‹ Und ich: ›Ja, ja,
ich wollt's dir ja auch nur sagen.‹«

Hier und da beginnt sich doch eine natürlichere Einstellung
durchzusetzen, so wie sie Katrin beschreibt, die jetzt 21 Jahre

alt ist und, nach eigenen Worten, noch so in die antiautoritäre Phase reingerutscht ist:

>»Aufklärung und so war vollkommen unproblematisch, meine Mutter ist mit mir zum Frauenarzt gegangen, als ich das erste mal die Pille haben wollte, das fand ich toll. Als ich das erste Mal meine Tage hatte, das war ein starkes Erlebnis für mich, ich war ganz schrecklich stolz, ich fand das toll. Ich bin damals immer nachmittags mit einem Zirkus durch unsere Stadt gezogen, da habe ich geholfen, die Vorstellung vorzubereiten und beim Ponyreiten, und da bekam ich eines Vormittags schreckliche Bauchschmerzen, mußte nach Hause gehen, legte mich hin, und als ich dann aufs Klo mußte, sah ich das ganze Blut in meiner Hose – und da war ich ganz stolz, ich wußte natürlich sofort, was das war! Und dann bin ich zu meiner Mutter gerannt, und die sagte mir, ich solle mich hinlegen, wenn ich solche Bauchschmerzen hätte, und das habe ich getan, und ich habe mich richtig erwachsen gefühlt! Und als abends mein Vater kam, bin ich gleich an der Tür auf ihn los: ›Ich habe meine Tage!‹ Also, das war toll.«

Wenn Schwestern sich gut verstehen – und die Eltern ihnen Luft lassen, um ihre gute Beziehung auch auszuleben –, dann kann die erste Periode zu etwas Verbindendem werden, was die Zugehörigkeit zueinander und zum eigenen Geschlecht nur verstärkt. Nina und Nele hatten von kleinauf eine gute und feste Beziehung. Nina, die Ältere, erinnert sich genau:

>»Als ich das erste Mal meine Tage kriegte, war ich elf, und meine Mutter ist mit uns beiden ins Bett gegangen, am Nachmittag, das fand ich sehr merkwürdig, und dann hat sie uns beiden gleich erklärt, wieso und warum, und Nele war ganz neidisch auf mich – obwohl, ich wollte das gar nicht, ich fand das ekelhaft, und ich hatte auch immer tierische Bauchkrämpfe dabei, so daß ich oft nicht in die Schule konnte. Nele nie – aber die hatte ja auch keine Angst vor der Schule. Und dann sagte meine Mutter: ›Und nun dürft ihr nie mit 'nem Mann ins Bett gehen!‹ Und ich dachte vollkommen verwundert: ›Wieso das denn nicht?‹ Ich war ja überhaupt noch nie auf die Idee gekommen, mit einem Mann ins Bett gehen zu wollen, und wieso das auf einmal nicht?«

Und Nele sagt dazu:

>Als Nina zum ersten Mal ihre Tage kriegte, war ich todunglücklich und dachte immer, warum krieg' ich das denn nicht. Wir haben doch immer alles zusammen gekriegt! Und meine Mutter hat ihr dann alles erklärt, das ging bei uns immer recht offen zu, und mir hat sie das dann gleich mit erzählt. Und dann bin ich die eine Woche, die Nina das hatte, auch mit 'ner Binde rumgelaufen, eine Woche lang. Dabei war das so unbequem.«

In der Reaktion der Mutter auf die Periode der Tochter zeigt sich, wie sie sich als Frau fühlt und gefühlt hat. Und sie vermittelt ihrer Tochter damit gleichzeitig ihre emotionale Bewertung des Frau-Seins und der weiblichen Sexualität. Und der Rolle des Mannes: Die Mutter ist entsetzt, weil ihre Tochter nun schwanger werden könnte, und nun sind sich Vater und Mutter einig im Kampf um die Abwehr der ersten Verehrer: die Mutter, weil sie die Schande nicht ertragen könnte, daß ihre Tochter ein uneheliches Kind mitbringen könnte, der Vater, weil er die Konkurrenten nicht ertragen kann. Die Mutter sagt mit Tragik in der Stimme: »Wenn eine meiner Töchter nicht als Jungfrau in die Ehe geht, bring' ich mich um!«, und der Vater sorgt dafür, daß das nicht passieren kann.

Anja:

»Meine dritte Schwester war dann diejenige, die rebelliert hat, und zwar offen. Sie hatte sehr früh Jungenfreundschaften, und hat das auch ganz offen gehandhabt – und ist dafür verdroschen worden. Mit dem Riemen. Da war sie zwölf. Sie wurde in den Keller gesperrt und mit den brutalsten Mitteln bestraft, weil meine Eltern offensichtlich hilflos waren. Und das war für mich dann natürlich das Signal: Oh Gott, so was darfst du nie tun, das ist wahnsinnig gefährlich, so böse darfst du nie sein.«

Marion:

»Ich war als Älteste immer für alles verantwortlich. Mein Vater wollte uns auch immer zu Hause haben, wir durften nicht mal zum Spielen weg. Er sagte immer: ›Ihr könnt ja miteinander spielen‹, und meine Mutter sagte: ›Am besten läßt du eine Dornenhecke um dein Haus wachsen!‹ Aufge-

klärt wurden wir nie. Es hieß zwar immer: ›Kommt ja
nicht mit 'nem unehelichen Kind nach Hause!‹ Aber wie
das passieren könnte, darüber fiel kein Wort. Ich erinnere
mich, einmal, da war meine nächstjüngste Schwester vielleicht 16 und hatte gerade mal die ersten Verabredungen
mit Jungen – und eines Tages war sie um elf noch nicht zu
Hause. Ich schlief schon, mein Vater telefonierte mit allen
möglichen Leuten, wo meine Schwester hätte sein können, und brüllte dann herum. Und plötzlich stand er
neben meinem Bett und schrie, ich hätte meiner Schwester
ein schlechtes Beispiel gegeben, und wenn sie nach Hause
käme, zöge er ihr die Hosen aus, um zu sehen, ob
irgendwas passiert sei, und überhaupt ich, mit meinen
schlechten Beispielen ... Das werde ich nie vergessen, weil
ich mir ja überhaupt keiner Schuld bewußt war. Ich hatte
zwar minimale Anläufe genommen, mal einen Jungen
kennenzulernen, aber – das konnte ich überhaupt nicht
verstehen. Da war ich immerhin so ungefähr 20 Jahre alt.
Es war eben immer so: Was er sagte, wurde gemacht. Ich
hatte immer gehofft, daß meine Mutter mich so ein bißchen unterstützen würde, aber die paßte sich noch mehr
an.«

Der Machtkampf zwischen Vater und Tochter nimmt offene
Formen an.

Gerda:

»Die Situation bei meinen Eltern wurde immer gespannter,
mein Vater wurde eifersüchtig auf meine Freunde, er hat
mich dann, als ich 18 war, zum ersten Mal in meinem Leben
geschlagen, weil ich nicht rechtzeitig nach Hause gekommen war. Und er lehnte jeden Jungen ab, den ich nach
Hause brachte, prinzipiell, bis ich überhaupt keine Lust
mehr hatte, jemanden nach Hause zu bringen.«

Elisabeth:

»Als ich später Freunde hatte, war mein Vater natürlich
wahnsinnig eifersüchtig und hat die mies- und schlechtge-
macht, was das für unmögliche Typen seien. Am Anfang
hat mich das fürchterlich geärgert, und ich hab' mich mit
ihm gezankt und gestritten, aber später, als ich merkte, was
lief, hat es mich nur noch amüsiert.«

Hannah:

>»Mein Vater ist krankhaft eifersüchtig, auf alles und jedes, auf die Luft, die wir atmen, auf die Männer, die sich näherten! Meine älteste Schwester mußte noch mit 20 abends um acht zu Hause sein. Und sie mußte die Knaben mit nach Hause bringen, und dann machte er sie besoffen, und die Studenten fanden das unheimlich gut, mit ihm da Kommerslieder zu schmettern, und dann durfte meine Schwester sie gerade noch zur Gartentür bringen, und dann guckte er auf die Uhr und sagte: ›Ihr steht da schon fünf Minuten‹, und dann verschwanden sie.«

Für die Väter sicher eine schwierige Situation: Jahrelang waren die Mädchen *seine* gewesen (wenn die Mutter es zugelassen hatte), zumindest war *er* für sie der ›wichtige andere‹ gewesen, und nun orientierten sie sich nach draußen, hielten andere für wichtiger und gaben ihm zu verstehen, daß er abgedankt hatte.
Jeder, Vater und Mutter, hat in dieser Zeit seine eigenen Probleme mit den Gehversuchen der heranwachsenden Töchter. Und Schwestern untereinander sind sich nur in seltenen Fällen dabei Hilfe. Zunächst schauen sie mit großen Augen zu, was da abläuft, und versuchen, für sich daraus Lehren zu ziehen.
Marion, 44, zweite von drei Mädchen:

>»Als es dann ans Erwachsen-Werden ging, konnte ich mich ganz gut an meiner ältesten Schwester orientieren: Was man sich zu Hause leisten konnte und was nicht. Zuspätkommen zum Beispiel konnte man sich nicht leisten. Damals fing sie mit Jungen an, und mein Vater wurde sehr eifersüchtig auf ihre Freunde. Er hat wahnsinnig auf sie aufgepaßt, und sie ist dann extra zu spät gekommen, aus Rache. Da gab's dann einen Heidenzirkus. Auf mich hat er nicht mehr so aufgepaßt, und ich weiß eigentlich bis heute nicht: War er da schon großzügiger, oder war ich nicht so wichtig für ihn?«

Johanna, deren Schwester zehn Jahre jünger ist:

>»Ich glaube, daß ich mich in der Pubertät so eng an meine Schwester angeschlossen habe, lag daran, daß sie mir mehr gegeben hat als meine Mutter. Mehr Antworten auf meine

Fragen. Mehr Gespräche. Mehr Aufmerksamkeit. Und vieles dreht sich da natürlich um Sexualität. Und da paßte meine Mutter. Über Sexualität habe ich mit meiner Mutter nie geredet. Also, mit meiner Schwester war ich auch nicht ganz offen, aber die Fragen, die ich mich in der Zeit getraut hab' zu stellen, die hab' ich meiner Schwester gestellt. Ich hab' zum Beispiel, als ich 13 war, mal in einem Brief an sie geschrieben: ›Was ist eine Nute?‹ Und dann hat meine Schwester mich per Brief aufgeklärt. Und auch über andere Sachen. Auch über Männer haben wir uns ausgetauscht. Sie hat mir sicher – mir ist das gar nicht so bewußt geworden – immer vermittelt: Der ist gut – und der ist schlecht, der ist o.k. – der ist nicht o.k. Aber sonst ist mein Männerbild in erster Linie von meinem Vater geprägt. Meine Schwester hat jedoch einen starken Einfluß auf mich gehabt in dieser Richtung, ich weiß, daß wir über Männer geredet haben, ich weiß, daß sie mir Männer vermittelt hat. Es gibt auch einen Fall, wo meine Schwester meinte, dies wäre der richtige Mann für mich, und ich habe mich prompt in ihn verliebt! So einen Einfluß hatte die auf mich. Da war ich ungefähr 14. Und hatte noch nie mit einem Mann geschlafen. Ich hätte vielleicht schon mal ganz gerne gewollt, aber – das ganze Thema Sexualität ist mir von meiner Mutter und dadurch, wie die mit meiner Schwester umging, weil die doch das uneheliche Kind hatte, so vermiest worden, daß ich immer eine Höllenangst hatte! Also, wie gesagt, ich war gefühlsmäßig soweit, ich hätte gerne mit dem Mann geschlafen, obwohl ich mir überhaupt noch nichts darunter vorstellen konnte, aber da war so eine Sehnsucht – na ja, und meine Schwester war da gerade hier und ›hütete‹ mich, weil meine Mutter auf Reisen war. Und sie brachte diesen Mann mit, und ich verliebte mich in ihn, und sie machte Fotos von uns etc., und plötzlich kriegte ich mit, daß der mit ihr in einem Bett pennte! Und da war ich plötzlich wieder die Kleine, die das nicht macht und auch nicht darf – aber richtig eifersüchtig war ich auch nicht, trotzdem fühlte ich mich ausgeschlossen. Verlieben durfte ich mich, aber mit ihm schlafen – nee. Das war klar, das hat sie den Männern dann auch gesagt: ›Pennt nur nicht mit meiner kleinen Schwester.‹ Also, ich hab' mich in dieser Rolle alles in allem ganz wohl gefühlt, es hat mir Spaß gemacht, ich hab' tolle Sachen erlebt durch sie und tolle Männer kennengelernt durch sie.«

Yvonne, 36, jüngste von drei Schwestern:

»Meine mittlere Schwester war, wie ich es heute sehe, für meine Entwicklung direkt und indirekt ungeheuer wichtig. Sie war eine wahnsinnige Unterhaltungsnudel und immer sehr aufgedonnert. Sie hat mir sehr viel erzählt von ihren Freunden. Aber die andere, die wichtigere Seite war, daß ich erlebt habe, daß alle ihre Freundschaften eigentlich eine Katastrophe waren. Und daß sie niemals einen Freund hatte, der, aus meiner Sicht, wirklich zu ihr gepaßt hätte. Viele Verbindungen sind dann wirklich mit Eklat zu Ende gegangen, so: Hochzeitsgäste schon eingeladen, Täubchen aus Italien bestellt und dann – finito. Und es war niemals ein Mann dabei, der Format hatte. Sie wurde immer – nach *sehr* kurzer Zeit – schlecht behandelt von den Männern, die sie verlassen haben, die sie enttäuscht haben. Sie hat aber auch nie ein Gespür gehabt für echte Emotionen, die man ihr entgegenbrachte. Nie. Ihr konnte jeder Mann erzählen, was er wollte. Ihr konnte jeder Mann sagen, ich liebe dich, und sie glaubte es, und es konnte jeder Mann sagen, wenn du mich wirklich liebst, muß du mit mir schlafen, und sie tat es. Heute ist das ja gang und gäbe, damals war es in unserer Familie etwas Unmögliches, und sie galt dann als Ausbund der Unmoral und sexueller Verwahrlosung. Ich habe oft mit ihr darüber gesprochen, später, und dabei gemerkt, es war ihr eigentlich immer vollkommen unwichtig! Sie wollte eigentlich Nähe, sie wollte schmusen und daß man lieb zu ihr ist. Und sie war uninteressiert am Sex. Sie tat es nur, weil sie wußte, in Verbindung damit bekommt sie auch das andere. Da habe ich durch sie gelernt, was ich *keinesfalls* will. Und insofern ist sie indirekt daran beteiligt, daß ich starr und stolz geworden bin, was mir auch genützt hat, auch wenn es seine zwei Seiten hat. Das alles hat mit dem zu tun, was ich von meiner Schwester gelernt habe: Punkt 1: Wenn mir ein Mann erzählt, wenn du mich liebst, dann mußt du mit mir schlafen, dann lach' ich mich kaputt. Das ist das allererste. Punkt 2: Ich gerate nicht in Abhängigkeit (je nachdem Managergattin oder Pastorengattin, wie es gerade kommt), und da ich zusätzlich immer gehört hab', werde nicht wie Sigrid, hab' ich gedacht, also, ehe ich mit jemandem schlafe, geht die Welt unter. Dadurch hab' ich zwar vielleicht manches verpaßt, heute seh' ich das anders. Aber damit hatte ich immer die Karten in der Hand und war nicht erpreßbar. Ich weiß nicht, ob das ein Plus war. Denn eigentlich war sie ehrlicher.«

Insgesamt sind das nicht sehr gute Voraussetzungen für eine gute, gleichberechtigte Partnerschaft. Das Bild vom Mann, das die Mutter ihren Töchtern vermittelt, hängt eng zusammen mit dem Bild, das sie selber von ›den Männern‹ hat, mit ihren eigenen Erfahrungen, mit ihren Wertvorstellungen, mit ihrer Erziehung.

Hannah, zweite von vier Mädchen:

»Wenn mein Vater auf Geschäftsreisen ging, waren wir alle überglücklich, dann gab's endlich Blaubeersuppe mit Schneeklößchen und so schöne Sachen, weil wir sonst immer Fleisch essen mußten. Dann hat meine Mutter auch immer erzählt, wie fürchterlich ihr erster Mann war, so daß ich mit 15 Jahren bereits eine Wette abgeschlossen habe, daß ich *garantiert* nicht vor 27 heirate. Im Grunde haben wir alle vier keine Lust gehabt zu heiraten. Mein Mann war der erste, bei dem ich gedacht hab', der ist so schön ruhig, der engt mich nicht ein, den kann ich gerade noch ertragen. Er ist auch acht Jahre jünger als ich. Ich hatte immer viele Freunde und hab' auch mit Männern zusammengelebt, aber ich hab' mich nie vereinnahmen lassen. Sobald es mir zu innig wurde, hab' ich sie abgeschoben. Ich mochte auch nie ältere Männer. Ich wollte keinen Vater weil mein Vater so ein richtiger Alptraum war.«

Anja, jüngste von vier Schwestern:

»Meine Mutter hat uns Gott sei Dank wenig über Männer vermittelt. Männer waren groß, stark, unbestechlich, streng, strafend, oft unvermutet strafend, mit eigenen Regeln, die nicht hinterfragt wurden – eben so wie mein Vater war.«

Paula:

»Meine Mutter hat immer gesagt – und das war das einzige zu diesem Thema: ›Heiratet nie einen Mann mit einem Portemonnaie, die sind geizig. Wenn ein Mann das Geld lose in der Hosentasche trägt, den könnt ihr nehmen.‹ Danach habe ich mich gerichtet.«

Nina:

»Meine Mutter hat uns in puncto Männer eigentlich immer
vermittelt, daß man sich unterordnet, daß man sie bescheißen muß mit weiblichen Taktiken. Und das nehme ich ihr
sehr übel.
Ich war immer auf Vaters Seite, weil er mir so leid war.
Eigentlich hätte meine Mutter mir mehr leid tun müssen,
aber das habe ich damals irgendwie nicht begriffen. Mir hat
immer mein Vater leid getan, obwohl meine Mutter ja
immer fürchterliche Angst vor ihm hatte, weil der unheimlich jähzornig werden konnte. Da mußtest du nur noch
machen, daß du wegkamst! Aber trotzdem: Sie hat, als ich
ein kleines Kind war, immer zu mir gesagt: ›Nina, ich werf'
jetzt die Tomaten weg, weil sie so vergammelt sind, aber
sag's dem Vater nicht!‹ Denn der wurde dann immer
unheimlich sauer, weil sie regelmäßig zuviel einkaufte.
Und ich hab' darunter gelitten, daß sie ihn so bescheißt –
und ich durft's nicht sagen. Ich hab's auch nie gesagt, aber
ich war immer auf seiner Seite. Ich hab' ihn immer lieber
gehabt als meine Mutter, aber er hat das nicht gemerkt,
meine Mutter *hat's* gemerkt!«

Nele sieht das auch:

»Meine Mutter hat halt auf ihre Weise versucht, sich gegen
ihren autoritären Mann durchzusetzen, mit aller weiblichen Raffinesse: Sie hat ihn um Geld beschwindelt, auch
als sie berufstätig war, hat sie immer Geld verschwinden
lassen. Sie hat sich schränkeweise Klamotten gekauft, aber
ihm nie was gesagt darüber, immer auf so 'ne widerlich
diplomatische Art – nie offen! Trotzdem habe ich meinen
Vater immer gehaßt für das, was er meiner Mutter angetan
hat! Und später habe ich mir immer solche Typen gesucht –
das war jahrelang mein Problem. So Typen, die immer ihre
Macht ausgespielt haben, richtig autoritäre Typen. Mein
erster Freund war auch zehn Jahre älter als ich, da wußte er
natürlich sowieso, wo's langgeht. Und ich hab' immer
gedacht: ›Na ja, er ist halt schwierig, aber das ist eben so,
daß eine Frau nicht soviel Rechte hat wie ein Mann.‹
Schließlich hatte ich das ja jahrelang bei meiner Mutter
gesehen. Mein jetziger Freund ist ganz anders – bei ihm
erlebe ich zum ersten Mal, wie Männer *auch* sein können
und wie schlimm das alles früher war. Bezeichnenderweise
war ich aber zu Anfang in meinen jetzigen Freund gar nicht

verliebt. Aber als ich ihm das gesagt hab', da hat er geantwortet: ›Das macht nichts, ich bin so verliebt in dich, das reicht eine Weile für zwei!‹ Das fand ich so toll!«

Cornelia:

»Meine Mutter hat uns immer vermittelt: Männer sind unberechenbar – denen ist nicht zu trauen. *Dein* Vater ist die große Ausnahme. Und: An sich sind Männer Betrüger, wollen Frauen immer nur bumsen, auf sie ist kein Verlaß. Aber sie sind – leider – sehr intelligent, im Gegensatz zu uns Frauen!«

Gerda zieht aus einem ganz ähnlichen Verhalten ihres Vaters genau den entgegengesetzten Schluß. Sie sagt:

»Ich hab' immer Männer gut gefunden, die genau das Gegenteil von meinem Vater waren, die nicht so massiv waren, die nicht bestimmt haben, die keinen Ehrgeiz hatten. Das waren für mich wichtige Kategorien. Meiner Schwester ging es damals ähnlich. Wir merkten, daß wir uns immer bevorzugt in *schwache* Männer verliebten, die meist sehr kaputt waren – vielleicht, *weil* mein Vater so stark gewesen war.«

Es ist sicher tiefenpsychologisch nicht schwer zu erklären, daß Mädchen sich an dem Bild des Vaters orientieren, wenn sie einen Partner suchen. Ob sie nun einen ähnlichen Mann suchen oder genau das Gegenteil, der Vater bleibt der Maßstab. Was Mädchen, die nur mit Schwestern groß werden, aber fehlt: daß sie keine Brüder um sich haben, die das Bild vom Mann relativieren können. Das Bild vom Mann, das die Mutter vermittelt, ist nur sehr bedingt als Maßstab zu gebrauchen. Dazu vermischen sich zuviel Motive bei ihr: Sie möchte einerseits die Töchter bewahren vor der schrecklichen Männerwelt (und deshalb stellt sie die Männer auch so abschreckend dar), aber sie möchte andererseits auch für *ihre* Wahl verstanden werden (und deshalb nimmt sie den eigenen Mann aus). Die Töchter, schon lange, bevor die Mutter etwas in dieser Richtung formuliert, wissen, wie Mutters Bild vom Mann aussieht, weil sie dies aus ihrer Haltung, ihrem Verhalten zum Ehemann und ihrer Einstellung zur Sexualität her-

ausgelesen haben. Das machen sich sicher die wenigsten
Mütter klar.

Die vielen schwachen, unterdrückten, stillen Mütter, die hier
immer wieder beschrieben werden, vermitteln jedenfalls ein
›Bild vom Mann‹, ob sie wollen oder nicht, das sich verhängnisvoll auswirken kann.

Lisa ist es so gegangen:

»Mein Vater hatte die Angewohnheit, in der Wohnung
nackt herumzulaufen. Er war schon ein sehr alter Vater,
und außerdem hatte er einen doppelseitigen Leistenbruch,
also, das sah nicht sehr schön aus... Aber als ich meiner
Mutter sagte, daß mich das stört (ich hätte es ihm nie selber
sagen können), da ließ er mir durch sie antworten: So sähen
Männer nun mal aus, und es sei besser für mich wenn ich
mich rechtzeitig daran gewöhne! Die Erfahrung hat ungeheure Folgen für mein Männerbild gehabt. Da hab' ich bis
heute dran zu knabbern. Und darunter leidet auch die
Beziehung zu meinem Mann. Ich versuch' das ja irgendwie
abzubauen, aber das ist sehr schwer. Im Grunde halte ich
recht wenig von Männern überhaupt. Von heute aus
betrachtet denke ich, daß ich vielleicht überhaupt nicht
hätte heiraten sollen. Vielleicht wäre ich dann glücklicher
geworden. So bin ich von der Abhängigkeit von meinem
Vater in die von meinem Mann hereingerutscht. Aber
damals wollte ich unbedingt raus, weg von zu Hause.
Eigentlich wollte ich ja alles ganz anders machen, denn ich
hab' doch bei meinen Eltern gesehen, wie so was läuft. Es
hat eine ganze Weile gedauert, bis ich gemerkt habe, daß
ich alles wieder ganz genauso mache... Im nachhinein
denke ich manchmal – also, früher, da war ja Lesbisch-Sein
was Unmoralisches, aber... vielleicht ist es gar nicht so
verkehrt, nur, damals war es für mich einfach undenkbar... Ich wollte mich immer mal mit meiner Mutter
darüber unterhalten, aber ich komme einfach nicht ran an
sie. Sie hat wohl zu meiner mittleren Schwester ein viel
innigeres Verhältnis, mit mir kann sie wohl über so was
nicht reden. Aber mit meinen Schwestern kann ich es auch
nicht.«

Die Mutter hält sich raus – wie sollte sie der Tochter
verständlich machen, daß sie gerade *diesen* Mann geheiratet
hat? Wieviel Offenheit würde das voraussetzen! Lieber

nimmt sie in Kauf, daß ihre Tochter ähnliche Probleme hat und vielleicht ihr Leben lang unglücklich ist. Wie lange, glauben Eltern, sich vor ihren Kindern als diejenigen darstellen zu müssen, die immer alles richtigmachen?

Katrin, 21 Jahre alt, hatte eine sehr gute Beziehung zu ihrem Vater, weil er sich immer sehr viel um sie gekümmert hat, ebenso wie ihr Großvater – so waren ihr Männer nicht fremd, sondern vertraut, obwohl sie keine Brüder hat:

»Aber heute«, sagt sie, »durch diese Scheiß-Konkurrenz-Kiste habe ich eher Probleme mit Männern, bin ich zumindest sehr zwiespältig, weil ich unheimlich hohe Ansprüche stelle. Also, das erste, was ich von Männern verlange, ist, daß sie ehrlich sind. Aber das liegt wahrscheinlich daran, daß ich bei meinem Vater nie so recht wußte, woran ich war. Dann habe ich auch immer noch das Bedürfnis, beschützt zu werden. Auf der anderen Seite will ich gleichberechtigt sein. Das alles zusammen stört sich einfach. Außerdem hab' ich auch Angst vor Männern, daß sie mich reinlegen wollen. Also gehe ich sehr viel vorsichtiger auf neue Männer zu als auf neue Frauen. Zu Frauen hab' ich sehr viel intensivere Beziehungen, ich kann zu Frauen ehrlicher sein und hab' sehr viel mehr Vertrauen in sie. Aber ich muß gestehen, dieses ›Wie-wirke-Ich‹ und ›Wie-komme-ich-An‹, das hab' ich immer noch so drauf, trotz anti-autoritärer Erziehung und allem, das ist einfach nicht so schnell rauszubringen!«

Und Vera, die auch ein sehr gutes Verhältnis zu ihrem Vater hatte, ist der Meinung, daß sich das auf ihre gesamte Einstellung zu Männern positiv ausgewirkt hat:

»Ich hab' immer grundsätzlich das Gefühl gehabt, daß Männer mich mögen. Ich hab' Männern gegenüber nie Selbstwertzweifel gehabt. Oder Minderwertigkeitsgefühle. Ich hatte immer das Gefühl, ich bin eigentlich was Tolles für einen Mann! Und das ist, glaube ich, eine gute Voraussetzung für den Umgang mit Männern. Ich erwarte von einem Mann, daß er mich als Person voll akzeptiert. Für seine Interessen. Für seine Gespräche. Ich bin eigentlich nie auch nur auf die Idee gekommen, daß Männer Frauen intellektuell verachten könnten. Da hatte ich eine zu hohe Meinung von mir. Nicht, daß ich mich ihnen überlegen gefühlt hätte – obwohl ich immer sehr gern Männer habe, die ich auch beschützen kann. Aber nicht Männer, die ich *nur* beschützen muß. Ich bin keine Samariterin. Ich fühle mich ihm nicht überlegen, wenn ich ihn beschütze, ich erwarte nur bei anderer Gelegenheit, daß er *mich* beschützt. Arrogante Männer, die im Grunde ihres Herzens Frauenverächter sind, empfinde ich als gestörte Persönlichkeiten – das ist aber *ihr* Fehler, nicht *meiner!*«

Eine gute, stabile, aber nicht zu enge Beziehung zum Vater ist sicher die beste Voraussetzung, um gute Beziehungen zu Männern aufbauen zu können, ohne daß sie auf einen Sockel gestellt werden, ›unerreichbar auf der Marmorsäule‹, oder ohne daß man sie verächtlich macht, ›weil die ja immer nur bumsen wollen‹. Aber es gibt wohl nur wenige Töchter, die auf so einem ausgewogenen Verhältnis zu ihrem Vater aufbauen können. Was machen die anderen, die mit einem autoritären, tyrannischen Vater groß geworden sind und keine Brüder hatten, um dieses furchterregende Bild vom Mann relativieren zu können?

Eva, die heute 18 Jahre alt ist, studiert und als jüngste der drei Schwestern ihren Vater im Alter von zwölf Jahren verloren hat, hat eigentlich durch Zufall einen Weg gefunden, mit diesem familiären Defizit in einer für sie guten Art und Weise umzugehen:

»Als ich so 13 war, hatten alle Mädchen ihre ersten Freunde, und ich dachte – nee, du kannst nicht, aber du willst auch nicht! Und dann hab' ich mich ziemlich viel mit Frauenliteratur beschäftigt, und ausschlaggebend war dann eine Ferienfreizeit mit den Falken, da war ich dann in einer Mädchengruppe. Und da wußte ich: Ja, das ist es. Da hab' ich mich wirklich wohler gefühlt. Ich wußte gar nicht, daß es so was gibt: Mädchengruppe – da konnte ich mir nichts drunter vorstellen: 'ne Radtour oder 'ne Elektrogruppe, und das war toll, da hab' ich mich unheimlich wohl gefühlt. Und dann kam so was mit Selbstuntersuchung, und das war was ganz Neues – na ja, und ich hab' mich da einfach unheimlich wohl gefühlt, nur mit Mädchen, weil ich mit Jungen nicht soviel anfangen konnte und auch ein bißchen Angst hatte, und hier hatte ich plötzlich das, was ich immer gefühlt hatte! Das hat dann eine Menge in Bewegung gebracht, und ich denke, das war erst mal nötig, damit ich Sicherheit kriege, auch Männern gegenüber. Meist ist es ja umgekehrt: erst Erfahrungen mit Männern und dann Frauengruppe – aber so war's prima.

Mit Jungen hatten wir ja nie viel Kontakt, und auf dem Gymnasium war es eigentlich immer mehr Schwärmerei, mehr auf Distanz. Ich war auch so unsicher, wie ich mich verhalten sollte: Was erwarten die? Muß ich jetzt was ganz Großartiges bringen? Das hat bestimmt was mit meinem Vater zu tun, weil der für mich auch immer so was Großartiges war und ich eben auch Angst vor ihm hatte. Und da dachte ich immer, ich muß jetzt was Großartiges bringen, damit die überhaupt Notiz von mir nehmen.

Ich war unheimlich empfindlich gegenüber allem, was von Jungen kam, ich dachte immer: ›Mein Gott – die sind ja wirklich mit dem Holzhammer unterwegs!‹ Ich war einmal mit 'ner Freundin und deren Freund und Bruder verreist, und das war fürchterlich – so was Unsensibles, die können sich überhaupt nicht vorstellen, wie das vielleicht auf jemanden wirkt, was sie da gerade loslassen! Jetzt bin ich nicht mehr so empfindlich – oder es passiert mir nicht mehr so häufig. Wahrscheinlich bin ich aber einfach selbstsicherer geworden. Ich hab' jetzt keine Angst mehr vor Jungen, weil ich auch gemerkt hab', wenn du da ein bißchen kratzt, dann ist da nichts mehr, und das finde ich toll, daß ich das mitgekriegt hab'. Elisabeths Freunde fand ich immer sehr gut, das war schön. Aber für mich . . . Ich hab ziemlich viel Angst gehabt, das erste Mal mit jemandem zu schlafen, ziemlich viel. Aber dann wurde die Angst so Stück für Stück kleiner und die Neugierde größer, aber sehr langsam, nicht, wie so bei meinen Freundinnen, die mit 14 und 15 schon – ich war 18. Aber das hab' ich Elisabeth nicht erzählt und auch sonst niemandem, denn, na ja, ich war ja schon so alt.«

Nur mit Schwestern aufzuwachsen: auf diesem Feld wirkt es sich wohl am verhängnisvollsten aus: ein Vater, der seine Macht (aus Unsicherheit, Existenzangst, Gewohnheit oder welchen Gründen auch immer) in der Familie voll ausspielt, eine Mutter, die zu schwach und zu sehr um den Familienfrieden bemüht ist, um sich zur Wehr zu setzen, und keine Brüder, die man heranwachsen sieht und in all ihren Unzulänglichkeiten und Erfolgen miterleben kann – wie soll man unter solchen Voraussetzungen ein ›natürliches‹ Verhältnis zu Jungen/Männern entwickeln? Die wenigsten Väter sind sich im klaren darüber, welche gewichtige Rolle sie für ihre heranwachsenden Töchter haben. Nancy Friday: »Wie der Vater auf die Adoleszenz seiner Tochter reagiert, kann ausschlaggebend dafür sein, welchen Weg wir gehen: den Weg hin zu Männern und unserer eigenen Identität oder den zurück zu Mutter und zur symbiotischen Bindung... Ein Vater hat einer Tochter, die in der Adoleszenz ist, eine Menge zu bieten, doch auf welch einem schmalen Grat muß er sich bewegen! Er muß auf die Bedürfnisse sowohl seiner Frau als auch seiner Tochter achten und gleichzeitig darauf, daß er nicht die eine auf die andere eifersüchtig macht.«[55] Viele Mütter, sagt sie, reagieren auf die Entwicklung ihrer Tochter dadurch, daß sie versuchen, Mann und Tochter getrenntzuhalten, indem sie den Vater schlechtmachen. Diese Erfahrung hatte Gerda sehr deutlich beschrieben. Die Mutter möchte ja die Tochter gerne in der ›symbiotischen‹ Bindung behalten und kann oder will die Tochter nicht entlassen an die Männerwelt, die sie meist als feindliche darstellt, ebenso wie sie sie subjektiv auch empfunden hat. Das Bild vom Mann, repräsentiert durch einen Vater, der zumindest so häufig anwesend ist, daß er seine Töchter tyrannisieren kann, und eine Mutter, die ihre eigenen negativen Erfahrungen unbewußt weitergibt – dabei kann nicht so sehr viel herauskommen. Und eigene Schritte sind ebenfalls bestimmt durch die Erfahrungen mit dem Vater. Schwestern *könnten* da eine wichtige Funktion übernehmen, wie es Johanna geschildert hat, die durch ihre Schwester, die zehn Jahre älter war als sie, gelernt hat, welche Männer ›gut für sie sind‹ und welche nicht. Aber das setzt ein wirklich gutes und intimes Verhältnis zwischen Schwestern voraus. So könnten Schwestern auch in gegenseitiger Hilfe die elterlichen Erfahrungen relativieren und im offenen Austausch ihre einseitigen Erfahrungen ein wenig ausgleichen.

Kapitel 4

»Auf ihrer Hochzeit haben wir alle geheult«:
Der ›Einbruch‹ des Mannes

Sechs Schwestern waren es, und wieder einmal war die
Jüngste die Allerschönste. Sie waren Meerjungfrauen, mit
schönen Stimmen und langen Haaren, und an ihrem 15.
Geburtstag durfte jede das erste Mal vom Meeresboden
auftauchen und einen Blick auf die Welt da droben werfen.
Jedes Jahr kam eine der Schwestern wieder herunter und
erzählte den anderen, was sie am schönsten gefunden hatte.
Die kleine Meerjungfrau mußte am längsten warten, denn sie
war ja die Jüngste. Aber endlich war es soweit. In der Nacht,
in der die kleine Meerjungfrau auftauchen durfte, war ein
Schiff in Seenot geraten, und sie rettete einen schönen jungen
Prinzen vor dem Ertrinken – und verliebte sich in ihn. Trotz
der Warnung ihrer Schwestern ging sie zu der alten Meerhexe,
weil sie Menschenfüße haben wollte, um zu ihrem Prinzen zu
gehen. Sie erhält, was sie wünscht – aber um welchen Preis:
Sie muß ihre Haare abschneiden und ihre Zunge, und jeder
Schritt schneidet sie wie mit Messern. Und wenn es ihr
innerhalb eines Jahres nicht gelungen ist, die Frau des Prinzen
zu werden, wird sie nicht wie die anderen Seejungfrauen 300
Jahre alt werden, sondern sogleich auf dem Meer zu Schaum
vergehen. Sie wagt es trotzdem. Der Prinz findet sie am
Strand, verliebt sich in sie und nimmt sie mit auf sein Schloß.
Aber weil sie stumm und unbekannt ist, sind die Eltern des
Prinzen gegen eine Heirat, und er muß eine andere Frau
nehmen. Der Hochzeitstag des Prinzen wird ihr Todestag
sein. In der Nacht vor der Hochzeit erscheinen die fünf
Schwestern auf dem Meer: Sie haben alle ihre schönen langen
Haare der Hexe geopfert, um ein Messer zu erhalten. Wenn
die kleine Meerjungfrau es in dieser Nacht dem Prinzen ins
Herz stößt, erhält sie ihren Fischschwanz zurück und darf
wieder ins Meer zu den Schwestern. Aber die kleine Meer-

jungfrau bringt es nicht fertig – sie wirft das Messer ins Meer und vergeht bei Sonnenaufgang zu Schaum, begleitet von dem traurigen Gesang ihrer Schwestern. So erzählt Hans-Christian Andersen das Märchen von der kleinen Seejungfrau und beschreibt damit, wie der ›Einbruch‹ eines Mannes eine ganze Schwesterngemeinschaft in Unruhe versetzen und zerstören kann.

Für eine gute Schwesterngemeinschaft kann es wirklich einem ›Einbruch‹ gleichkommen, wenn die ersten ernsthaften Freunde auf den Plan treten. Bisher waren alle Schritte in dieser Richtung eher Plänkeleien gewesen ohne allzu ernsthaften Charakter. Aber wenn die Schwestern älter werden, dann könnte unter dem Deckmantel eines ›Freundes‹ plötzlich ›der Mann fürs Leben‹ auftauchen, und der nimmt dann die Schwester weg. Heiraten ist für die heute 40jährigen fast immer ein selbstverständliches Ziel gewesen. Und die heute 15- bis 19jährigen wollen laut Brigitte-Untersuchung noch immer zu 90 Prozent eine Familie haben.

Spielerischer Wettbewerb um die Freunde, auch mal mit ernsthaftem, manchmal sogar tragischem Einschlag, haben alle schon erlebt. In einer guten Schwesternbeziehung macht aber die ›Konkurrenz‹ um einen Jungen oder einen Mann offenbar letzlich weniger aus, als man allgemein annimmt.

Manja, die dritte von vier Schwestern, erinnert sich sogar mit ausgesprochenem Vergnügen an so eine Situation:

> »Einmal hatten wir einen Freund zu dritt. Der hatte sich erst in die Älteste verliebt, dann bin ich mal mitgegangen, da hat er sich in mich verliebt. Dann ist er mit mir gegangen und dann kam die zweite mal zu Besuch, und da hat er sich in die verguckt und war von der begeistert. Also, der erste Wechsel, von der Ältesten zu mir, der war schlimm. Sie war mir bitterböse. Wir haben nicht mehr miteinander gesprochen. Ich hab' immer gesagt: ›Ich kann doch nichts dafür, daß er mich mehr mag, und ich finde ihn doch auch nett!‹ Aber ich hab's nicht so ernstgenommen. Für mich war's aber doch toll, daß ich meiner ältesten Schwester jemanden ausspannen konnte – ich als dritte, die sowieso nie was Besonderes war in dieser Familie. Aber als er sich dann für die Erika interessierte und wir das merkten, da haben wir uns nur noch köstlich amüsiert. Der hatte dann kein gutes Leben mehr. Nachdem er uns drei gegeneinander ausge-

spielt hatte, haben wir ihn total auseinandergenommen, bis er flüchtete und von der ganzen Familie nichts mehr wissen wollte! Wir haben richtige Spielchen mit ihm getrieben. Also, das war das schönste Erlebnis, das wir miteinander hatten!«

Aber es gibt auch durchaus ernstere Formen der Rivalität, die entstehen, wenn sich der Freund der einen plötzlich für die andere interessiert.

Charlotte, die sonst eine sehr enge Beziehung zu ihren Schwestern hat, erinnert sich an ihre erste große Liebe:

»Da war ich 13 und er 19. Er war meine ganz große Liebe. Und dann hat er sich in meine Schwester Martha verliebt. Und ich hab' mit ihm geschlafen, obwohl ich gar nicht wollte. Und dann hat er auch mit ihr geschlafen, und ich hab' gemerkt, daß er sie viel lieber hat als mich. Und dadurch hab' ich immer das Gefühl gehabt, daß ich jetzt ganz toll sein muß, mindestens so toll wie die Martha. Das war für sie und für mich eine total beschissene Situation! Wir haben zwar miteinander geredet, aber unterschwellig haben wir schon Krieg gehabt! Ich hab' natürlich gesagt: ›Ich gönn' dir das!‹ Aber eigentlich war ich wahnsinnig eifersüchtig. Ich konnt's nur nicht zulassen bei mir, weil ich das so beschissen fand. Aber Eifersucht ist bis heute was, womit ich nicht zurechtkomme. Und irgendwann kam's mal richtig raus: Da hab' ich sie schrecklich verprügelt, und dann sind wir uns in die Arme gefallen und haben zusammen geheult. Das war eben der Zwiespalt: Ich hab' ihr wirklich gegönnt, daß sie glücklich ist, aber es hat mich total zerrissen! Irgendwann hat meine Schwester dann auch entdeckt, was das alles für mich bedeutete, denn ich habe ihn so total geliebt und er mich wohl nie richtig. Und dann hat sie versucht, mir zu helfen, denn für sie war er nicht *so* wichtig. Und irgendwann hab' ich's dann gepackt und meine Stärke entdeckt.«

Vera sagt von ihrer Lieblingsschwester Isa:

»Sie war in weiten Bereichen so, wie ich gerne sein wollte. Ich war die Intellektuellere, die geistig Überlegene, aber sie war die Weiblichere, und das wollte ich auch gerne sein. Wenn ein Mann was Positives über sie sagte oder wenn sie in einer Situation bevorzugt wurde, war ich schon mal eifersüchtig, aber das war vorübergehend. Das mußte ja auch passieren, weil wir uns so ähnlich waren. Aber dann kam ein Mann ins Haus, der mir gut gefiel und der sich dann ganz offensichtlich für sie interessierte. Und da hab' ich sie eine Zeitlang aus vollem Herzen gehaßt! Oh, Gott – mit dem intensiven Haß, der die Kehrseite der Liebe ist. So ein wütender Haß – ich hätte ihr wirklich was Böses tun können, das Gesicht mit Säure verätzen, was weiß ich. Jede Kränkung, die ihr widerfuhr, jede Trauer, die sie hatte, hätte mir gutgetan. Isa hat das damals gar nicht so gemerkt, weil sie so verliebt war, und sie hat es mir nie übelgenommen, als sie es erfuhr. Und meiner Liebe zu ihr hat das keinen Abbruch getan.«

Einer *wirklichen* Schwesternbeziehung, so scheint es, können Rivalitäten um Männer nicht viel anhaben.
Johanna:

»Ich weiß, daß ich die Männer meiner ältesten Schwester immer sehr gemocht habe. Sie hat mich immer in ihre Beziehungen mit hineingenommen, und ich habe das sehr bewußt wahrgenommen: so mit Zärtlichkeit und Schmusen zu dritt. Ich kam einfach so dazu und verfolgte das auch innerlich sehr genau. Sie präsentierte mich immer mit, und der jeweilige Mann fand auch ein Stück weit Gefallen an mir. Im Grunde ein gefährliches Spiel, das sie da spielte, denn es hätte ja auch schiefgehen können. Im Grunde war es eine Herausforderung von ihr an mich, die Kleine!«

Und Ruth:

»Meine älteste Schwester hatte immer das Gefühl, daß alle Jungen und später alle Männer in der Familie *eigentlich* was für sie waren. Das ist mir erst vor wenigen Jahren passiert – da war ich schon über 30! Da hatte ich einen Freund, den ich wahnsinnig liebte, und der besuchte mich mal, als auch meine Schwester zu Besuch war, und hinterher sagte sie: ›Du, der ist dir aber haushoch überlegen!‹ So, als wollte sie sagen: ›Der wär' aber mehr was für mich, denn *du* bist viel zu doof für den!‹ Und das war typisch für sie. Wenn sie in meinen Bekanntenkreis kam, hat sie immer das Gefühl gehabt, sie müßte mit den Männern erst mal richtig flirten, um mir zu zeigen, wie man mit Männern umgeht. Ich hab dann mal darüber nachgedacht, warum sie das so braucht – sie war ja schwerkrank, vielleicht war es ihr deshalb

wichtig, jedenfalls, ich hab' ihr das nicht übelgenommen –
für unsere Beziehung hat das nichts bedeutet, die ist mit
den Jahren eher immer enger geworden!«

Unbewußte Herausforderungen, Flirts mit Ernstcharakter,
Spielereien und beinah tragische Verstrickungen – sicher
kann es Schwestern zunächst Probleme machen zu merken,
daß auch die andere eine Frau wird. Aber es zeigt sich auch,
daß man in der schwesterlichen Verbundenheit der anderen
nicht weh tun möchte, und wenn, daß es für einen selbst fast
so schmerzhaft ist wie für die andere.

Und irgendwann ist es dann soweit: Die erste heiratet, und
damit ist nicht nur ein gemeinsamer Lebensabschnitt zu
Ende, sondern die nächsten Jahre sind auch bestimmt von
Erfahrungen mit Menschen und Dingen, die Schwestern zwar
im Prinzip teilen, die sie jedoch zunächst weit auseinander-
führen können. Heirat, Ehe, Kinder, diese immer noch fast
selbstverständlichen Stationen im Leben von Frauen, sind für
die Schwesternbeziehung zunächst eine Belastung, bedeuten
Trennung. Nichts kann heranwachsende Schwestern so aus-
einanderdividieren wie die unterschiedlichen Lebensphasen,
in denen sie gerade stehen. Auf einmal haben sich Frauen, die
beide zweijährige Kinder haben, viel mehr zu sagen als
Schwestern, von denen die eine in die Schule geht und die
andere gerade ihr erstes Kind erwartet. Eine wesentliche,
vielleicht sogar *die* Zäsur der Schwesternbeziehung findet
statt, wenn die erste heiratet.

Manja, die dritte der vier Schwestern, schildert die Hochzeit
ihrer ältesten Schwester und wie sich ihre Beziehungen durch
die verschiedenen Männer, die die anderen nach und nach
geheiratet haben, verändert haben:

> »Meine älteste Schwester war die klügste von allen. Was
> heißt war, sie ist es heute noch. Aber leider hat sie einen
> Mann bekommen, der nicht so gerne wollte, daß das außer
> ihm noch einer weiß! Sie war die erste, die geheiratet hat
> und auf ihrer Hochzeit haben wir alle geheult. Sie war auch
> die erste, die überhaupt eine richtige Männerbeziehung
> hatte, mit 22! Das war der erste Einbruch eines Mannes in
> unser Familienleben, aber wirklich ein Einbruch! Das
> empfanden wir alle so! Sie war ja auch die einzige, die bis zu
> ihrer Hochzeit zu Hause gelebt hatte, dadurch war der

Familienkreis zu diesem Zeitpunkt auch noch ganz eng.
Und dann kam dieser Mann dazwischen. Und der saß da
plötzlich immer mit am Tisch! Das fanden wir furchtbar!
Sie hat es schon schwer gehabt. Sie tat mir auch leid, weil sie
nicht den Mut hatte zu sagen: ›O.k., dann wohn' ich eben
für mich allein.‹ Nein, wir haben es ihr nicht leicht
gemacht, aber wir fanden das auch so schrecklich, daß sie
da anfing mit Männern. In unserer Familie! Freunde hatten
wir natürlich immer da, aber das waren solche, die mit
›Hallo‹ so mal vorbeikamen. Keine ständigen Gäste zum
Wochenende, zum Abendbrot. Aber das hier, das war was
Ernsthaftes, das war immer derselbe und nicht mit Hallo-
Hallo. Das war so mit In-der-Ecke-Sitzen und Händchen-
halten, also, das mochten wir überhaupt nicht. Eigentlich
haben meine zweite Schwester und ich auch versucht, das
zu hintertreiben, indem wir immer mal wieder versucht
haben, diesen Mann zu reizen. Ob er nicht genausogut eine
von uns nehmen könnte... ob er sich eigentlich so sicher
ist, daß er da unbedingt... und so..Und haben ihm auch
immer vorgegaukelt, daß die Rita eigentlich was ganz
anderes vorhabe und noch viel mehr Verehrer und er solle
nur nicht denken, daß er nun ihr ein und alles wäre und so
weiter. Also wir haben immer versucht, ihn unsicher zu
machen. Aber auch, weil wir ihn im Grunde nicht mochten. Ehrlich gesagt, bis heute nicht. Und seine Haltung
heute gibt mir recht. Der wußte schon mit 25 wie seine
Karriere verläuft. Wie sein Haus aussehen wird. Aber das
hat meine älteste Schwester wahrscheinlich gerade gewollt.
Dieses Beständige. Daß sie einer in den Arm nimmt und
sagt: ›Du wirst jetzt meine Frau, und wir werden Kinder
haben! Und wir werden auch ein Haus haben. Und ich
passe auf dich auf, daß dir nichts passiert. Und ich nehme
das jetzt mal alles in die Hand.‹ Das fand sie sehr gut,
glaube ich. Sie sagt auch, daß sie das im Grunde heute noch
toll findet, vielleicht auch, weil sie ein bißchen bequem ist.
Es erscheint ihr bequemer, als selbst etwas in die Hand zu
nehmen. Eigentlich paßt es gar nicht zu ihrer Rolle als
Älteste. Obwohl sie bei uns immer die Rolle der Ältesten
hatte, ob sie wollte oder nicht. Für mich kam sie gleich nach
der Mutter. Sozusagen als nächste Vertraute. Vielleicht
sogar manchmal als erste Vertraute. Aber das hat sich
geändert, als dieser Mann dazu kam. Da war sie dann eben
nicht mehr unsere Vertraute. Da haben wir ihr einen
gewissen Vertrauensbruch vorgeworfen.

Heute sehe ich, daß das sehr egoistisch war. Aber damals haben wir gedacht: ›Aha, der ist ihr wichtiger als wir – also ist sie nicht mehr unsere Vertraute!‹ Und das war auch wirklich so. Ich glaube, daß sie damals richtig gelitten hat. Sie sagte manchmal: ›Ihr wißt gar nicht, was ihr damals mit mir gemacht habt! Ich hatte es sowieso schwer mit dieser ganzen Entscheidung‹ – weil meine Eltern auch nicht einverstanden waren mit diesem Mann. Mein Vater war immer sehr unwirsch, wenn der da war. Und dann immer noch von uns diese Spitzen. Wir haben ihr diese Zeit, die doch eigentlich die schönste sein sollte, so mit ›verliebt – verlobt‹ – die haben wir ihr ganz bestimmt versaut. Ja, jetzt ist sie 14 Jahre verheiratet und widmet sich der Erziehung ihres Sohnes. Sehr schade, muß ich sagen, bei ihren Fähigkeiten.

Sie hat so oft den Wunsch gehabt, wieder etwas zu tun, aber bei diesem dominierenden Ehemann ist das nicht drin. Sie hat ihr Problem genau erkannt. Sie hat neulich mal gesagt: ›Ich beneide dich, daß du halbtags arbeiten kannst, bei uns sind die Rollenvorstellungen eben noch so, daß gemacht wird, was der Mann sagt!‹ Ja, das zeichnete sich damals schon ab.

Meine Schwestern waren sehr irritiert, als ich ihnen sagte, daß *ich* heiraten wollte, denn damals war erst die Älteste verheiratet, und eigentlich – meinten sie – wäre jetzt erst die zweite dran. Also, meine Schwestern wollten mir meinen Mann sehr heftig ausreden, vor allem weil er sehr viel älter war und weil es sehr schnell ging. So von Schwester zu Schwester haben sie mich zunächst ziemlich unter Druck gesetzt. Und dann fing mein Vater an: Wie ich auf so eine Idee käme – er kenne ihn ja noch gar nicht. Na ja, dann habe ich ihn meinem Vater vorgestellt. Und dann hat mein Vater mir noch mal bös eins ausgewischt: Er hat meinen Mann examiniert – es kann nicht schlimmer sein. Welche Familie, was er für 'ne Schulbildung hat, was er bis jetzt gemacht hat, was er verdient und so – also, ich hab' gedacht, jetzt ist es aus. Er tat mir so leid, und es war mir so peinlich – und ich hätte doch aufstehen können und zu meinem Vater sagen: ›Also bitte – so nicht! Hab' ich's gemacht? Nein! Dabei hab' ich so gelitten! Aber das war so das letzte, was ich mir hab' bieten lassen. Und als er den Kalender rauszog und sagte: ›Na, da wollen wir mal sehen, wann es geht‹ – *da* hab' ich dann gesagt: ›Also nein, wir haben uns den Termin so rausgesucht, und wenn's euch nicht paßt, heiraten wir ohne euch.‹ Und dann ging's gut. Und als meine zweite

247

Schwester dann heiratete, waren wir sehr glücklich, weil wir gedacht haben, die wird mal Schwierigkeiten haben. Weil sie so ein herber Typ ist und die Männer sehr an die Wand gespielt hat. Und da haben wir untereinander immer gesagt: ›Mensch, *so* wird die nie einen finden!‹ Und dann hat mein Großvater ihr einen vermittelt! Und das ist ein Typ, den sie auch nicht immer an die Wand spielen kann – so einer mußte das sein.

Meine jüngste Schwester hat bestimmt dann aus Protest geheiratet – sie wollte nun endlich *auch* einen Mann haben, und aus dem Grund hat sie auch ihr erstes Kind gekriegt: Sie wollte eben endlich *auch* mit ’nem Kind zur Mami kommen. Sie hat es nicht leicht, weil ihr Mann sie auch lange so als Kleine behandelt hat. Aber inzwischen geht es eigentlich auch ganz gut. Ihr Mann ist so ein Karrieretyp und wollte sie lange mehr als repräsentatives Püppchen haben, aber damit war sie nicht einverstanden. Zunächst hat sie ihren ganzen Kummer in Kurzgeschichten verarbeitet – die sie übrigens alle gut verkauft hat! –, und dann ist sie berufstätig geworden, und seitdem geht es gut. Sie hat bestimmt jahrelang darunter gelitten, daß sie eigentlich gar nicht so richtig galt. Sie wurde eben immer von allen als Kleine verwöhnt. Und an ihrem Polterabend und ihrer Hochzeit ist sie so ausgeflippt – so richtig nach dem Motto: So – und nun wird mir endlich *kein Mensch* mehr was sagen können! Dabei hatte sie sicher die meisten Freiheiten in der Familie, aber dieses Bemuttern – das muß sie wahnsinnig gemacht haben!

Und nach einem Jahr bekam sie ihr erstes Kind, und da kam sie so voller Stolz: ›So, und jetzt bin ich *schwanger*!‹ Und ich hab’ gesagt: ›Du spinnst ja wohl, so schnell‹, da war sie 22! Und sie darauf: ›*Ihr* habt ja auch alle Kinder, ich will jetzt auch eins haben!‹ Gut, dann hatte sie’s – und hatte ihre größten Probleme, weil sie jetzt Mutter sein mußte und eigentlich viel lieber auf den Sportplatz wollte! Heute ist unsere Schwesternbeziehung eigentlich unabhängig von den Männern, weil die so verschieden sind und sich wenig zu sagen haben.«

Eigentlich entstehen im Laufe der nächsten Jahre richtige Bewährungsproben für die Schwestern. Einerseits nähert man sich einander an, weil der Einfluß der Eltern sich abschwächt, weil sich die Altersabstände verwischen, weil man ähnliche Erfahrungen macht. Andererseits gibt es wieder jemand anderen, der auf die Schwesternbeziehung Einfluß nimmt und sie mitbestimmt: den Ehemann oder Partner, den man inzwischen gefunden hat. Und da bleibt oft nicht viel Raum, weil die Ansprüche der Familie umfassend und total sind. Ganz abgesehen davon, daß der Ehemann sich in einer bestimmten Weise zu den Schwestern verhalten muß und es auch tut.

Paula:

>Wenn meine Schwestern kommen, na gut, er erträgt sie acht Tage, obwohl wir von morgens bis abends nichts anderes tun als quatschen. Aber schließlich: Ich bin für meinen Mann alles: Mutter, Schwester, Kumpel und alles. Er ist auf alles, was ich für mich tue, eifersüchtig. Er toleriert zwar meine Schwestern, weil er weiß, daß wir uns ab und an mal brauchen, aber es fällt ihm schwer. Meine Kinder sind jetzt größer, und da wird's einfach haarig, wenn man nur so rumsitzt und putzt. Da muß ich dann eben mal zu meiner Schwester fahren, und dann müssen die beiden Jungen und mein Mann eben essen gehen. Das hat er jetzt so langsam verstanden, daß ich das brauche. Ich laß ihm ja auch seine Kneipenbesuche!«

Und Vera:

>Er läßt mir Gott sei Dank volle Freiheit bei meinen Frauen-Freundschaften, und er mag meine Schwestern. Das ist mir wichtig. Es würde mich kränken und ärgern, wenn er die Einstellung so vieler Männer teilte, so: Na, ihr kleinen Klatschbasen, habt ihr's euch wieder gemütlich gemacht? Da würde ich ausrasten. Nein, er akzeptiert meine Schwestern und meine Freundinnen, er verbündet sich sogar manchmal mit ihnen, und das finde ich gut, weil das ein Zeichen ist, daß er sie ernst nimmt.«

Frauen sind geradezu dankbar, wenn ihr Mann ihre Schwestern annimmt und nicht versucht, sie auseinanderzudividieren. Sie sind ja schon erzogen in der Erwartung, ihre eigenen Bedürfnisse zurückzustellen und die Bedürfnisse anderer zu erfüllen, und so etwas ›Unwichtiges‹ wie eine Schwester – da muß man damit rechnen, daß die Männer etwas dagegen haben, daß sie den Sinn nicht einsehen. Ulla hat die Erfahrung gemacht daß die jeweiligen Männer ihrer Schwesternbeziehung nicht gutgetan haben – sie stellt das fest, ohne die Schuld zu verteilen. Die Anpassung an den Partner bedeutet oft die Entfremdung der Schwestern, das wird hingenommen.

Ulla, jüngste von drei Schwestern, 34 Jahre:

»Im Zusammenhang mit den verschiedenen Männern, an die man sich innerlich gebunden hatte, kam es dann auch zu einer starken Entfremdung untereinander. Unheimlich stark. Und erst im Laufe der Jahre hat sich das wieder ein bißchen gegeben. Keine von uns hätte den Mann der anderen geheiratet, keine war begeistert von dem Partner, den die andere gesucht hat. Jede hat nur gesehen, wie sich die Schwester diesem jeweiligen Mann angepaßt hat, wie sie sich verändert hat.

Ich erinnere mich an eine Situation, als ich mit meinem damaligen Freund, mit dem ich zehn Jahre zusammen war, meine jüngste Schwester und ihren Mann besucht habe. Da sind wir uns den ganzen Tag aus dem Weg gegangen, und am Abend haben meine Schwester und ich nur noch geweint: um unsere verlorene Kinderliebe und Kinderfreundschaft, obwohl nichts weiter vorgefallen war. Die Männer sind in die nächste Kneipe gezogen und haben gesagt, damit haben wir nichts zu schaffen. Aber wir beide saßen da und heulten, tief unglücklich. Erst nach Jahren, als die Beziehung zu den Männern nicht mehr so stark war, man einiges objektiver sah, hat sich das wieder gegeben, und erst nachdem ich mich von meinem Freund getrennt hatte, wurde die Beziehung zu meinen Schwestern wieder besser.«

Und Hannah:

»Meine dritte Schwester und ich, wir sind uns von der Lebensart sehr ähnlich: Wir leben beide gut, wir schenken gerne – ich bin zwar weit träger als sie, aber wir haben viel Gemeinsames. Und heute sind wir durch ihre schreckliche englische Ehe getrennt. Ihr Mann ist so englisch, daß meine temperamentvolle, lebensbejahende und herzliche Schwester unheimlich viel Federn gelassen hat, dank unserer Erziehung, nach der man sich nie scheiden läßt. Die würde sich nie scheiden lassen, die geht lieber still vor die Hunde. Wir waren im vorigen Jahr einmal einen Tag lang allein am Strand, sie und ich. Und da hat sie plötzlich gesagt: ›Was müßt ihr alle mich doch für einen Miesling halten, daß ich mich so verändert habe! Und ich hab' gesagt: ›Hast du dich verändert?‹ Und sie: ›Du kannst es mir ruhig sagen!‹ ›Na ja‹, hab' ich gesagt, ›du weißt es ja selber.‹ Und dann haben wir nicht mehr darüber gesprochen. Sie hat sich eben völlig gegen ihre Natur ihrem Mann angepaßt – und sich selber vergewaltigt!«

Und obwohl die jüngste der vier Schwestern jetzt auch in England lebt, haben diese beiden Schwestern nicht viel voneinander: Hannah:

»Nein, sie haben kein sehr herzliches Verhältnis, die beiden, heute noch nicht. Der Streit aus den Kindertagen ist zwar verschwunden, aber sie finden nicht zueinander. Früher war die Jüngere die Stärkere dank ihrer Boshaftigkeit, und die dritte war die Herzlichere, und darum hat die Jüngste sie immer beneidet. Und das ist bis heute so geblieben.«

Sie konnten auch kein Schwesternverhältnis aus der Kinderzeit fortsetzen, schließlich hatte ja die Jüngste sehr bald bei dem reichen Onkel gelebt und war ›außen vor‹. Und bei dem ›ständig brüllenden Alptraum-Vater‹, wie Hannah ihn charakterisierte, konnte wohl nichts Verbindendes entstehen. Manche vorsichtigen Ansätze einer kindlichen Schwesternbeziehung kommen erst zur Blüte, wenn die Schwestern dem Einflußbereich der Eltern entwachsen. Aber damit etwas anfangen kann zu blühen, muß wenigstens irgendwann ein Keim gepflanzt worden sein – und den pflanzen wohl meist die Eltern durch ihr Verhalten zu den Töchtern.

Für die heute 40jährigen war es wie in der Bibel, als Jakob um Rahel diente, eine wichtige Frage, wer von den Schwestern als erste heiratete. 20jährige können das heute nur noch schwer verstehen. Die Mädchen von heute können sich, laut ›Brigitte‹-Untersuchung, zu 58 Prozent vorstellen, zunächst unverheiratet mit ihrem Freund zusammenzuleben, nur noch drei Prozent würden das nicht mehr tun, »weil die Eltern dagegen wären« – so haben sich die Moralvorstellungen verändert. 1960 war es für die gutbürgerlichen Mittelschichtsfamilien – aber nicht nur für sie – undenkbar, ohne Trauschein zusammenzuziehen. Da war die Hochzeit eine wichtige Stufe – vielleicht *die* wichtige Stufe im Leben zum Erwachsenwerden.

Paula, die Jüngste, sagt von ihrer zweiten Schwester:

»Sie hatte das Trauma, daß sie als letzte geheiratet hat. Die dritte findet einen Prachtmann, so einen Baum, dann heiratet auch noch die Jüngste, die Älteste hatte ja als erste geheiratet, dann ist es schwer, übrigzubleiben! Und sie wollte doch mit Gewalt! Siebenmal ist sie mit ihm zum Standesamt gegangen, und jedesmal hat sie es unverheiratet wieder verlassen. Jedesmal hat der Mann gesagt: ›Ich heirate dich nicht.‹ Und beim achten Mal hat er sie dann geheiratet! Und als sie das Standesamt verließen, hat er gesagt: ›So, jetzt hast du ja erreicht, was du wolltest, *ich* fahre jetzt in die Schweiz, du kannst gehen, wohin du willst, du wolltest ja doch nur mein Geld.‹ Und fuhr davon! Verheiratet sind die beiden heute noch, aber man darf nicht fragen, wie!«

So war das in der Bibel: Jakob verliebte sich in Rahel und diente sieben Jahre um sie, und am Morgen nach der Hochzeit entdeckt er, daß er mit Lea verheiratet worden ist, die ältere und häßlichere der beiden Schwestern. Als er daraufhin wütend seinen Bruder Laban, den Vater der beiden Töchter, anspricht, antwortet der: »an unserem Ort ist es nicht der Brauch, die Jüngere vor der Älteren wegzugeben!« Und so muß Jakob noch einmal sieben Jahre um Rahel dienen. Lange Zeit fühlte sich die Älteste gekränkt, wenn sie nicht als erste ›einen Mann fand‹ und sie sich als ›alte Jungfer‹ vorkommen mußte. Natürlich: Solange verheiratet zu sein das einzige Ziel der heranwachsenden Schwestern ist, muß das für die Ältere beschämend sein.

»Meine zweite Schwester«, sagt Ruth, die dritte, »wollte sich nicht der Tatsache aussetzen, daß ich schon verheiratet war und sie noch nicht. Deswegen ist sie nicht zu meiner Hochzeit gekommen. Das habe ich ihr sehr übelgenommen. Seit dieser Zeit ist sie nicht mehr meine Lieblingsschwester gewesen!«

Und Yvonne, die jüngste von drei Schwestern:

»Als meine zweite Schwester nun endlich nach vielen Ver- und Entlobungen geheiratet hat, haben meine Eltern uns verboten, zur Hochzeit zu gehen, weil ihnen der Mann nicht paßte. Und meine älteste Schwester hat sich danach gerichtet, obwohl sie selber schon verheiratet war! Das habe ich ihr sehr übelgenommen, denn es hätte der zweiten gut getan, da nicht so alleine zu sein. Ich war damals erst 17 und wäre sofort zu Hause rausgeflogen, aber *sie* hätte doch sagen können: ›Es tut mir leid, es ist meine Schwester!‹ Aber so ist die Große eben!«

Und was sich mit der Hochzeit anbahnt, setzt sich fort: Die Schwestern entfernen sich und bauen sich ihr eigenes Leben auf.

Paula:

»Durch ihre Heirat haben wir uns dann zehn Jahre nicht gesehen, obwohl sie immer meine Lieblingsschwester war, die dritte. Sie hat dann auch woanders gewohnt, wir haben nur telefoniert. Sie hat auch vieles in ihrer Ehe gemacht, was ich nicht begreife, was mir total fremd ist. Auch mit ihren Kindern. Und trotzdem, neulich habe ich sie wieder mal besucht, und wir haben einen Einkaufsbummel gemacht, und alles war wie früher. Für diesen wunderschönen Tag könnte ich ein paar Wochen meines Lebens geben. Ich glaube, das hat sie auch so empfunden. Da brauchte man nur anzutippen: ›Wie findest du…? Hast du… gelesen?‹ Und sofort: ›Ja, natürlich!‹ – Es ist nur zugeschüttet, aber das kann man schnell wieder rauskratzen!«

Trotz allem geben die Schwestern und ihre Beziehungen auch ein Vorbild oder Muster ab, wie man sich selber einrichtet: genauso oder eben ganz anders.

Hannah:

»Ich hab' erst mit 33 Jahren geheiratet, aber ich hatte nie Torschlußpanik. Ich hab' von meinen beiden Schwestern, die viel früher geheiratet haben, viel profitiert. Bei meiner ältesten Schwester habe ich die ganzen Ehekräche mitgekriegt und wie sie von ihren Freunden Briefe bekam – die wurden dann immer mir zugeschickt, damit ihr Mann nichts merkte. Aber dadurch wurde ich mit Sachen konfrontiert, die nicht so schön sind – mit 16. Und die andere Schwester hat ihren Mann angehimmelt, zehn Jahre lang –

und dann erst gemerkt, was für ein Typ das war. Das wollte ich auch nicht.«

Die Lebensmuster, die sich die Frauen zurechtstricken, können, ebenso wie die Freunde, die sie ins Haus bringen, Schwestern sehr weit voneinander entfernen.

Johanna hält ihre unterschiedlichen Lebensformen und das, was jede mit ihrem Leben angefangen hat, für einen wichtigen Faktor der Entfremdung zwischen ihr und ihrer einst so geliebten ältesten Schwester:

»Ich hab' ein völlig anderes Leben geführt als sie. Sie hat mit 20 ein Kind bekommen und mußte heiraten, und das war eine sehr unglückliche Beziehung, die sehr schnell auseinanderging. Und die nächste Ehe, in der sie zwei Kinder bekam, ist eigentlich auch sehr unglücklich gewesen. Und ich habe aus den Erfahrungen meiner Schwester gelernt: Bloß nicht so früh heiraten, bloß nicht so früh Kinder in die Welt setzen! Ich hab' mich gezwungen, erst zu studieren, erst selbständig zu werden und dann mit dem Ganzen anzufangen. Dabei kenne ich meinen jetzigen Mann, seit ich 16 bin! Aber ich hab' mein Leben ein Stück weit geplant und bin damit glücklicher geworden, was sie sehr wurmt. Vielleicht habe ich auch ein Stück mehr Stabilität von zu Hause mitbekommen, durch die Nesthäkchen-Situation. – Ich glaube, daß es für sie sehr schmerzlich ist zu sehen, wie ich im Moment lebe, daß sie meine schwachen Seiten und Probleme nicht sieht. Sie sieht nur: Ich habe studiert, ich habe meinen Beruf, in dem ich weiterkomme, ich habe einen Mann, ich habe drei Kinder, ein Haus, eine Familie – mein Leben sieht perfekter aus, voller Harmonie, befriedigender, als ihr ihr eigenes Leben vorkommt. Sie ist im Moment in einer sehr schweren Phase: Ihre Kinder sind groß, sie hat keinen stabilen Partner – ich glaube, das schmerzt sie alles.«

Aber Johanna sieht auch, daß ihre verschiedenen Lebensformen nicht der *Grund* dafür sind, daß sie im Moment keinen Kontakt miteinander haben, sondern nur ein zusätzlicher Faktor.

Genauso, wie sich Schwestern trennen aufgrund unterschiedlicher Lebensweisen und -auffassungen, unterstützen sie sich auch, wenn es irgend möglich ist.

Yvonne sagt:

>Als meine große Schwester dann schließlich 40 war und die Kinder groß, haben wir oft darüber gesprochen, was sie nun tut. Ob sie ihren Mann verläßt und in eine Dachkammer zieht, um sich endlich selbst zu finden, oder was anderes anfängt. Ich habe ihr von solchen Plänen sehr abgeraten, denn sie hätte nicht mehr genug Kraft gehabt. Das wäre falsch gewesen. Und so ist sie heute noch mit ihrem Mann zusammen. Sie hat sich dann sozial engagiert, betreut Heimkinder und ist sehr aktiv. Das ist ein guter Weg für sie, und ich bin froh, daß sie damals so auf mich gehört hat!<

Schwestern, erwachsen, erleben sich als Freundinnen in Verbundenheit oder als Frauen in Distanz, je nachdem, welches Muster sie in der Kindheit begonnen haben und wie stark und eindeutig oder wie schwach und veränderbar es ist. Sie heiraten, bekommen selber wieder Kinder und wiederholen, bewußt oder unbewußt, ihre Kindheitserfahrungen. Hat es für die frauengewohnten Schwestern eine Bedeutung, ob ihr Kind ein Junge oder ein Mädchen ist? Hätten sie lieber Töchter – als das Vertraute, oder Söhne – als das ganz andere, Unbekannte?

Johanna:

>Mein erstes Kind war ein Mädchen – klar: Kinder, das waren für mich eben Mädchen. Und als dann mein Sohn geboren wurde – das war ein völlig irres Gefühl: Ich kann einen Sohn machen! Das war für mich sehr wichtig, daß es ein Sohn war. Es war eigentlich unfaßbar für mich. Ich hab' immer guten Kontakt zu Männern gehabt, aber die waren doch irgendwie weit weg für mich, und nun hatte ich einen *geboren*, er war in mir gewachsen, er war ein Teil von mir! Und das geht mir bis heute so, wenn ich ihn ansehe. Dieses Gefühl: Er ist ein Teil von mir *und* ein Junge. Dann hab' ich auch ein Gefühl dafür, was mein Vater vermißt hat – und ich kann ihn verstehen. Ich merke, daß ich zu meiner Tochter ein ganz anderes Verhältnis habe als zu meinem Sohn. Sie ist mir auf eine Weise näher, schwierig näher und schön näher und – vertrauter. Meinen Sohn empfinde ich mehr als Gegenüber.<

Eine ganz ähnliche Erfahrung hat Isa gemacht:

»Einerseits finde ich es gut, daß ich Söhne *und* Töchter habe, weil ich es zwar als schön empfunden habe, Schwestern zu haben, aber eben auch einseitig. Heute denke ich, ein oder zwei Brüder wären besser gewesen – damals wollte ich nie einen haben. Aber wenn ich heute die Wahl hätte, *nur* Söhne zu haben oder *nur* Töchter, würde ich immer die Töchter wählen. Mit denen kenne ich mich aus, da weiß ich, was los ist. Jungen werden mir immer fremd bleiben. Auch meine Söhne: Ich finde sie toll, ich bewundere sie, ich stehe heute noch irgendwie staunend vor ihnen, daß das *meine* Söhne sein sollen! Aber sie sind mir trotz allem fremd. Töchter – das ist Fleisch von meinem Fleisch, vertraut, fast so wie ich. Trotzdem habe ich mit meinen Töchtern viel mehr Probleme – als mit meinen Söhnen – oder vielleicht deshalb?«

Paula:

»Eigentlich wollte ich lieber Töchter, ich hab' mir so schrecklich eine Tochter gewünscht. Mein Mann, als Südländer, wollte natürlich lieber Söhne. Nun habe ich zwei. Mehr Kinder will mein Mann nicht. Na ja, jetzt finde ich zwei Söhne auch ganz gut, aber mit Mädchen denke ich es mir doch schöner. Die verstehen einen mehr, es ist gemütlicher, weiblicher. Mit meinen drei Männern komme ich mir doch auch oft allein vor.«

Manja:

»Früher habe ich mir immer Jungen gewünscht, keine Mädchen. Ich wollte das nicht wiederholen, ich hatte Angst, daß alles wieder so wird wie bei uns früher. Aber jetzt sind meine Söhne 14 und 15, jetzt hätte ich doch sehr gerne eine Tochter. Eine heranwachsende Tochter, mit der ich mich austauschen könnte. Das stelle ich mir so schön vor – aber jetzt bin ich zu alt.«

Karla:

»Mein Sohn wird für mich immer etwas Besonderes bleiben, weil er ein Junge ist. Auf ihn nehme ich viel mehr Rücksicht, und die Mädchen merken das natürlich, aber ich kann mich nicht ganz frei machen davon. Mädchen ist was Selbstverständliches, Jungen sind etwas Besonderes.«

Mathilde, zweite von fünf Mädchen:

>Ich komme mit Jungen einfach nicht so klar. Von meiner
Warte aus sind Mädchen einfach günstiger. Deswegen bin
ich froh, daß ich wieder drei Mädchen habe. Und die sind
heute alle verheiratet und haben wieder nur Mädchen. Ich
finde das schön. Mir hat ein Bruder nie gefehlt.<

Wie auch immer die Frauen ihre Schwesternbeziehungen
geschildert haben, in ihren eigenen Kinderwünschen kommt
die Summe ihrer Erfahrungen zum Vorschein: Haben sie es
nie als Nachteil empfunden, als Defizit, *nur* Schwestern zu
haben, wie Mathilde, dann ist es für sie selbstverständlich
und schön, wieder Mädchen zu bekommen. Mathilde ist mit
ihren vier Schwestern auf dem Dorf großgeworden, aber sie
kann sich nicht erinnern, jemals gehänselt worden zu sein –
sie haben gearbeitet wie die Jungen, sie fühlten sich von den
Eltern geliebt – egal, ob Junge ob Mädchen. Aber wenn die
jetzt erwachsenen Frauen immer das Gefühl gehabt haben,
daß sie eigentlich ein Fehler sind, daß sie eigentlich ein Sohn
hätten werden sollen, daß sie sich eigentlich hätten entschuldigen müssen, als Mädchen geboren zu sein, dann brauchen
sie den Sohn wieder zur Bestätigung des eigenen Minder-
wertigkeitsgefühls – und damit ist der Kreislauf geschlossen.
Durch gute Schwesternerfahrungen entwickeln die Frauen
zu ihren Töchtern ein selbstverständliches, vertrautes Verhältnis – ob das die Töchter auch so sehen, ist eine andere
Frage.

Isa:

>Als meine älteste Tochter erwachsen wurde und sich von
mir lösen mußte, hat sie sich eine ganze Zeitlang sehr an
meiner nächstälteren Schwester orientiert, sie hat deren
Kinder gehütet, zeitweise bei ihnen gewohnt und ihr all die
Dinge erzählt, die sie mir nicht erzählen wollte. Ich fühlte
mich dadurch nicht abgeschoben oder zurückgesetzt oder
ängstlich in bezug auf den Einfluß, den jetzt andere auf sie
hatten. Ich wußte genau, meine Schwester würde mit ihr
umgehen, wie ich es getan hätte, nur mit dem wichtigen
Unterschied, daß *sie* eben nicht ihre Mutter war. Und bei
meiner nächsten Tochter ist es ganz genauso. Wir haben im

Augenblick große Probleme miteinander, und sie würde sich lieber die Zunge abbeißen, als mir irgendwas anzuvertrauen – aber sie geht zu meiner Schwester und redet mit ihr. Und ich weiß sie da gut aufgehoben.«

In wechselnden Lebensabschnitten und wechselnden Phasen können andere Personen wichtiger werden – Schwestern bleiben als Schwestern immer irgendwie verfügbar. Sie sind prinzipielle Freundinnen, auch wenn sich zeitweise andere Personen und Umstände dazwischenschieben. Spätestens wenn die Frauen wieder alleine sind, die Kinder verheiratet, der Mann gestorben, spätestens *dann* besinnen sie sich wieder auf die Schwestern. Aber auch nur, wenn sie auf etwas zurückgreifen können, was zumindest im Ansatz schon in der Kindheit da war.

Mathilde, die zweite der fünf Mädchen, ist heute über 75. Sie sagt:

»Mit meiner nächstjüngeren Schwester habe ich in den letzten Jahren ein immer innigeres Verhältnis bekommen, weil wir jetzt wieder mehr freie Zeit für uns haben. Seit zehn Jahren fahren wir gemeinsam in Urlaub, und seit vier Jahren kommt auch meine älteste Schwester mit. Wir drei können uns das leisten, weil unsere Männer nicht mehr da sind. Und wir stehen alle fünf immer in Verbindung, immer. Im Krieg bin ich sogar einmal schwarz über die Grenze gegangen, weil ich sie sehen mußte. Und es würde nie vorkommen, daß ich in ihre Gegend fahre und sie nicht besuche. Bei jedem Familienfest hängen wir immer noch einen Tag dran, nur für uns fünf. Aber zusammenziehen – das geht nicht. Die eine hat ihre Kinder dort, ich hab' meine hier – wer sollte da zu wem gehen?«

Bis zuletzt wird die Beziehung der Schwestern untereinander von anderen Faktoren bestimmt, die im Leben der Frauen wichtig sind. Die Schwesternbeziehung ist, so scheint es, normalerweise die Beziehung, die immer erst dann aktiviert wird, wenn alle anderen Personen zufriedengestellt sind, wenn die Umstände es erlauben oder in wirklichen Notsituationen. Eine Beziehung, der man sich nicht ständig vergewissern muß, die aber selbstverständlich da ist, auf die man zurückgreifen kann, wenn ›Not an der Frau‹ ist.

Kapitel 5

»Dies herrliche ›Hach-Wir-Gefühl‹«: Schwesternbeziehungen und solidarische Frauenbeziehungen

Noch einmal soll von einem Märchen die Rede sein, von einer armen Witwe, die in einem Häuschen am Waldesrand wohnte und zwei Kinder hatte: Das eine hieß Schneeweißchen und das andere Rosenrot. »Die beiden Kinder hatten einander so lieb, daß sie sich immer an den Händen faßten, sooft sie zusammen ausgingen, und wenn Schneeweißchen sagte: Wir wollen uns nicht verlassen! dann sagte Rosenrot: Solange wir leben nicht! Und die Mutter setzte hinzu: Was das eine hat, soll's mit dem anderen teilen.« Schneeweißchen und Rosenrot als Sinnbild schwesterlicher Eintracht, trotz ausgewiesener Verschiedenheit: Schneeweißchen, still und sanft, half der Mutter bei der Hausarbeit – Rosenrot sprang im Wald umher und pflückte Blumen. Die beiden Schwestern, die da so friedlich und einträchtig mit ihrer Mutter im Wald zusammenleben – und vielleicht spielt es für ihre Friedlichkeit durchaus eine Rolle, daß kein Vater da ist –, helfen dreimal einem garstigen Zwerg aus großer Not und freunden sich mit einem großen Bären an, der ihr Hausgenosse wird. Zum guten Ende hin wird der Bär, der natürlich ein verwunschener Königssohn ist, durch die Mädchen erlöst, heiratet Schneeweißchen, und Rosenrot bekommt seinen Bruder zum Mann. Und so leben sie, zusammen mit ihrer Mutter, auf dem Königsschloß bis an ihr seliges Ende.

Märchen, in denen von guten Schwesternbeziehungen die Rede ist, sind schwer zu finden. Die Vorstellung, daß Frauen zu wirklichen Freundschaften nicht fähig sind, hat sich lange gehalten und ist erst allmählich im Verschwinden, Freundschaft, das war etwas für Männer, das hatte mit Kameradschaft zu tun, mit Kernigkeit, mit Männlichkeit. Frauen – so haben es uns zum Teil auch noch unsere Mütter vermittelt –,

Frauen sind nur so lange befreundet, bis der erste Mann auftaucht. Solidarität, das heißt ein Gefühl, das »die gesinnungsmäßige Übereinstimmung erkennen läßt«[56] ist für Frauen in ihrer Gesamtheit sicher ein neues Gefühl – schließlich wurden sie Jahrhunderte *für den Mann* erzogen, vielleicht noch für eine Gemeinschaft der Frauen innerhalb des häuslichen und familiären Bereichs, sicher aber nicht für solidarisches Verhalten außerhalb der Familie, in der Gesellschaft.[57] Aber Veränderungen – das weiß inzwischen jede Frau – lassen sich in unserer Gesellschaft nur in Gang bringen, wenn sich einzelne zu Gruppen zusammenschließen, wenn sie versuchen, gemeinsam etwas zu erreichen. Und wer wollte bestreiten, daß an unseren augenblicklichen Lebensbedingungen etwas verändert werden muß! Man kann über das Was und Wie der Veränderungen geteilter Meinung sein, aber eines scheint mir sicher: daß Frauen eine spezifische Kraft und ein Potential haben, das man der gesamten Gesellschaft zugute kommen lassen sollte: Einige Frauen wissen das, viele Frauen ahnen das, aber immer noch viel zu wenige haben das Gemeinschaftsgefühl und das Rüstzeug, das, was sie empfinden, auch in die Tat umzusetzen. Sind Schwesternbeziehungen eine gute Voraussetzung dafür? Lernt man durch den Umgang mit Schwestern, welche positive Kraft im Umgang mit Frauen liegt?

Zunächst lernen Schwestern, solange sie als Töchter in der elterlichen Familie leben, eher eines: lieb zueinander zu sein, sich zu vertragen, sich nicht zu streiten.

Cornelia:

> »Wenn wir uns stritten, wir vier, dann rastete meine Mutter völlig aus. Streit mußte um jeden Preis vermieden werden. Streit gab's nicht. Meine Mutter fing an zu schreien, knallte mit den Türen und signalisierte uns: Nun belastet mich nicht noch mit eurem ewigen Gezanke! Ich weiß nicht, ob wir uns als Kinder mehr gestritten haben als andere, jedenfalls lernten wir, das zu unterdrücken, denn die Reaktionen der Mutter wollten wir um jeden Preis vermeiden. Hauen gab's nie. Haare ziehen, wenn's hoch kommt, aber auch nur ganz schnell und heimlich! Aber wir konnten dadurch auch keine richtigen Kampftechniken entwickeln, weil es Streit eben nicht geben durfte.«

Und Saskia, die jüngste von vier Schwestern:

»Eine meiner stärksten Erinnerungen an meine älteste Schwester war, als ich sie geohrfeigt habe! Da war ich schon 20, und es war meine erste vitale Lebensäußerung im Haus meiner Eltern! Ich weiß gar nicht mehr, worum es eigentlich ging, jedenfalls hatten wir uns gezankt, und ich haute ihr eine herunter. Die erste Ohrfeige meines Lebens an ein Familienmitglied! Und mein Vater bekam das irgendwie mit und wollte mich stehenden Fußes aus dem Haus werfen! *In meinem Haus wird nicht geschlagen!* Also, heute würde ich sagen: Behalt deinen Scheiß, ich geh' tatsächlich! Aber damals war das Drama groß! Meine älteste Schwester nahm mich sofort in Schutz, das Mißverhältnis von Tat und Strafe deutlich sehend. Sie ergriff sofort Partei für mich, und wir lagen uns heulend in den Armen, und die Sache war bereinigt!«

Eltern können die Auseinandersetzungen ihrer Kinder nicht aushalten. Harmonie geht ihnen über alles. »Meiner Mutter war immer am wichtigsten, alles auszugleichen. Nur keinen Ärger, nur keinen Krach und Vater zufrieden. Das war wichtig«, sagt Marion. Konflikte sind aber notwendig, wenn etwas vorwärtsgebracht und verändert werden soll. Und vor allem, wenn jahrhundertealte Strukturen aufgebrochen, wenn gewachsene Wertehierarchien umgeordnet und selbstverständliche Privilegien abgebaut werden sollen. Wie soll frau das erreichen, wenn sie nur immer mit allen in Frieden leben will?

»Wir alle«, sagt Jean Baker Miller, »aber Frauen besonders, haben Konflikt als etwas Schreckliches und Böses betrachten gelernt. Dies... hat die Tatsache verschleiert, daß Konflikt nötig und – viel entscheidender, daß er, in seinem ganz grundlegenden Sinn, Lebensnotwendigkeit ist, weil hier die Ursprünge allen Wachsens liegen.«[58] Dadurch, daß wir gelernt haben, Konflikt als etwas prinzipiell Schlimmes zu betrachten, haben wir auch keine konstruktiven Formen von Konflikt gelernt. Die Schwestern, die sich bestenfalls mal heimlich an den Haaren ziehen, können in der offenen Auseinandersetzung ihre Stärken und Schwächen nicht erfahren. Sie lernen nichts über ihre Reaktionen und nichts über faire Verfahren, Interessen deutlich zu machen oder gar durchzusetzen. Das ist ›unweiblich‹, das wird vermieden. Und so, wie die Mutter Streit unter den Schwestern nicht ertragen kann, so kann sie es auch nicht ertragen, ihre Töchter als Gruppe von Frauen stark und solidarisch zu sehen – zu sehr fürchtet sie die dadurch entstehende vermeintliche Isolierung ihrer Person.

Anja erinnert sich voller Trauer, wie ihre Mutter das Entstehen von Solidarität unter den Schwestern zu verhindern suchte:

»Meiner Mutter war es immer wichtiger, zu den einzelnen Kontakt zu haben, als unseren Kontakt untereinander zu fördern. Sie nahm ›einen so beiseite‹. Trotzdem gibt es sicher ein Zusammengehörigkeitsgefühl unter uns Schwestern, aber das ist mehr so ein sentimentales Gefühl von ›Familie‹.

Für andere waren wir immer der Prototyp der harmonischen Familie, mit den musikalischen Mädchen, wo Mutter Alt sang und Vater Baß und wir wirklich sehr schöne vierstimmige Sätze gesungen haben. Für uns aber hieß das im Grunde, daß wir nicht unglücklich sein *durften*, denn es war doch alles so toll!

Ein einziges Mal habe ich in einer Anwandlung von Stolz und Glück meiner Schwester mal was von einem Freund erzählt, und sie hat es sofort meiner Mutter weitererzählt! Es gab eben keine Solidarität zwischen uns. Und es gab so wenig Freiraum. Das heißt, es gab keine Möglichkeiten, daß wir vier zusammen mal etwas hätten machen können.

Um dem Vater zu gefallen, mußte man selbständig sein, klug, stark, unabhängig, gerecht. Und es gab keine Zärtlichkeit. Obwohl es einen Spruch gab: Wir sind bei Kochs es wird geküßt! Es wurde sich umarmt bei der Begrüßung, mit Küßchen hier und Küßchen da. Aber es gab keine wirkliche Zärtlichkeit. Es gab Gerechtigkeit. Es gab die Verpflichtung zur Ehrlichkeit – bei 'ner Lüge ertappt zu werden war das absolut Schlimmste –, aber Zärtlichkeit, in dem Sinne: gemocht zu werden, wie man war, das habe ich nie wahrgenommen. Es war wohl auch einfach enttäuschend, daß wir alle Mädchen waren. Meine Mutter ist nur mit Brüdern aufgewachsen und mein Vater mit aller preußischen Härte erzogen worden, woher sollten sie's denn auch haben!

Zum Beispiel hat in unserer Familie nie mal jemand gesagt: ›Du bist schön!‹ Oder: ›Du gefällst mir!‹ Und wir haben alle vier ständig um die Liebe unseres Vaters konkurriert, obwohl – alle vier ohne Chance. Sicher hat mein Vater uns alle geliebt, in einer sentimentalen Weise, aber eine Beziehung hatte er zu keiner, bis heute nicht. Und so haben wir alle gegeneinander gekämpft. Um diesen Platz an seiner Seite. Und sind zu Konkurrentinnen geworden, zu einsamen Konkurrentinnen. Heute kommt mir das alles so pervers vor, so kaputt. Es gab keine Verbindung zwischen Mutter und Töchtern. Im Grunde habe ich diese ganze Weiberplage immer als bedrohlich erlebt. Und wir haben immer wieder vermittelt bekommen: So, wie ihr seid, seid ihr nicht o.k.

Und ein Ergebnis dieser Erziehung, mit dem ich ungeheuer zu kämpfen habe, ist dieses: ›Sag mir, wie du mich haben willst, dann mach' ich das – ich schaff' das schon!‹ Und daß ich nie gelernt habe zu sagen: ›Ich bin so und so – und ich kann dir begegnen!‹ Ich hab' immer das Gefühl, ich muß erst mal zeigen, was ich kann, bevor mich einer akzeptiert. Erst wenn ich so oder so bin, werde ich geliebt. So dieses Gefühl: Jemand anders weiß, was für mich gut ist. Erst der Vater, dann der Mann. Und ich denke mir heute, daß so gar keine wirkliche Beziehung zustande kommen kann. Dabei ist es immer wieder so ein verlockendes Gefühl, in diese Haltung zurückzufallen. Denn die Männer sind ja auch für solche Frauen erzogen worden, für die ist man dann ja die ideale Partnerin! Das ist das spezifisch Weibliche in unserer Gesellschaft zu fragen: ›Wer weiß, was gut ist für mich?‹ Und nicht zu fragen: ›Was will ich?‹

»Inzwischen«, sagt Johanna, »gibt es Frauen, bei denen ich ein tiefes Gefühl von Gleichheit empfinde, aber näher und spontaner ist immer noch dieses Konkurrenzgefühl, das Gefühl: Jetzt muß ich toll sein, muß was bringen, muß zeigen, wer ich bin!« Trotzdem hat sich ihre Beziehung zu Frauen insgesamt sehr verbessert. »Dieses herrliche ›Hach-Wir-Gefühl‹ kenne ich nur mit anderen Frauen – nicht mit meinen Schwestern. Bis heute macht es mich traurig, daß ich so was wie Solidarität oder Zusammengehörigkeitsgefühl zwischen meinen Schwestern nie erlebt habe.«

Ganz vorsichtig versucht Beate, die jetzt allein in einer Großstadt lebt und deren Kindheit eine Kette von Schlägen und Beleidigungen war, jetzt zu ihren beiden jüngeren

Schwestern eine Beziehung aufzubauen. Die Erinnerung an die Kindertage, wo die beiden ständig vorgezogen wurden und sie immer der Sündenbock war, ist zwar noch lebendig; aber Beate sieht auch, daß ihre Schwestern im Grunde nicht nur nichts dafür konnten, sondern daß sie unter dem Verhalten der Mutter fast genauso gelitten haben wie sie.

»Jetzt allmählich mag ich meine Schwestern. Sie tun mir leid. Wenn mich die Kleine hier besucht, läuft sie mir hinterher wie ein Hündchen. Das letzte Mal haben wir uns drei Stunden unterhalten, und da war da so etwas wie Nähe. Sie sehen jetzt in mir schon die große Schwester. Ich vermittle ihnen eine ganz andere Lebensperspektive als die, die sie von zu Hause kennen. Ich verkörpere jetzt für sie Freiheit und Aufgeschlossenheit. Meine kleinste Schwester lebt ja noch zu Hause, und die zweite ist zwar ausgezogen, aber wohnt ganz in der Nähe. Ich glaube, jetzt möchten sie auch so sein wie ich. Ich vermittle ihnen so etwas wie Entschlossenheit und Stärke. Aber wenn ich so an unsere Kindheit denke: Wenn wir uns zankten – und wir zankten uns viel, weil ich ja so wahnsinnig eifersüchtig war auf die beiden Kleinen, die immer und immer vorgezogen wurden –, dann schickte meine Mutter zuerst den Vater zu uns, aber der tat nicht viel. Und dann kam sie selber mit dem Stock und jagte uns um den Kindertisch. Halb im Scherz natürlich, aber eben auch halb im Ernst und wir mit Tränen in den Augen, weil wir wußten, es war ein verlorenes Spiel. Und irgendwann haben wir es dann gekriegt mit dem Stock! Das heißt, meine kleinen Schwestern haben keine Prügel gekriegt, weil ich ja immer schuld war, und mein Bruder war schneller, der hat meine Mutter ausgetrickst. Trotzdem komme ich heute ganz gut mit Frauen zurecht, aber ich brauche herzliche Frauen. Sie dürfen mir nicht weglaufen, dann krieg' ich Angst. Aber auch Schuldgefühle, weil ich meine Gefühle nicht rauslassen kann und Angst habe, daß sie mich berühren – und das geht mir auch heute noch bei meinen Schwestern so.«

Die Mutter als Verhinderin von Schwesternbeziehungen, aber auch als Beförderin:

Isa:

»Im Grunde sind meine Schwestern für mich prinzipielle

Verbündete. Daran hat sicher meine Mutter einen großen Anteil, denn sie hat uns immer vermittelt, daß ihr unsere Beziehungen untereinander am wichtigsten sind. Daß sich die Schwestern verstehen, war eines ihrer Haupterziehungsziele. Dafür hat sie sich sogar selber zurückgenommen. Und heute noch: Wenn eine von uns die andere besucht, ist ihr das immer wichtiger, als wenn wir zu *ihr* kommen – obwohl ihr das natürlich unendlich schwerfällt, weil sie zu den Müttern gehört, für die die Kinder der einzige Lebensinhalt waren.«

Und Vera:

»Meine Mutter hat immer drauf geachtet, daß wir Geschwister uns verstehen, ganz bewußt. Und sie hat sich so verhalten, daß ihr das auch gelungen ist. Sie hat uns immer gegenseitig in Schutz genommen. Sie hat uns nie gegeneinander ausgespielt – was sie jetzt bei uns Erwachsenen manchmal versucht. Aber jetzt kann es keinen Schaden mehr anrichten. Und das finde ich enorm, daß wir Schwestern nicht mehr gegeneinander auszuspielen sind. Das Fundament dazu hat sie in der Kindheit gelegt.«

Mütter können die Schwesternbeziehung sehr stark beeinflussen, aber wenn sie die Mädchen sich selbst überlassen und ihnen zutrauen, ihre Beziehungen zu ordnen und zu strukturieren, dürfte das die beste Voraussetzung für eine gute Schwesternbeziehung sein. Nina und Nele, die beiden Schwestern, die sich ein Leben ohne die andere eigentlich nicht vorstellen können, haben weit zurückreichende Erinnerungen an die andere:

»Es gab eine Zeit«, sagt Nele, »da war ich so sieben oder acht, da hatte ich massive Schlafstörungen, und zwar jedesmal, wenn meine Großmutter da war – und die war viel da, und jedesmal zog sie Nina ungeheuer vor. Und Nina hatte alle Hände voll zu tun, um ihr klarzumachen, daß sie das nicht wollte. Jedenfalls bekam ich nachts immer so ›Bauchkitzeln‹, wie wir das nannten. Mir wurde dann heiß, und ich mußte mich unbedingt bewegen. Zweimal hat meine Großmutter nachts mich auf dem Flur erwischt und verdroschen, und da bin ich halt zu Nina ins Bett. Wir hatten immer ein gemeinsames Zimmer. Und da hab' ich dann Nacht für Nacht bei ihr im Bett geschlafen, und sie hat mich gestreichelt und in den Arm genommen. So was trägt!« Und sie erinnert sich auch noch genau an die ›Geburtsstunde‹ ihrer Solidarität: »Das war so: Meine Eltern waren irgendwo eingeladen, nachmittags, und meine Schwester und ich hatten uns irgendwie in der Wolle – was eigentlich recht selten vorkam –, wir haben uns gestritten und geschlagen, und plötzlich – mitten im Schlag – sagte meine Schwester plötzlich: ›Halt – das ist Quatsch, was wir da machen, wir sind sicher nur unheimlich genervt, weil wir mit Mama und Papa Ärger haben!‹ Und ich hab' überlegt und fand das genau richtig, und dann haben wir in unserem riesigen Wohnzimmer sämtliche Sachen umgeschmissen, Stühle und Tische, die Bilder von der Wand, die Blumentöpfe von der Fensterbank und das totale Chaos gemacht, zusammen, und wir fühlten uns so toll, das war so Spitze, ein Wahnsinnsgefühl, also das höchste Gefühl an Solidarität, was es überhaupt gibt, hab' ich da mit ihr gespürt! Und dann sind wir rausgegangen, wir wohnten damals auf dem Dorf, und haben uns draußen an die Hauswand gestellt und so laut geschrien, wie wir konnten, so richtig mit dem ganzen Körper dabei, einfach rausgeschrien – und dann, ich war immer die ängstlichere von uns beiden, hab' ich auf die Uhr geguckt und gesagt: ›Mein Gott, in 'ner halben Stunde kommen die Eltern!‹ Und wir rein, alles aufgeräumt, total alles in Ordnung gebracht, also zwei Blumentöpfe waren zu Bruch gegangen, und dann hatten wir auch noch geraucht, was natürlich streng verboten war, dann haben wir das Fenster aufgerissen, und dann kamen meine Eltern, und sie haben tatsächlich nichts gemerkt, haben sich zwar gewundert, warum die Blumentöpfe kaputt waren, und dafür hatten wir dann irgend 'ne Entschuldigung, und meine Eltern wissen heute noch nicht, was damals passiert ist. Und seit diesem Tag ist unser Solidaritätsgefühl noch viel stärker gewesen. Und obwohl ich zu meiner Mutter ein sehr gutes Verhältnis habe, *das* habe ich ihr nie erzählt, denn das war irgendwie *unser* Ding!

Von uns beiden war ich immer die Vernünftigere. Wir haben immer alles zusammen gemacht, und das hat mich natürlich ungeheuer aufgewertet, weil ich ja die Jüngere war. Wenn wir in die Disco gingen, dann mußte *ich* dafür sorgen, daß Nina nach Hause kam – und das war schwer. Nina war so unabhängig – die hat einfach getan, was sie wollte, und ich hab' das sehr bewundert. Also: Wenn wir um zehn zu Hause sein sollten und ich sagte: ›Los komm, es ist zehn‹, dann sagte sie: ›Ich bleib' noch!‹ Und dann mußte ich ja auch bleiben, denn ich konnte sie ja nicht alleinlassen. Und dann hatte ich immer furchtbare Angst, denn wenn wir nach Hause kamen, wurden wir beide verdroschen. Trotzdem: Nina gibt mir unheimlich viel Kraft und Stärke. Wenn ich mich schlecht fühle, ist das einzige, was ich tun kann: zu Nina fahren. Sie sagt immer: ›Scheiß auf die ganze Gesellschaft! Scheiß auf Geld, auf dies und das – ich brauch's nicht, also brauchst du's auch nicht!‹ Ich häng' viel mehr drin, in allem, was mit Gesellschaft zu tun hat, viel mehr in allen Konventionen drin, und Nina ist davon absolut unabhängig – das bewundere ich ungeheuer! Da ist sie total stark.« Und sie resümiert:

»Meine Schwester ist eigentlich der einzige Mensch, den ich wirklich aus tiefstem Herzen liebe. Und unsere Freunde müssen das akzeptieren. Aber sie mag meine Freunde, einfach weil *ich* sie mag. Das ist genug für sie, da gab's nie Probleme. Mir würde es viel mehr ausmachen, wenn es Nina schlechtginge, als wenn es meiner Mutter schlechtginge. Nina ist der wichtigste Pol, den ich habe. Und für sie bin ich wohl wirklich ihre beste Vertraute, weil wir uns so gut kennen. Ich kann mich auch besser gegen Männer durchsetzen. Ich bin auch praktischer als sie. Ich kenn' mich besser aus. Aber wir brauchen uns beide.«

Und Nina sagt dazu:

»Nele ist mir der wichtigste Mensch in meinem Leben. Da gibt es keine Grenzen oder Einschränkungen. Sie würde mich immer unterstützen, egal, welchen Scheiß ich mache. Da bin ich absolut sicher. Aber im Moment unterstützt sie mich mehr als ich sie. Weil ich im Moment mehr Schwierigkeiten habe – aber ich hab' nicht mal das Gefühl, daß ich da zuviel verlange. Zum Beispiel, letztes Wochenende, da wollte sie kommen und sagte dann ab, weil sie mitten im Examen steckt. Und wie sie mir das sagte, am Telefon, war ich so verzweifelt, daß ich den Hörer auf die Gabel geschmissen hab' und den ganzen Vormittag geheult hab'. Weil ich mich echt wochenlang auf diesen Tag gefreut hatte. Ich brauch' sie jetzt einfach, und ich hab sie so lieb!«

Nele:

»Und letztes Wochenende – da wollte ich eigentlich zu ihr fahren, aber dann hatte ich so viel zu tun, und als ich ihr das sagte, hat sie den Hörer aufgeknallt. Ich hab' den ganzen Tag so gelitten, so total. Daß sie das nicht versteht, das war schrecklich. Und nachmittags kam dann ein Freund und sagte: ›Mensch, was machst du denn, die Nina heult den ganzen Tag. Und ist total aufgelöst.‹ Dann hab' ich sie angerufen und gesagt: ›Na, du Ratte!‹ Und sie: ›Na, du Schwein.‹ Und dann hab' ich gesagt: ›Morgen um sieben fahren wir los!‹ Und sie: ›Na, dann ist ja alles easy!‹ Und dann brauchten wir darüber nicht mehr zu reden!«

Hat dieses enge Verhältnis der beiden seine Auswirkungen auf ihr Verhältnis zu Frauen?

Nina:

»Früher hab' ich immer ein besseres Verhältnis zu Männern gehabt. Aber seit ich die Probleme mit meinem Freund habe, wird mein Verhältnis zu Frauen immer besser. Ich habe bisher in fünf Wohngemeinschaften gewohnt, und da war ich immer die einzige Frau! Und da hab' ich mich sehr wohl gefühlt. Und diese ganzen Typen haben mir eigentlich immer leid getan, genau wie mein Vater. Ich hab' immer mehr Rücksicht auf Männer nehmen können als auf Frauen. Das ändert sich jetzt langsam. Inzwischen kann ich mir auch eine Wohngemeinschaft mit Frauen vorstellen, aber früher wollte ich das nicht. Da war Nele die einzige Frau, mit der ich mich gut verstanden hab'. Ich kannte auch gar keine Frauen. Und bei Frauen war mir immer das Bild von meiner Mutter im Weg, die meinen Vater so umschleimt hat. Auf Männer konnte ich einfach besser eingehen. Und als es mit Jens immer schwieriger wurde, habe ich aus so einem Bedürfnis heraus, um zu erfahren, wie es da eigentlich anderen Frauen geht, angefangen, mit Frauen zu reden. Das hab' ich früher nie gemacht. Ich hatte vorher keinen Ärger mit Männern, da hatte ich keine Veranlassung, Frauen zur Unterstützung zu suchen. Ich hab' mich wahrscheinlich früher immer unbewußt so verhalten wie meine Mutter, Männern gegenüber. Ich hab' mich angepaßt.
Und seitdem ich Probleme hab', quatsch' ich mit jeder Frau

darüber, die mir nur unter die Finger kommt. Und seitdem hab' ich Freundinnen. Und viele.
Vielleicht war meine Schwester für mich keine Frau – das war meine Schwester.«

Frauen – das sind eher die Mütter als die Schwestern, und erst allmählich lernt eine Schwester, daß ihre Schwester eine Frau ist. Im Positiven wie im Negativen. »Selbst wenn ich dich als meine Schwester ansehen wollte, kann ich dich nur noch als Frau betrachten!« sagt die eine Schwester zur anderen, als sie sich von ihr betrogen fühlte. »Allmählich fand ich etwas, das ich mir immer gewünscht hatte«, sagt Ruth von ihrer ältesten Schwester, »eine *Frau*, die mir gefiel!«
Lebenslanges Lernen: das heißt für Schwestern, die Prägungen, die durch die Beziehungen zu Vater und Mutter entstanden sind, allmählich zu ersetzen durch Erfahrungen, die sie im Umgang mit den Geschwistern erworben haben. Eltern können das erleichtern oder erschweren, ein Grundmuster erwerben sich die Geschwister in jedem Fall.
Saskia hat zu ihrer zweiten Schwester aus der Kindheit her ein schwieriges Verhältnis, das sie zwar inzwischen rational bewältigt hat, das aber trotzdem immer wieder mal durchschlägt:

»Ich glaube, ich habe in sie alles hineinprojiziert, was mich in meiner Kindheit geärgert oder mir gefehlt hat. Ich habe sie nachgerade gehaßt. Sie hat mich am häufigsten von allen Schwestern in Wut gebracht: einen Kopf kleiner als ich und mit so einer scharfen Zunge, daß ich mit meiner Kraft nichts ausrichten konnte. Ich weiß noch, als ich mal aus dem Studium nach Hause fuhr und mit meinen Schwestern zusammensaß, da machte sie eine Bemerkung, daß mir vor Wut *schwarz* wurde vor Augen. Ich hab' nichts mehr gesehen! Das hat in meinem ganzen Leben nur *sie* geschafft! Und das führt bis heute dazu daß ich kleine Frauen nicht leiden kann. Ich habe ein schreckliches Vorurteil gegen kleine Leute, von denen ich glaube, daß sie immer wahnsinnig um sich schlagen müssen, um sich zu behaupten!«

Und Vera, ihre Schwester, beschreibt das im nachhinein so:

»Sie griff mich auch ziemlich früh körperlich an, obwohl sie fünf Jahre jünger war als ich. Sie war einfach stärker. Sie konnte mich zur Weißglut bringen, indem sie einfach meine Hände festhielt und sagte: ›Mach doch was, mach doch was, du bist ja die Ältere!‹ Dann hab' ich rot gesehen und getreten und gespuckt, weil mich das so erboste. Und ich glaube, daß solche Erlebnisse für mich der Grund sind, warum ich bis heute mit großen, kräftigen Frauen einfach nicht kann. Daß die mich sofort aggressiv machen, vor allem, wenn sie groß sind. Das sind meine geborenen Feindinnen! Ich glaube, ich habe in meinem gesamten Freundeskreis keine einzige große blonde Frau. Weil mir die alle auf Anhieb erst mal unsympathisch sind. Wobei ich sagen muß, daß mir meine beiden großen blonden Schwestern absolut nicht unsympathisch sind – überhaupt nicht!«

Vera und Saskia reden heute darüber, und im Grunde lachen sie, wenn sie merken, wodurch sie programmiert sind. Sie mögen sich und tauschen sich aus über die Kinder. Auch wenn sie keine innigen Freundinnen sind, fühlen sie sich aber durchaus solidarisch mit der anderen.
In der Kindheit erworbene Strukturen wirken, bewußt oder unbewußt, bis ins Erwachsenenalter nach. Aber sie müssen im Grunde ständig überprüft und revidiert werden, will man der Schwester nicht unrecht tun. Genau wie man selber hat sie sich ja auch verändert, und es kann zum Problem werden, wenn eine erwachsene Frau merkt, wie sie von ihren Schwestern immer noch als die angesehen wird, die sie in der Kindheit war – das Beispiel von Doreen hat das gezeigt. Manja ist sich sehr darüber im klaren, daß ihre Schwesternerfahrungen durchschlagen, wenn sie auf neue Frauen trifft:

»Jede neue Bekannte wird von mir nach meinen Schwestern taxiert. Allerdings geht mir das so nur mit in etwa Gleichaltrigen. Aber die werden unbewußt nach dem Muster eingeordnet, das ich durch meine Schwestern von Frauen gewonnen habe. Also: Ah – die ist so ein Typ wie Rita – und die ist so einer wie Franziska und so weiter, und ich könnte mir durchaus vorstellen, daß ich mich – nachdem ich sie so klassifiziert und eingeordnet habe –, dann ihnen gegenüber auch so verhalte, wie ich es den jeweiligen Schwestern gegenüber täte. Also das haut dann auch hin, das habe ich oft erfahren. Ich weiß dann instinktiv, was bei denen ankommt und was nicht. Oder wie ich etwas bringen muß, damit es sie interessiert. Man hat ja nun mal das Muster von drei Typen sehr genau erfahren und gekannt, klar, daß man das dann anzuwenden versucht – und sehr häufig klappt es. Eigentlich ist das schon sehr merkwürdig, wie prägend diese Schwesternerfahrung ist: Im Grunde verhält man sich sein ganzes Leben lang nach diesem Muster.«

Und Ruth sagt:

»Wenn ich auf Frauen treffe, die wie meine älteste Schwester sind, wird es immer schwierig, obwohl ich jetzt ein ganz anderes Verhältnis zu ihr habe als in der Kindheit. Aber diese alten Muster haben sich erhalten. Doch wenn ich auf Menschen treffe, die wie meine jüngste Schwester sind, mit der ich nie Schwierigkeiten hatte, dann geht das sofort gut.«

Und Johanna:

»Es hat sicher was mit meinem Verhältnis zu meiner ältesten Schwester zu tun, daß ich mich Frauen gegenüber sehr vorsichtig verhalte. Ich hab' gerade jetzt zum ersten Mal bei einer Frauengruppe mitgemacht, und die Frauenbewegung läuft doch nun weiß Gott schon lange! Aber bisher hab' ich mich immer darum gedrückt. Diese Mischung aus Bewunderung und Aggressivität, die ich meiner Schwester gegenüber empfinde, hat mich, glaube ich, bisher daran gehindert, auf Frauen zuzugehen.«

Yvonne:

»Ich fühle mich mit Frauen grundsätzlich solidarisch, was wohl auch kein Wunder ist, denn ich bin ja eine. Ich hab' Schwierigkeiten, wenn mich eine Frau als Rivalin betrachtet, dann ziehe ich mich zurück. Aber eigentlich komme ich nie in Konkurrenzsituationen, weil ich grundsätzlich nicht rivalisieren will. Ich finde, in meinem Alter gibt es einfach mehr interessante Frauen als Männer, zumindest in meinem Bekanntenkreis, die sind einfach tausendmal lebendiger als jeder Mann. Absolutes Vertrauen und grundsätzliche Solidarität sind die Basis, aber ich könnte nicht mit ihnen kämpfen – doch ich könnte auch nicht mit Männern kämpfen, also um ihre Liebe. Mein Verhältnis zu Männern und zu Frauen wird sich immer ähnlicher. Ich habe zu manchen Frauen ein richtig zärtliches, liebevolles

Verhältnis, wobei ich nie den Anfang machen kann, aber *wenn* es mir entgegengebracht wird, reagiere ich ungeheuer gerne und intensiv.«

Isa:

»Ich habe ein grundsätzlich solidarisches Gefühl gegenüber Frauen. Frauen sind meine Freunde – prinzipiell. Männer nur sehr bedingt, oder sie sind zwar auch Freunde, aber es ist für mich sehr schwer, auf dieser Ebene eine Beziehung zu Männern zu haben, weil ich mir nie sicher bin, ob sie nicht doch vielleicht was anderes meinen. Auf der Flirt-Ebene fühle ich mich Männern gegenüber sicher, auch auf einer sachbezogenen Ebene. Aber wenn sie mich ernsthafter als Frau sehen und ich mich auf diese Ebene einlassen muß, dann wird's schwierig. Was gut ist: daß ich gelernt habe, durch meine Mutter, die eine sehr starke Frau war, daß Frauen stark sein können. Daß sie im Grunde alles erreichen können – sie müssen's nur richtig anfangen. Was schlecht war: daß damit auch so eine Degradierung der Männer verbunden war, so daß ich sie eigentlich nicht richtig ernst nehmen kann, bis heute. Erst in der letzten Zeit habe ich das Gefühl, daß diese Einstellung vielleicht ungerecht sein könnte.«

Und Vera:

»Ich hab' eine Reihe von Frauen, die ich lieber als meine Freunde bezeichnen würde denn als meine Freundinnen, weil das so einen Kaffeeklatsch-Beiton hat. Ich habe in fast 30 Jahren Berufstätigkeit auch nie Probleme mit Kolleginnen gehabt. Ich finde Frauen einfach toll. Ich bin auch nach wie vor überzeugt, daß der Mann eigentlich die Schöpfung ›ins Unreine‹ war, an der der liebe Gott erst mal geübt hat. Und daß die Frau die Krone der Schöpfung ist. Und nur durch eine Verkettung unglücklicher Umstände hat sich das in der Geschichte nicht durchgesetzt. Ich halte Frauen einfach für das überlegenere Geschlecht. Natürlich gibt es auch sehr nette und liebenswerte und kluge Männer – kein Zweifel. Die Beziehung zu meinen Schwestern war vielleicht – alles in allem – die intensivste meines Lebens. Rückwärts gedeutet. Für mich sind heute Frauenfreundschaften etwas entscheidend Wichtiges im Leben. Ich könnte mittlerweile eher auf einen Mann verzichten als auf Frauen. In der Welt von Frauen herrscht einfach eine größere Übereinstimmung – deswegen sind auch Weibertreffs so was Herrliches. Aber das liegt auch an der Sozialisation von Männern. Es gibt auch heute schon Männer, mit denen man umgehen kann. Aber das sind nur wenige.«

Die 70jährige Leonore, die jüngste von drei Schwestern, die heute noch alle in regem Kontakt miteinander stehen, sagt:

»Meine Schwestern bedeuten mir mehr als Freunde, denn sie sind mir viel ähnlicher als Freunde. Ich sehe mich in der einen Schwester und in der anderen. Wir drei zusammen wären wahrscheinlich ein Ganzes. Ich habe das starke Gefühl, daß meine Schwestern mein Verhalten zu Frauen geprägt haben. Es bedeutet immer ein bißchen Fürsorge, aber vor allem bedeutet es Solidarität.«

Solidarität kommt von ›solidus‹ und heißt auf deutsch: dicht, fest, stark, echt, dauerhaft, hart, ganz, vollständig, gediegen, wahrhaft, wesentlich[59] – gilt das für Schwesternbeziehungen? Sie sind in keinem Fall vorübergehende Beziehungen und nur selten oberflächliche. Ob positiv oder negativ, sie sind stark und prägend. Und sie überdauern Trennungen und Veränderungen, in der Liebe wie im Haß. Im Leben von Frauen, das zur Zeit vielen Veränderungen ausgesetzt ist, sind Schwesternbeziehungen eine stürmische Konstante. Nicht umsonst beginnt der Begriff ›Schwester‹ sich auch als Anrede für Frauen untereinander zu verbreiten, die nicht miteinander verwandt sind, die aber durch eine gemeinsame Zielvorstellung verbunden sind: die Lebensbedingungen für Menschen menschlicher zu machen. Sie verbindet *Solidarität*: das in die Tat umgesetzte Gemeinschaftsgefühl. Und das verbreitet sich unter Frauen, die zwar nicht als Schwestern aufgewachsen sind, sich aber als Schwestern fühlen: als jemand, der so denkt, fühlt, spricht und empfindet wie ich und der gleichzeitig ganz anders und verschieden von mir ist. Schwesternbeziehungen *können* eine gute Voraussetzung für solidarische Frauenbeziehungen sein, sie müssen es aber nicht notwendigerweise. Darin liegt ein trauriger und ein hoffnungsvoller Aspekt: Das traurige ist, daß Frauen, die Kindheit und Erwachsenwerden und 10 bis 20 Jahre gemeinsame Lebenserfahrungen miteinander geteilt haben, nicht selbstverständlich solidarisch sind. Daß Frauen, die mit anderen Frauen aufgewachsen sind, die Fleisch vom gleichen Fleisch sind, sich nicht selbstverständlich lieben. Der hoffnungsvolle Aspekt ist, daß Solidarität mit Frauen immer noch gelernt werden kann, selbst wenn negative Erfahrungen mit Mutter oder Schwestern vorausgegangen sind. Der wichtigste Aspekt aber ist der, daß wir alle Solidarität lernen *müssen*, weil wir die Bedingungen auf dieser Erde nicht verändern können, wenn wir nicht gemeinsam an die Arbeit gehen.

»Ohne Zweifel brauchen wir alle soviel Hilfe, wie wir nur bekommen können. Es ist schwer, den eigenen Weg ganz allein zu finden, richtig abzuschätzen, welche Aspekte von Widerstreit angemessen oder unangemessen sind, zu wissen, wann man berechtigte und wann übertriebene Forderungen stellt.«[60]

Dazu brauchen wir unsere Schwestern, die leiblichen und die selbstgewählten. Mit denen wir uns solidarisch fühlen.

Anhang

Kurzbiographien

Die Frauen, die von ihrer Schwesternbeziehung berichten, in alphabetischer Reihenfolge:

Alexandra, 42 Jahre alt, dritte von vier Schwestern, unverheiratet und von Beruf Mathematikerin, lebt in einer schönen Altbauwohnung in einer westdeutschen Großstadt. Sie ist die nächste Schwester von *Cornelia*.

Anja, jüngste von vier Schwestern, 36 Jahre alt und von Beruf Therapeutin. Sie ist verheiratet und hat zwei Kinder, einen Jungen und ein Mädchen. Sie übt ihren Beruf weiter aus, ihr Mann ist Arzt.

Barbara, 38 Jahre alt, ist die zweite von vier Kindern, der Jüngste, zehn Jahre jünger als das vorhergehende Kind, ist ein Junge. Barbara ist unverheiratet und hat einen Beruf als Beraterin in einer Erziehungsberatungsstelle. Besonders engagiert sie sich für behinderte Kinder. Sie lebt in einem Einzimmerappartement in einer Großstadt.

Beate, 24 Jahre alt, ist die zweite von vier Kindern (der Älteste war ein Junge). Beates Vater ist Arzt in einer sehr katholischen Gegend. Beate lebt seit vier Jahren nicht mehr bei ihren Eltern. Sie studiert Pädagogik und macht zur Zeit eine Therapie.

Charlotte, 20 Jahre alt, macht gerade Abitur. Sie ist die jüngste von drei Schwestern und lebt noch zu Hause. Nach dem Abitur möchte sie gerne eine Ausbildung als Musiktherapeutin beginnen.

Cornelia, 48 Jahre alt, ist von Beruf Psychologin. Sie ist die älteste Schwester von *Alexandra*, d.h., sie hat noch drei jüngere Schwestern. Cornelia ist verheiratet, hat aber keine Kinder. Ihr Mann ist ebenfalls Psychologe. Sie arbeitet in einer Beratungsstelle.

Elisabeth, 31, ist die älteste von drei Schwestern, die im Augenblick alle in der gleichen Stadt leben. Elisabeth ist Lehrerin. Ihr erstes Kind, ein Sohn, ist ein halbes Jahr alt. Ihre Schwestern hüten das Kind regelmäßig, wenn *Elisabeth* in der Schule unterrichtet.

Eva, 19, ist die jüngste von drei Schwestern, die jüngste Schwester von *Elisabeth* (die mittlere heißt *Erika*). Eva hat jetzt angefangen zu studieren. Sie hat eine kleine Wohnung und lebt allein. Ist aber viel bei ihrer großen Schwester.

Gabriele, 45 Jahre alt, ist die älteste von vier Kindern – der dritte ist ein Junge. Gabriele ist Filmemacherin, geschieden und lebt allein. Ihre Tochter ist jetzt 15 und im Internat. Sie ist die ältere Schwester von *Ilse*.

Gerda, 29 Jahre alt, ist die älteste von drei Mädchen. Gerda hat keine Berufsausbildung, sie ›macht Wolle und ein Cafe‹ auf dem Land. Sie hat zwei Kinder, zwei Jungen, 3 und 1 Jahr alt. Sie ist nicht verheiratet mit dem Vater ihrer Kinder, hat auch keine Lust dazu. Ihr Mann ist Ofenbauer und töpfert.

Hannah, zweite von vier Mädchen, ist 45 Jahre alt. Ihr Mann ist sieben Jahre jünger als sie. Sie haben drei Kinder, das Mittlere ist ein Junge. Ihr Mann ist Angestellter. Hannah ist Hausfrau; ihr Hobby: Sie sammelt Eulen aller Art.

Ilse, 44 Jahre alt, ist Mutter von drei Kindern und verheiratet mit einem Arzt. Sie hat spät das Abitur nachgemacht und studiert. Zur Zeit arbeitet sie mit behinderten Kindern in einer Klinik. Sie ist die nächstjüngere Schwester von *Gerda*.

Isa, 43, ist Journalistin. Sie ist verheiratet, hat vier Kinder, lebt aber von ihrem Mann getrennt. Sie ist die dritte Schwester von vier Mädchen und die Schwester von *Vera*, *Katja* und *Saskia*.

Johanna, 36 Jahre alt, ist die jüngste von vier Kindern. Sie hat eine älteste Schwester und zwei ältere Brüder. Sie hat drei Kinder, 2, 4 und 6 Jahre alt. Ihr Mann ist Bildhauer. Johanna arbeitet dazu halbtags in ihrem Beruf als Gesprächstherapeutin.

Katja ist 49 Jahre alt und älteste von vier Schwestern. Sie ist von Beruf Sekretärin, arbeitet jetzt halbtags in einer Bücherei. Sie hat zwei Jungen, 12 und 14 Jahre alt. Ihr Mann ist Professor. Sie ist die Schwester von *Vera, Isa* und *Saskia*.

Karla, 44 Jahre alt, ist die dritte von vier Schwestern. Sie hat drei Kinder, zwei Mädchen 14 und 9 Jahre alt und einen Jungen von 12. Ihr Mann ist Betriebswirt, z. Zt. arbeitslos. Sie macht ab und an Nachtwachen im Krankenhaus, sie ist gelernte Krankenschwester.

Katrin, 21 Jahre alt, ist die ältere von zwei Schwestern. Sie geht noch zur Schule. Ihre Eltern leben getrennt, Katrin lebt mit ihrer Schwester beim Vater.

Leonore, 74 Jahre alt, ist von Beruf Ärztin und die jüngste von drei Schwestern. Sie hat drei Kinder, zwei Jungen, ein Mädchen. Ihr Mann ist selbständiger Unternehmer.

Lisa, 40 Jahre alt, ist die älteste von drei Mädchen und die Tochter von *Mathilde*. Lisa hat eine Tochter, 11 Jahre alt. Sie ist Hausfrau. Ihr Mann ist Beamter. Lisa hat viele Hobbys, z. B. T-Shirts bemalen. Dafür hat sie vor kurzem einen Preis gewonnen – eine Reise nach Paris.

Manja, 43 Jahre alt, ist die dritte von vier Schwestern. Sie ist verheiratet, ihr Mann ist Diplomingenieur, sie hat zwei Jungen, 12 und 14 Jahre alt. Manja arbeitet halbtags als Sekretärin in einem Krankenhaus. In ihrer Freizeit spielt sie sehr erfolgreich in einer freien Theatergruppe mit.

Marion, 40 Jahre alt, ist die mittlere von drei Schwestern. Sie hat einen Sohn, 14 Jahre alt. Halbtags arbeitet sie in einem Krankenhaus. Ihr Mann ist Kraftfahrer.

Mathilde, 75 Jahre alt, ist die zweite von fünf Schwestern. Sie ist auf dem Lande groß geworden und hat wiederum drei Töchter. Sie ist seit zehn Jahren Witwe.

Nele, 24, ist Soziologiestudentin und die jüngere Schwester von *Nina*. Sie lebt mit einem Freund zusammen in einer Großstadt und steckt mitten im Examen.

Nina, 25, ist verheiratet und die ältere Schwester von *Nele*. Sie hat zwei Kinder: 2 und 4 Jahre alt. Ihr Mann ist noch in der Ausbildung als Arzt. Sie haben ein kleines Bauernhaus gemietet. Nina hat keine Berufsausbildung. Sie geht auf in der Pflege ihrer Kinder.

Paula, 44 Jahre alt, ist die jüngste von vier Mädchen. Sie ist mit einem Chemiker verheiratet und hat zwei Jungen, 12 und 14 Jahre alt. Sie ist Hausfrau. Paula ist die nächstjüngere Schwester von *Ruth*.

Ruth, 46 Jahre alt, lebt in einer Kleinstadt, verheiratet und Mutter von zwei Jungen, 14 und 16 Jahre alt. Sie ist Hausfrau. Ihr Mann ist kaufmännischer Angestellter.

Saskia, 42 Jahre alt, ist von Beruf Diplomsoziologin und jüngste von vier Mädchen. Sie ist zur Zeit Hausfrau und hat zwei Kinder, einen Jungen, 9 Jahre alt, und ein Mädchen, 12 Jahre alt. Ihr Mann ist ebenfalls Soziologe. Sie ist die jüngste Schwester von *Katja*, *Vera* und *Isa*.

Sophie, 72 Jahre alt, ist die zweite von drei Kindern, der jüngste ist ein Sohn. Sophie hat ihren Mann sehr früh verloren, sie hat drei Kinder, zwei Mädchen und einen Jungen. Sie lebt jetzt allein, in regem Kontakt mit ihren fünf Enkelkindern.

Ulla, 34 Jahre alt, jüngste von drei Schwestern, lebt unverheiratet als Psychologin in einer Großstadt.

Vera, 47 Jahre alt, zweite von vier Schwestern, arbeitet halbtags als Buchhändlerin und ist Mutter von drei Kindern, 6, 9, und 12 Jahre alt. Ihr Mann ist Beamter. Sie ist die Schwester von *Katja*, *Isa* und *Saskia*,

Yvonne, 39 Jahre alt, ist die jüngste von drei Schwestern. Yvonne hat zwei Söhne, sie ist zum dritten Mal verheiratet. Sie arbeitet halbtags als Journalistin. Ihr Mann ist Arzt.

Ein bißchen Statistik

Es wurden ca. 60 Gespräche geführt, davon 40 ausführliche Interviews mit Tonbandaufzeichnungen. Die jüngste Gesprächspartnerin war 12, die älteste 75 Jahre alt. Von den befragten Frauen waren:

14 älteste,
10 zweite,
 6 dritte,
10 jüngste Schwestern.

Es kamen:
 6 aus Zwei-Kinder-Familien,
15 aus Drei-Kinder-Familien,
18 aus Vier-Kinder-Familien,
 1 aus Fünf-Kinder-Familien

In acht Familien wurden mehr als eine Schwester befragt. In fünf Familien wurden alle Schwestern befragt.

Bei den ausgewerteten Gesprächen waren:
 4 Frauen unter 20 Jahre alt,
 8 Frauen zwischen 20 und 30 Jahre alt,
 9 Frauen zwischen 30 und 40 Jahre alt,
16 Frauen zwischen 40 und 50 Jahre alt,
 5 Frauen über 50 Jahre alt.

Anmerkungen

1 Jean Liedloff, Auf der Suche nach dem verlorenen Glück. Gegen die Zerstörung unserer Glücksfähigkeit in der frühen Kindheit, München 1980, S. 110 und 111.

2 Horst-Eberhard Richter, Helm Stierlin, Ronald D. Laing etc.

3 Frank Wesley, Claire Wesley, Das Rollendiktat. Zur Psychologie der Geschlechter, Frankfurt/M. 1978, S. 51.

4 Frank Wesley, Claire Wesley. a.a.O., S. 49.

5 Zum Beispiel: Ursula Scheu. Wir werden nicht als Mädchen geboren, wir werden dazu gemacht, Frankfurt/M. 1978; oder: Elenea Belotti, Was geschieht mit kleinen Mädchen, München 1975.

6 Elena Belotti, a.a.O., S. 16.

7 Elena Belotti, a.a.O., S. 23 und 24.

8 Alfred Adler, Menschenkenntnis, Frankfurt/M. 1966, S. 71/72.

9 Alfred Adler, a.a.O., S. 122.

10 Elena Belotti, a.a.O., S. 17.

11 Jo van Ammers-Küller, Die Frauen der Coornvelts, Zürich 1958.

12 Alice Schwarzer, Der kleine Unterschied und seine großen Folgen, Frankfurt/M. 1975, S. 14ff.

13 Im folgenden ist nur von Koalitionen zwischen einem Elternteil und einer der Schwestern die Rede. Über Koalitionen zwischen Geschwistern bzw. Schwestern vgl. Teil II.

14 Anna Freud, Gemeinschaftsleben im frühen Kindesalter, in: Heimatlose Kinder, Frankfurt/M. 1971, S. 165 ff.

15 Robert de Traz, Familie Brontë, Zürich und Leipzig 1941, S. 265.

16 Lucille Forer, Henry Still, Großer Bruder, kleine Schwester. Die Geschwisterreihe und ihre Bedeutung, Köln 1979, S. 27 ff. In diesem Buch finden sich viele Typologisierungen, die durchaus ihre Berechtigung haben können und z. T. auch wissenschaftlich abgeleitet sind. Die Beschreibungen der Therapien verfolgen aber eindeutig die rollenspezifische Festlegung. Danach gilt eine Frau erst dann als ›geheilt‹, wenn es gelingt, ihre Abneigung gegen die übliche Frauenrolle zu überwinden und sich anzupassen, vgl. ›Lorna‹, S. 70, älteste von drei Schwestern, oder ›Jane‹, S. 125.

17 Walter Toman, Familienkonstellationen. Ihr Einfluß auf den Menschen und sein soziales Verhalten, München 1974, S. 165 ff.

18 Walter Toman, ebd., S. 182.

19 Rudolf Dreikurs, Vicki Soltz, Kinder fordern uns heraus. Wie erziehen wir sie zeitgemäß? Stuttgart 1966, S. 32.

20 J.H.S. Bossard und E.S. Boll, The Large Family System, Philadelphia 1956, selbst übersetzt und zitiert nach: S. Bank, und M. Kahn., Sisterhood-Brotherhood is powerful: Sibling Sub-Systems and Family Therapy, in: Family Process.

21 S. Bank und M. Kahn, a.a.O., freie, unautorisierte Übersetzung.

22 Lucille Forer, a.a.O., S. 24 ff.

23 Lucille Forer, a.a.O., S. 69 f.

24 Lucille Forer, a.a.O., S. 68.

25 Dreikurs/Soltz, a.a.O., S. 27.

26 Elizabeth Fishel, Schwestern. Liebe und Rivalität innerhalb und außerhalb der Familie, Frankfurt/M. 1980, S. 59.

27 Margret Mead, Brombeerblüten im Winter, Ein befreites Leben, Frankfurt/M., Hamburg 1978, S. 51.

28 Lucille Forer, a.a.O., S. 171.

29 Alfred Adler, a.a.O., S. 142.

30 Lucille Forer, a.a.O., S. 44.

31 Elizabeth Fishel, a.a.O., S. 70.

32 Hermine Hug-Hellmuth, Vom wahren Wesen der Kinderseele. Vom ›mittleren‹ Kinde, Imago, Leipzig, Wien, Zürich 1921.

33 Walter Toman, a.a.O., S. 30.

34 Alice Miller, Das Drama des begabten Kindes und die Suche nach dem wahren Selbst, Frankfurt/M. 1979.

35 Alice Miller, a.a.O., S. 24.

36 Alice Miller, a.a.O., S. 29.

37 Hilde Bruch, Der goldene Käfig, Das Rätsel Magersucht, Frankfurt/M. 1980.

38 Lucille Forer, a.a.O., S. 39.

39 Lucille Forer, a.a.O., S. 175.

40 Lucille Forer, a.a.O., S. 120.

41 Walter Toman, a.a.O., S. 165.

42 Das Beispiel ist dem Aufsatz von Kahn und Banks entnommen: ›In Pursuit of Sisterhood: Adults Siblings as a Resource for Combined Individual and Family Therapy, Family Process, 1981, in freier Übersetzung.

43 Nancy Friday, Wie meine Mutter, Frankfurt/M. 1979, S. 130/139.

44 Elizabeth Fishel, a.a.O., S. 146.

45 Barbara Frank, Ich schau in den Spiegel und sehe meine Mutter. Gesprächsprotokolle mit Töchtern, Hamburg 1979, S. 178 ff.

46 Friedrich Graumann, Rivalität als Glück und Unglück, Manuskript für die Sendereihe Funkuniversität: Zur Anatomie des Glücks, 65. Vortragsfolge, RIAS I, v. 3. 12. 69.

47 Friedrich Graumann, a.a.O.

48 Bruno Bettelheim, Kinder brauchen Märchen, München 1980, S. 298.

49 Bruno Bettelheim, a.a.O., S. 277.

50 Dreikurs/Soltz, a.a.O., S. 28.

51 Viele Belege für diese Aussage sind in dem Buch von Nancy Friday zu finden.

52 Zitiert nach ›Brigitte‹, Nr. 20/82, 21/82, 22/82 und 23/82.

53 Bruno Bettelheim, a.a.O., S. 333.

54 Nancy Friday, a.a.O., S. 257.

55 Nancy Friday, a.a.O., S. 160/161.

56 Definition nach polec, Berlin 1967.

57 Die Solidargemeinschaften der Frauen aus den Mittelmeerländern widersprechen dieser These nicht: Sie sind sowieso auf den innerfamiliären Bereich beschränkt und auch – vielleicht sogar vordringlich – als Reaktion auf die Unterdrückung der Frau in der außerhäuslichen Gesellschaft zu verstehen.

58 Jean Baker Miller, Die Stärke weiblicher Schwäche. Zu einem neuen Verständnis der Frau. Frankfurt/M. 1979, S. 177.

59 Definition nach polec, a.a.O.

60 Jean Baker Miller, a.a.O., S. 187.

Die Frau in der Gesellschaft

Gerhard Amendt
**Die bevormundete Frau
oder Die Macht der
Frauenärzte**
Band 3769

Dagmar Bielstein
Von verrückten Frauen
Notizen aus der
Psychiatrie
Band 10261

Margrit Brückner
Die Liebe der Frauen
Über Weiblichkeit
und Mißhandlung
Band 4708

Gena Corea
MutterMaschine
Band 4713

Colette Dowling
Der Cinderella-Komplex
Die heimliche Angst
der Frauen vor der
Unabhängigkeit
Band 3068

**Uta Enders-Dragässer/
Claudia Fuchs (Hg.)**
Frauensache Schule
Aus dem deutschen
Schulalltag: Erfahrungen,
Analysen, Alternativen
Band 4733

Marianne Grabrucker
»Typisch Mädchen …«
Prägung in den ersten
drei Lebensjahren
Band 3770

**Vom Abenteuer
der Geburt**
Die letzten Land-
hebammen erzählen
Band 4746

**Michaela Huber/
Inge Rehling**
**Dein ist mein
halbes Herz**
Was Freundinnen
einander bedeuten
Band 4727

Helge Kotthoff (Hg.)
**Das Gelächter
der Geschlechter**
Band 4709

Ellen Kuzwayo
Mein Leben
Frauen gegen
Apartheid
Band 4720

Katja Leyrer
**Hilfe! Mein Sohn
wird ein Macker**
Band 4748

Astrid Matthiae
**Vom pfiffigen Peter
und der faden Anna**
Zum kleinen
Unterschied im
Bilderbuch
Band 3768

Fischer Taschenbuch Verlag

fi 15 / 8 a

Die Frau in der Gesellschaft

Elsbeth Meyer /
Susanne v. Paczensky /
Renate Sadrozinski
»Das hätte nicht noch
mal passieren dürfen!«
Wiederholte Schwanger-
schaftsabbrüche und
was dahintersteckt
Band 4755

Ursula Scheu
Wir werden nicht als
Mädchen geboren – wir
werden dazu gemacht
Zur frühkindlichen
Erziehung in unserer
Gesellschaft
Band 1857

Eva Schindele
Gläserne Gebär-Mütter
Vorgeburtliche
Diagnostik –
Fluch oder Segen
Band 4759

Alice Schwarzer
Der »kleine« Unter-
schied und seine
großen Folgen
Frauen über sich –
Beginn einer Befreiung
Band 1805

Warum gerade sie?
Weibliche Rebellen
Begegnungen mit
berühmten Frauen
Band 10838

Lynne Segal
Ist die Zukunft
weiblich?
Probleme des
Feminismus heute
Band 4725

Miriam Tlali
Soweto Stories
Mit einer Einleitung
von Lauretta Ngcobo
Band 10558

Senta Trömel-Plötz
Frauensprache –
Sprache der
Veränderung
Band 3725

Senta Trömel-
Plötz (Hg.)
Gewalt durch Sprache
Die Vergewaltigung von
Frauen in Gesprächen
Band 3745

Hedi Wyss
Das rosarote
Mädchenbuch
Ermutigung zu einem
neuen Bewußtsein
Band 1763

Ursula Ziebarth
Eine Frau aus Gold
Über das Zutrauen
zum Weiblichen
Band 10880

Fischer Taschenbuch Verlag

Die Frau in der Gesellschaft

Elisabeth Beck-Gernsheim

Das halbierte Leben
Männerwelt Beruf –
Frauenwelt Familie
Band 3713

Vom Geburtenrückgang zur Neuen Mütterlichkeit?
Band 3754

Mutterwerden – der Sprung in ein anderes Leben
Band 4731

Renate Berger (Hg.)
Und ich sehe nichts, nichts als die Malerei
Autobiographische
Texte von
Künstlerinnen des
18.-20. Jahrhunderts
Band 3722

Gisela Breitling
Der verborgene Eros
Weiblichkeit und
Männlichkeit im Zerrspiegel der Künste
Band 4740

Gisela Breitling
Die Spuren des Schiffs in den Wellen
Eine autobiographische
Suche nach den Frauen
in der Kunstgeschichte
Band 3780

Gisela Brinker-Gabler (Hg.)
Deutsche Dichterinnen vom 16. Jahrhundert bis zur Gegenwart
Gedichte und Lebensläufe
Band 3701

Susan Brownmiller
Gegen unseren Willen
Vergewaltigung und
Männerherrschaft
Band 3712

Weiblichkeit
Band 4703

Eva Dane / Renate Schmidt (Hg.)
Frauen & Männer und Pornographie
Ansichten –
Absichten – Einsichten
Band 10149

Andrea Dworkin
Pornogaphie
Männer beherrschen
Frauen
Band 4730

Richard Fester / Marie E.P. König / Doris F. Jonas / A. David Jonas
Weib und Macht
Fünf Millionen Jahre
Urgeschichte der Frau
Band 3716

Karin Flothmann / Jochen Dilling
Vergewaltigung: Erfahrungen danach
Band 3781

Sylvia Fraser
Meines Vaters Haus
Geschichte eines Inzests
Band 4751

Fischer Taschenbuch Verlag

fi 14 / 14 a